Marga S'

TAG FÜ

MARGA SWOBODA

TAG FÜR TAG

Kolumnen · Reportagen · Persönliches

AMALTHEA

Inhalt

Vorwort

Manche Menschen lieben das Reisen so sehr, dass sie in großer Freude jedem davon erzählen, welche Destination bevorsteht oder wie es sich angefühlt hat, in der Sonne Griechenlands zu brutzeln. Und welche Teile der Welt noch unbedingt erkundet werden müssen.

Viel interessanter ist es jedoch, dem Menschen zu lauschen, der von Reisen fernab der Urlaubsseligkeit erzählt. Abenteuer, die im Inneren angetreten wurden, schicksalhafte Wegkreuzungen in einem vielleicht ohnehin schon mühevollen Leben, Begegnungen im Laufe der Jahre, die die folgenden anders verlaufen ließen. Das erkenntnisstiftende Profil solcher Erlebnisse kann nur eine zeichnen, die gut zuhört. Die den Erzähler vorurteilsfrei, ja, mit liebevollem Blick betrachtet. Eine, die auch Ungesagtes begreift und die es vor allem beschreiben kann.

Marga Swoboda ist so eine. Die Werkzeuge, mit denen sie ein kleines Wunder oder eine Lebenstragödie beschreibt, mit denen der Promi wie der Asylant Kontur bekommt, sind ihre Worte. Und diese setzt sie mit dem genauen Blick einer leidenschaftlichen Schreiberin, die aber nicht nur in der Rolle der distanzierten Beobachterin agiert, sondern sich auch involviert. Die ihr eigenes verwundetes Herz oft auf der Zunge trägt. Die für Recht und Gerechtigkeit, aber noch viel mehr für Gnade und Barmherzigkeit eintritt. Die zeigt, wie duftig Gedanken aussehen können, wenn sie durch wahre Schreibkunst Gestalt bekommen. Die beweist, dass Themen, die Medien oft nur grell beleuchten, sehr viele Nuancen haben können.

Reinigend und stärkend ist das Schreiben für Marga Swoboda, hat sie mir erzählt. Stärkend sind ihre Kolumnen auch für mich und sicher für ganz viele ihrer Leser. Ihre Liebe zum Detail, die so oft klar aufblitzende Liebe zum konkreten, verletzten und entstellten Menschen hinter der glänzenden

Fassade, klingt oft wie ein Stoßgebet. Gerade wenn der Tod ins Leben ragt, schreibt sie von der unbändigen Sehnsucht nach Leben. Und ich lache auch gerne über manche Ironie und den einen oder anderen stechenden Seitenhieb, der einen manchmal auch selber treffen kann.

Marga Swoboda meint, dass sie gar nicht mehr wüsste, wie ihr Leben ohne Schreiben wäre. Sie muss ihre Phantasie nicht bemühen, denn wir wollen uns die Zeitungslektüre ohne ihre Kolumne nicht vorstellen. Tag für Tag schenkt sie uns einen wichtigen Gedanken für den Weg ins Leben. Es ist gut, dass wir jetzt auch mit Hilfe dieses Buches mit ihr auf die Reise gehen können.

Dompfarrer Toni Faber

Bitte, ich muss unbedingt zur Zeitung!

Eine Zeitreise mit sieben Zwischen-Stopps
und ein paar seltsamen Begegnungen

Heilige Einfalt

Nichts macht so schnell alt wie die Zeitung. Oder doch nicht. Das merke ich an meinem Archiv. Die Layouts. Fast schon wieder modern wie ein kleines Schwarzes aus den Sechzigern. Und beim Schreiben hat man auch weniger Schlagzeilen herumgeschrien. Geschichten hat man erzählt wie Fernsehen. Statt Fernsehen! Ich sitze zwischen schiefen Türmen aus altem Papier. Der Geruch von Bleisatz. Meine Zeitreise durch dreißig Zeitungs-Jahre. Mit Zwischenstopps bei Menschen, die ich nie vergessen möchte. Manche aber doch.

Frühling 1964. Ich hatte die Hürde genommen. Ich durfte in der Mittagspause beim Metzger Marte nebenan in die Tasten der wuchtigen Triumph Adler hacken. Dreifaches Pauspapier. Ich trug ein Kirschen-Kittelkleid. Ich schrieb: *Das Leben ist schön. Die Mutter ist lustig. Der Vater ist gut.* Ich war schon acht Jahre alt. Den Text habe ich später dem Vater in die Brusttasche des Sarg-Anzuges gelegt.

Täglich eine Stunde Zeit zum Schreiben. Brutto. Maschine entmanteln, mit dem Tabulator kämpfen, Papier und Pauspapier in Schichten übereinander. Nicht zu viel Tipp-Ex versauen, mahnte die Metzgerin. Nach der Mittagspause musste das Schreibtier wieder in den Schlaf gebettet sein. Sonst hätten die Metzger-Leute vielleicht meinen Handschlag-Vertrag gekündigt. Wie bei einer Zeitung.

Die Sonne scheint. Die Kätzchen bekommen frische Leber. Die Mutter hat in der Lotterie gewonnen. Auch wenn alles nicht wahr ist. Hingetippt, dann ist es wahr. Glücksflutung. Das Schlimmste war, wenn jemand hinter meine Schulter trat und fragte: »Was schreibst du denn da, Margretle?« Lieber nackt ausziehen, als jemand in die Tasten spechteln lassen. *Der Vater ist gut. Die Mama war gestern gemein.* Geht niemand etwas an. Nicht während des Schreibens. Schweißausbrüche auch später beim »Kurier«, wenn der Kollege S. plötzlich hinter meinem Rücken stand: »Wie weit sind wir denn schon?« Ich kann nur mit dem Rücken zur Wand schreiben.

Das erste Geld fürs Schreiben. Es kam von »Bravo«. »Bravo«-Leser sind »Bravo«-Reporter. Fünfzig Mark für ein paar Zeilen. Meine Stunde war gekommen, aber sie dauerte circa vierzehn Tage. Ein Film wurde gedreht, nur eine Bus-Stunde entfernt. »Hannibal Brooks« mit Oliver Reed. Täglich grüßte ich die Crew wie das Murmeltier. Bis man sich endlich erbarmte. Ein Set-Foto auf dem Regiestuhl, ein Mini-Interview mit Karin Baal und dem Elefanten.

Dann tat sich zwei Jahre lang *nichts* – inzwischen war ich dreizehn geworden. *Gus Backus im Rankweiler Vinomna-Saal.* Ich glaube, ich habe mich später niemals mehr so schön gemacht wie für diesen Abend. Und dann hat mich der Dorfgendarm nicht hineingelassen. Der Auftritt von Gus Backus wurde als ausdrücklich jugend- und sittlichkeitsgefährdend eingestuft. Aber ich war doch Reporterin! Ich habe den Gendarmen nie mehr gegrüßt. Obwohl auch das verboten war, im Dorf.

Ein Brief an Peter van Eyck, der wohnte in einem Schlösschen am Bodensee. *Es geht um meine Zukunft, um mein Leben, um alles, Herr van Eyck. Sie sind der berühmteste Mensch im Umkreis von 200 Kilometern, und für längere Strecken habe ich kein Fahrgeld, und ich brauche ein Interview.* Meine erste Homestory, dazu Kakao und Kuchen, so viel ich wollte, von so schönen Tellern, wie ich sie noch nie gesehen hatte. Dieser Mann musste in den Himmel geschrieben werden! Es mussten Sätze her wie Küsse auf die Füße! »Bravo« hat den Text nicht zu würdigen gewusst.

Der Mathematikprofessor riet mir zu einer Laufbahn als Küchenhilfe, der Lateiner sagte, dass ich wahrscheinlich sogar zum Stricken zu blöd sei. Mit katholischer Verzweiflung in den zu Gott gefalteten Händen sagte er das. So egal. Nur meine Eltern taten mir leid.

Das erste Straßenkehrerkind aus dem ganzen Bezirk, das aufs Gymnasium durfte. Mein Vater hat Gräber geschaufelt für das Schulbücher- und das Skikurs-Geld. Und für die soziale Anpassung beim Outfit. Und für erstunkene und erlogene Ausgaben beim Sport- und Musikunterricht. Geld, das für Römersandalen, Hotpants und falsche Wimpern draufging. Meine Mutter schlug nur noch die Hände über dem Kopf zusammen. Noch 22 Jahre später, auf dem Sterbebett, fragte sie mich: »Margretle, hast du jetzt die Matura geschafft?« Ich weinte ihr auf die Hand, die ich hielt, und sagte Ja.

Ich hatte einen Bruder auf dem Mars, den ich nur flüchtig vom Sehen kannte. Mehr war familiendramenbedingt nicht möglich. Mamas Großfamilie hatte den Franz zur ordentlichen Aufzucht gekapert, nach einer spektakulären Scheidung, in der auch Rattengift eine Rolle gespielt hatte. Man wollte das Büblein moralisch und überhaupt vor einer Mutter schützen, die inzwischen in neuer und wilder Ehe lebte, und das nicht ohne Folgen. (Die Folge war *ich*, und für mich wurde gebetet. Mehr wollte man mit dem Kind der Sünde nicht zu tun haben.)

Mein Bruder auf dem Mars war gottgefällig, bescheiden und superklug. Student an der Super-Wirtschaftsuni St. Gallen. In höchster Not beschloss ich Familienzusammenführung auf eigene Faust. So hatte ich mit siebzehn plötzlich einen Bruder und einen Lehrer, der mich über den Sommer für die Entscheidungsprüfung fit machen wollte. Ich zog in seine Teelichter-und-picobello-Wohnung ein, die er bisher nur mit seiner streng romantischen Verlobten geteilt hatte. Ich brachte sein Leben und den Haushalt ein wenig durcheinander.

Gleich am ersten Abend schon. Mein Bruder wollte mir den Einstieg in den härtesten Sommer meines Lebens versüßen. Spaghetti in der Studenten-Bodega. Am Nebentisch eine Chianti-Bande vom »St. Galler Tagblatt«, meine Ohren so groß wie der Elefant aus »Hannibal Brooks«. Die schönste Frau am Tisch war auch die lauteste, und sie war die Freundin vom Chef. Einen anderen Grund konnte es nicht geben, dass alles an ihren Lippen hing.

Und sie fliegt am Montag nach New York für drei Monate. Und wer kümmert sich dann eigentlich um die *letzte Seite*?

Wenigstens ein Praktikant müsste her. Meldungen sortieren, *Schönbilder* texten (d. h. Bildunterschriften verfassen, für vorrätige Fotos, die bei Bedarf veröffentlicht wurden). Mein Bruder erklärte mir seine Welt, ich hörte ihm nicht zu. Ich pirschte mich an den leisesten Mann im Chianti-Gelage – bitte, ich könnte morgen gleich kommen. Er nickte, doch das wusste am anderen Tag keiner mehr. Aber das Gegenteil konnte mir auch keiner beweisen, morgens um neun in der Redaktion. Dazu waren die alle zu müde.

»Da hast du einen Stapel Bilder«, sagte der Mann. »Immer vier Zeilen pro Bild. Wenn es gedruckt wird: fünfzig Rappen Zeilengeld.« Ich schrieb wie der Teufel. Entenmutter mit ihren Jungen auf dem See. Ein Kind kopfüber im Mistkübel. Blinde Frau geht über die Straße. Leerer Sessel mit Brille unter einem Kirschbaum. Eine Katze in Neapel hängt an einer Wäscheleine. Ein Fallschirmspringer in einer Starkstromleitung gelandet. Schönbilder eben.

Um zehn Uhr rollte eine Frau mit weißen Handschuhen einen silbernen Servierwagen herein. Schinkenkipfel, Rüblikuchen, Obstsalat, was darf es sein? Ein Rüblikuchen kostete 50 Rappen. Eine Zeile = ein Rüblikuchen. Absolut meine Welt.

Mittags hatten die Chianti-Leute von gestern die Augen schon einen Spalt weiter offen als nötig. Die *Schöne von der letzten Seite* in postalkoholischer Euphorie. Mein betexteter Stapel Fotos lag nun akkurat geheftet rechts neben der Schreibmaschine. Bitte, ich wäre jetzt fertig. Kein Schwein hat es gelesen. Bis siebzehn Uhr.

Dann haben sie plötzlich ein Schönbild gebraucht. Lass mal sehen. Aha. Hmm. Na ja. Sie haben die Enten im See genommen. Gegen Mitternacht, schwül, zunehmender Mond, hatte ich endlich die Zeitung in der Hand.

Vier Zeilen von mir. Zwei Franken. Vier Rüblikuchen. Und sie haben mich sogar in die Bodega mitgenommen. Und sie haben mich den ganzen Sommer behalten. Mein Vorrat an betexteten Schönbildern kann bis heute nicht restlos aufgebraucht sein. Aber das Größte kam noch.

»Hör zu, Klecksi«, sagte man eines Tages. »Du kannst eine Geschichte machen. In Zürich. Barbecue im Hilton. Mit einem

Folksänger, den interviewst du. Der singt ›American Pie‹ und so, wie Don McLean.« Ich hatte zwei Probleme. Ich wusste nicht, was Barbecue ist. Und ich hatte noch immer kein Matheheft aufgeschlagen.

Meine Reisetasche war ein Einkaufssack, und mein linker Schuh hatte einen hohlen Absatz, klapper, klapper. Das Hilton, getönte Scheiben, große Halle, haute mich um. Stehtische mit feinen Leuten. Wen fragen, was ein Barbecue ist? Es konnte sich nur um etwas Wissenschaftliches oder Kulturelles handeln, das mir in der Provinz entgangen war.

Der Sänger haute mich um. Du darfst dich nicht verlieben, und während ich noch um die Würde meines neuen Berufes und meiner weitgehend erhaltenen Unschuld kämpfte, war ich schon hin und weg. Er kam aus Tucson, Arizona. Er hat mich noch in eine Bar eingeladen. Dann war er so betrunken, dass er nicht mehr Auto fahren konnte. Dann hat er mir die Schlüssel gegeben. Ich hatte keinen Führerschein. Beim Fahren ist mir die Zigarette auf die Hose gefallen, zuerst ein Loch im Stoff und dann in der Haut. Ich bin über Nacht geblieben. Am Morgen habe ich mich so geschämt und verachtet. Die Geschichte wurde Aufmacher auf der letzten Seite. Siebzig Zeilen plus Spesen.

»Wo warst du?«, fragte mein Bruder. Nie wieder habe ich in ein Matheheft geschaut. Meinen Bruder wünschte ich zurück auf den Mars. Es wurde wieder verstärkt für meinen Charakter gebetet. Die Großfamilie sah sich bestätigt, dass aus einem Kind, das man meiner Mutter überließ, nichts werden konnte. Meine Eltern taten mir so leid. Ich musste dringend ein guter Mensch werden. Und viel Geld verdienen. Die baldige Rückkehr der Tussi aus New York machte den Plan zunichte.

Alles bis auf Mord

Mit meinem Rüblikuchen-Praktikum in der Schweiz sah ich mich gewappnet für die alemannische Medienlandschaft. Der große Professor Franz Ortner musste überzeugt werden, von meinem Feuer. Audienz in seinem Götzner Haus, wo Politiker und allerlei Würdenträger gern Einkehr hielten wie sonst nur in der Muthgasse in Wien. Der Professor musterte mich (Monroe-blond, Schlapphut), zog an seiner Pfeife und sagte: »Lern' zuerst einmal etwas. Dann meldest du dich wieder. In ein paar Jahren.«

Ich sagte den Eltern, dass die Dinge sehr gut stünden. Der Professor Ortner persönlich habe mir eine gute Zukunft in Aussicht gestellt. Dann las ich aufmerksam die Stellenangebote. Hausmädchen im Café Bildstein in Feldkirch, Bohnenpflücker in Liechtenstein gesucht. Die Firma *Glücksburgh* suchte ein *Schreibtalent*, das auch mit Menschen gut umgehen konnte. Ich wurde Texterin in diesem Heiratsinstitut.

Immer vier Zeilen pro Kandidat. Wenn eine Karteileiche aus dem bäuerlichen Milieu aufzupeppen war, dann schrieb ich: »Naturverbundener, gläubiger Agrarfachmann sucht nach großer Enttäuschung die Frau, die Freud und Leid mit ihm teilt.« Herr Glücksburgh, der tatsächlich so hieß, fand meine Texte für achtzehn Jahre ziemlich reif. Bald durfte ich sogar Beisitzerin beim *ersten Rendevous* sein. Gleich der zweite Kandidat erlitt vor Aufregung einen Herzinfarkt (überlebt). Der dritte wollte mich statt des empfohlenen Fräuleins freien.

Ich kündigte, nachdem ich einen Flug mit vielen Loopings über dem Bodensee überlebt hatte. Ein Geschenk vom Chef, der auch ein tollkühner Hobbypilot war. Meinen Eltern kündigte ich den nächsten Karriereschritt an: Macht euch keine Sorgen, Sache läuft, ich gehe jetzt in die Werbung.

So scharf wird der neue Mode-Frühling. Trau dich doch (traktorfahrende Frau). Es ging was weiter. Und als endlich die »Neue Vorarlberger Tageszeitung« gegründet wurde, zog ich den Fuß nicht aus dem Türspalt, bis sie mich hineinließen. Nun hatte ich sogar Professor Ortner links überholt.

Sie brauchten bei der »Neuen« eigentlich gar keine Journalistin, nur ein williges naives Geschöpf – so dankbar für jede gedruckte Zeile, dass dieses Geschöpf gerne bereit war, den Platz in der Zeitung zuerst als PR-Inserat zu verkaufen, ehe dieser mit Texten über die Großartigkeit der regionalen Modegeschäfte zugeschüttet wurde. Ich schrieb mir mein Seelchen aus dem Leib, für Mode von Kräutler und Seeberger und Schenk; ich verdiente mit den Provisionen so viel, dass ich in diesen Geschäften gleich auch selber das Geld liegen lassen konnte, und weil ich so brav und fügsam war, durfte ich bald aushilfsweise auch über das Wetter, kleine Unfälle oder die Premiere einer Laien-Operette in Bludenz schreiben. Von Bregenz bis nach Rankweil zu meinen guten Eltern wurde das publik – »Sie hat einen Artikel in der Zeitung!« Es musste vorübergehend nicht mehr so viel gebetet werden für mich.

Wise Köhlmeier, der herrliche Vater von Michael, hatte das Sagen und das Denken in der Zeitung. Er sah meinen Spagat zwischen PR-Flittchen und der heiligen Andacht, mit der ich aus jedem Fahrradunfall noch eine Milieustudie pressen wollte. Er sagte zum Geschäftsführer, dass dieser sich vom umsatzstarken PR-Fräulein trennen und den Vertrag in ein Redaktions-Volontariat umwandeln müsse. Keine Fetzn mehr kaufen also bei Sagmeister und Co., dafür mit Wise Kohlmeier ein Zimmer teilen dürfen. Seiner abgeklärten Weisheit lauschen, die er immer als Selbstgespräch tarnte. Manchmal lauter, manchmal leiser, je nachdem, wie viel Weisheit ihm zumutbar schien, für mich.

Wir hatten ein Zimmer mit Lift in die Setzerei, ständig spuckte der Lift wutschnaubende Setzer aus, die einem Text hinterher waren oder einem Redaktions-Trottel (zu deppert, einen 60-Punkt-Titel auszurechnen, aber mit Anzug und Krawatt' auf Pressekonferenzen fressen und saufen).

Im zweiten Lehrjahr hatte ich schon gelernt, wie man einen größeren Unfall schreibt oder ein Sommerloch aufschüttet (von Wise Köhlmeier), ich hatte gelernt, fliegenden Aschenbechern auszuweichen und ranzigen Stehsatz über die Jahreszeiten zu schmuggeln.

Von den Setzern hatte ich gelernt, wie man Bleisatz seitenverkehrt liest, wie viel Schnaps sie gegen das Gift und für die Nerven brauchen und dass sie Redakteure, die sich zu wichtig machen, vorübergehend auf dem raumhohen Abfallhaufen parken.

»Empört euch!«, war der Morgengruß des politischen Redakteurs Herwig Schmidl. »Irgendwas findet sich immer«, sagte er. Er drosch mit seinen Worten wunderbar auf mich ein, als stünde die Französische Revolution noch bevor. Abends warteten wir immer alle in den »Brigantia Stuben« auf den Andruck der Zeitung, mit einer Neugier, als wüsste keiner, was drinsteht. So verliebt in seine Texte wie der Kulturredakteur war aber keiner, und das büßte er mit grausamer Häme. Kusch, Goethe. Er war der einzige Tabak- und Alkohol-Abstinente von allen, und er war als Erster tot.

Im dritten Lehrjahr ließen sie mich erstmals ans Gericht, alles bis auf Mord. Vom Landesgericht Feldkirch mit dem Text (und dem nicht entwickelten Film) zum Bahnhof. Man musste den Bahnhofsvorstand kennen und sehr freundlich sein zum Lokführer, dann nahm er das Material mit nach Bregenz. So brühwarm machten wir Zeitung. (Nein, Kinder, Fax gab es noch keines.)

Im dritten Lehrjahr wurde ich schwanger, eine Hochzeit ging sich noch rechtzeitig aus; in der fernen Großfamilie hieß es trotzdem, der Apfel fällt nicht weit vom Stamm. Es wurde wieder gebetet.

Mit Bernhard auf dem Arm heulte ich mich durch die Stillzeit. Eine solche Sehnsucht nach der depperten Zeitung. Und also gewiss die schlechteste Mutter der Welt. Wenigstens hatte das Kind einen wunderbaren Großvater. Der alte Mann schob den Kinderwagen durch die Parkanlagen am See. Der alte Mann saß auf einer Bank und fütterte das Kind.

Der alte Mann und das Kind waren eines Tages als *Schönbild* in der Zeitung. Ich wollte mir das Foto besorgen und Wise Kohlmeier besuchen. Wise sagte: »Da hinter dem Bücherregal ist Platz für die Gehschule. Eventuell noch ein dicker Vorhang gegen den Luftzug vom Lift.« Und zu den Setzern sagte er, dass ab sofort nicht mehr herumgeschrien und mit der Lifttür geknallt wird. Weil, hier arbeitet jetzt eine Mutter mit Kind. Das war 1977 – der erste Werkskindergarten in einer Redaktion. Bernhard lernte hier krabbeln und lachen und gehen. Und die Setzer, diese Hunnen, lernten, leise zu sein.

Die Bilder aus dieser Zeit haben in meinem Kopf jetzt einen Rahmen aus purem Gold. Zu jung und flattrig gewesen damals, um die Gegenwart von Glück zu spüren.

Die »Neue Vorarlberger Tageszeitung« hatte einen solchen Charme aus trotzigem Auftritt und Chaos. Ein Gefühl wie Aufbruch aus bigottem Beton. Wolfgang Burtscher, noch vor seiner ORF-Karriere, sagte Sätze wie gewetzte Messer. Herwig Schmidl spaßelte immer: »Das bisschen, das ich lese, schreib' ich mir selber.« Er konnte nicht ahnen, wie sehr das eines Tages noch Mode werden würde.

Nach Wien schauten wir nicht, das Ende des Gartenzauns war am Arlberg. Die Zeitungen dort: eine andere Liga. Ich las die Knaller-Geschichten vom Wolfgang Höllrigl und dachte, der Mann müsse Billy Wilders Film »Frontpage« entstiegen sein. Ich schrieb einen Fan-Brief an Helmut A. Gansterer, den er natürlich nie beantwortet hat. Ich hörte von einem Teufelsreporter namens Jeannée und von Elfriede Hammerl, die der Wirklichkeit *Frauen im Journalismus* um Lichtjahre voraus sein musste. Wahrscheinlich hatte die sogar einen männlichen Kaffeeholer.

Ich kam dann zum ersten Mal im Leben nach Wien, weil mir Minister Erwin Lanc einen Preis und ein paar goldene Worte umhängte. Davon habe ich dann circa ein halbes Jahr im »Brigantia« erzählt. »Wenn du nicht aufhörst, erschlage ich dich«, sagte der Kultur-Philosoph Walter Fink zu mir. »Wie deppert bist du eigentlich? So einen Preis bekommt jede Provinzgurke irgendwann. Pass lieber auf, dass du nicht total verblödest. Und im Übrigen sind bald Bregenzer Festspiele, da kannst du dir was überlegen. Lauter Wiener Schauspieler und so. Und lieg ja nicht auf dem Bauch vor denen, du feige Schleimerin!« Hackl, Marecek, Pluhar. Doppelseiten.

Der Werkskindergarten in Wise Kohlmeiers Zimmer war inzwischen um Bernhards kleinen Bruder Fabian erweitert worden. Das Geld reichte für einen Babysitter aus dem amerikanischen College. Mein Vater hat Fabian die Sonne, den Mond und die Sterne nicht mehr so gut erklären können wie dem Bernhard. Die Parkinson-Krankheit. Furchtbar, wie wenig ich davon wissen wollte. Die wässrigen guten Augen des Vaters. Gegen die Parkinson-Krankheit helfe es, sich zusammenzureißen, sagte ich. Ich wusste, dass mich diese Gemeinheit einholen würde. Ich stellte mir vor, der Vater sei tot, um mich nicht mehr vor dem Gedanken fürchten zu müssen. Ich war 25, dazu zwei Kinder und der Job, der an Tempo und Lohn zulegte. Ich wollte keinen kranken Vater; ich wollte einen Vater, bei dem es meine Kinder so schön haben wie ich als Kind. Und der Vater meiner Kinder? Bitte nicht fragen.

Ich stotterte mich durch die Interviews mit den Doppelseiten über die »ganz Großen« aus Wien. Karlheinz Hackl! Wenn mir einer gesagt hätte, dass ich zu dem zwanzig Jahre später *du* sagen darf. Heinz Marecek, den ich glückstrunken vor Bewunderung nach dem Unterschied zwischen seiner Liliom-Rolle und seinem wirklichen Leben fragte. Doch, ich wollte, dass er auch im wirklichen Leben ein Hutschenschleuderer ist. Das Wort »Provinzgurke« ist manchmal schon sehr angebracht.

Und Erika Pluhar! Jeder Satz von ihren Lippen ein Gefühl, als könnte er den ganzen Bodensee mit Poesie zunebeln. Die überirdische Ehre, André Heller im Auto zu seinem Hotel bringen zu dürfen. Ich wählte einen Umweg durch das Ried. Die Atemluft länger mit ihm teilen! Eine Kuhherde, die den Weg blockierte. André Heller, den ich für unverwundbar hielt, plötzlich sehr prosaisch besorgt vor einem tätlichen Angriff der Tiere. Und ich, ich habe mich geschämt, dass es so viele Kühe gibt, in Vorarlberg. Ich hätte die alle kaserniert, für den Heller. Und das Wort »Kuhdreck« wäre verboten worden.

Von Ehrfurcht zermahlt in den Begegnungen mit den turmhohen Gestalten. Wie kommt es dann, dass sich Geschichten von damals heute lesen wie kühne Kohlezeichnungen im Vergleich zu dem ganzen »Ich hab' eine neue CD«- oder »Ich habe mir bei ›Dancing Stars‹ den Zehen angehaut«-Geschnatter von heute. Jeder Hugo hat ja einen Agenten und einen Pressesprecher. Alle sind mit jedem *irgendwie* verbandelt. Lesen, gegenlesen, und dann sind sie auch noch beleidigt, wenn der eitle Schas, den sie plappern, nicht genug Quasteln hat, in der Zeitung.

Was für ein Geschenk, wenn jemand ungebremst sagt und tut, was er will. Dagmar Koller. Das Geschenk ist damals über Bregenz und über mich hereingebrochen, der Zilk war auch dabei, und für mein Zeitungsleben hatte das extraordinäre Folgen.

Die letzten Tage im Bleisatz

Er hatte das Hemd offen bis zum Anschlag, herrlichen Dolce-Vita-Schmuck auf dem üppigen Brusthaar, und er brummte mich an:»Wie heißen Sie jetzt eigentlich? Marga? Margarethe? Mark? Swoboda? Eh wurscht. Ich sag *Swoberl.* Also, Swoberl. So, wie Sie über meine Dagi geschrieben haben: großartig. Endlich legt ihr einmal jemand ein bissi eine auf. Und genauso ist *die Koller* nämlich. Unerträglich. Aber schon auch großartig. Also, Swoberl. Nicht verrotten in der Provinz. Kommen S'nach Wien. Machen S'ein Mapperl, ein schönes Mapperl, dann find ma einen Job. *Kurier, Krone* oder der Minister, wie heißt er, er sucht was in der Presse-Abteilung.«

Ja. Schon. Wien. Super. Aber. Ich habe zwei kleine Buben im Pampers-Alter. »Großartig«, sagte der Zilk. »Packen Sie die zusammen. Wien ist so kinderfreundlich, Sie werden staunen.« Und erst die Chefredakteure.

»Das ist unverantwortlich, mit zwei kleinen Kindern, sagte der Dr. Dragon in der Muthgasse. Aber wenn in Vorarlberg ein Erdrutsch oder eine Lawine oder so was ist, dann schicken Sie mir doch einen Zweispalter. Und grüßen Sie das Ländle von mir.«

»Das ist eine sehr interessante Mappe«, sagte Gerd Leitgeb beim »Kurier«. Aber leider haben wir keine *Planstelle.* Mit den Kindern haben Sie es eh schöner in Vorarlberg. Dankeschön, auf Wiedersehen.«

Der Minister hätte mich sogar genommen. Konnte ich ihm aber nicht antun. Mein zweiter Vorname ist »Klecksi«, und Auftritte als Presse-Fräulein mit gut sitzenden Hermès-Tüchern und gebügelten Mappen sind bei mir undenkbar. Gott, war dieser Minister liebenswürdig und charmant. Und dann ist er kurze Zeit später mit dem Flugzeug in den Bodensee gestürzt. Samt Pressesprecher.

Michael Hopp und Markus Peichl. Die denkbar coolsten Hunde aus meiner Landpomeranzen-Perspektive. Füße auf dem Tisch in der »Wiener«-Redaktion. »Ja, schreib einfach irgendwas. Über E.T. oder Alice Schwarzer.« Ich nahm meinen Jahresurlaub für den Pfusch in Wien. Pseudonym: Marianne Schönauer. Nur nicht die fixe Stelle in Bregenz riskieren.

Sie haben die Elaborate tatsächlich gedruckt. Vom »Kurier« ruft der Chefredakteur Leitgeb an und will die Frau Schönauer sprechen. Nein, ich bin nicht die vom Burgtheater. Trotzdem: Er hat jetzt eine Planstelle.

Eine Woche später reiten wir nach Wien. Bernhard, Fabian und diese junge Frau, angelockt mit tausend Versprechungen, damit die entwurzelten Kinder eine Mutter haben, wenn die Mutter jetzt im »Kurier« wohnt und fallweise im Gutruf. Danke für immer, Dagmar.

Ich war jung und brauchte das Geld. Und ich schäme mich für manche Geschichten. Am meisten für diese: Als Wolfgang Fellner und sein Fassbinder-Verschnitt Wolfgang Maier die Welt und die Zeitung mit »Basta« neu erfinden wollten. Als sie mich beichten schickten in sieben Kirchen, immer mit denselben erfundenen Sünden. Hören und schreiben, wie viel Schmalz eine Sünde im Stephansdom kostet und wie viel in Maria Hilf. Und ob die Priester eh keusch bleiben im Beichtstuhl. Ja, alle. Aber ich zünde noch immer Kerzen an, damit mir Gott die schäbige Beichtstuhl-Tournee verzeiht. Irgendwann.

Aber sonst war das eine kommode Zeit, die Ära »Basta« als Taschengeld-Quelle neben dem »Kurier«. Auf lausigen Sofas durfte man übernachten, wenn der Text in der Früh fertig sein musste. Zwei-, dreimal hat mich der Maier, glaub ich, eingesperrt. Er hatte keine andere Wahl. Und einmal, als mir der Fellner das Taschengeld schuldig blieb, hat Gerd Leitgeb zum Telefon gegriffen. Schon war das Geld da. »Diese Lausbuben«, sagte Leitgeb.

Ich muss jetzt ganz unbedingt etwas von Günter Broscheit erzählen. Ich habe den so geliebt, auch wenn wir nie mehr miteinander hatten als die Hände ineinander gelegt für ein Schönbild im »Kurier«, Thema Scheidungen. (Selbstverständlich wurden auch im »Kurier« noch lange die Schönbilder selbst gebastelt, nix Agentur und Internet. Lang vor Demi Moore war mein nackter schwangerer Bauch mit dem kleinen Moritz drin publik: 1985. Und Kristian Bisutti hat noch die delikaten Fotos von meinem Reportage-Einsatz zum Thema Escort-Girl. Oder man spielte *Familiendrama* im Stiegenhaus des »Kurier«, mit einem Messer, das einen langen Hitchcock-Schatten warf. Falls grad wieder verstärkt gemeuchelt wurde, in trauten Familien-Kreisen.)

Der Günter Broscheit. Die Seele der Sonntags-Redaktion, der Themen-Fuchs und Fischermann, Spitzname »Zander«. Der Hamburger, verliebt in Wien, ein Star aus deutscher Illustrierten-Blüte. An Worten und Gefühlen feilen, bis es hell wird. Referate im Gutruf über das Phänomen der »postalkoholischen Erotik«, über den nahen Untergang der Sprache in der Zeitung. Menschenversteher. Frauen insbesondere.

Viel zu früh verbrannt an dem Feuer, das er für die Zeitung und die Zeitgenossen hatte. In meiner Schatztruhe: seine letzten Faxe aus dem Krankenhaus. Wir wollten, ich weiß nicht mehr wen und was, aufmischen, sobald er wieder gesund ist. Mit dem Tod von Broschi ist schon auch die *Alte Schule* gestorben. Schleifen und hobeln und Blitze aus dem Kopf zischen, als müsste jeder Bildtext hundert Jahre halten. Wozu noch. Kloake ins Internet kübeln und schon während des Lesens wieder entsorgen. Reicht doch. Geht doch.

Als im »Kurier« die große Party – der letzte Tag im Bleisatz – gefeiert wurde, dachten wir alle noch, jetzt kommen bessere Schreibzeiten. Aber wo. Goldene bleierne Zeit. Heimweh? Jedenfalls rechne ich Titelzeilen noch immer »in Blei« aus ...

Was ich übrigens sonst noch mitschleppte wie Blei aus Vorarlberg nach Wien: etwas, das sich damals eine große Liebe nannte. Wohin die gefallen ist? Bitte nicht fragen. Zurückgelassen hatte ich Conny, meinen ersten Stift bei der »Neuen« in Bregenz. Der einzige Mensch, der geweint hat, als mein Zug aus Feldkirch rollte. Die Conny zog dann aber bald nach. Ihr kennt sie ja alle. Die Conny Bischofberger.

Fang den Leser mit dem Lasso!

Das erste Kolumnen-Foto. *Menschen am Sonntag.* Schwöre Tatsach', es war nicht meine Idee. Man will auch was fürs Herz, sagte Broschi. Nicht nur den rüden Charme der höllischen Höllrigl-Geschichten. Wir brauchten vier Mittagessen und drei Gutruf-Abende, bis wir allen Schnickschnack verworfen hatten. Broschi sagte: »*Menschen am Sonntag* ist vielleicht gestohlen. Aber es ist gut.«

Man geht dann doch mit leicht geschwollenem Hals aus dem Haus, wenn die erste Sonntags-Story mit dem sehr blonden Kopferl in der Kolportage liegt. Kann sein, dass ich mir gleich drei, vier »Kuriere« kaufte. Einen für die Mama, einen für ...

Man schrieb damals kühne Serien wie *Die Frau an seiner Seite* – so viele hockten noch hinter dem Herd und zwischen den Blumen-Arrangements ihrer *großen Gatten*. Und einmal gaben sie mir beim »Kurier« einen Porsche, um damit »Männer aufzureißen«. So verkehrt war die Welt noch in den Achtzigerjahren.

Aber es war eine Zeit erster Qualität, wie echte chinesische Seide (wenn *das* nicht vom Heller ist, was dann?). Zeit, um Menschen herumzuschwänzeln und Interviews bis zum Break Even Point lang nach Mitternacht. Erstaunlich, dass mir niemals jemand eine knallte.

Wem aber dringend noch ein Kuss nachzuhauchen ist: Michael Horowitz vom „Freizeit"-Kurier. Der schickte mich zu Friedrich Dürrenmatt statt zu Leuten wie Feldbusch oder dottergelben Doof-Köpfen. Chronologisch ist das jetzt unkorrekt an dieser Stelle. Aber, Gefühle gehorchen keinem roten Faden. *Geschickt* hat mich der „Horo" übrigens nie. Der lädt einen zum Schreiben ein wie ein Chevalier aus der Belle Epoque die Madame zum Tanzen. Und danach gibt's ein Merci auf die Tanzkarte in glühender Tintenschrift. *Merci*, Michael ...

Ein Ungar rief an und schmuste mich mit solchen Sätzen nieder: »Gefällt mir sähr gut, was Sie da machen in der ›Kurier‹-Zeitung. Foto ist auch sähr schön, ein bisschen Marilyn – so eine hübsche Frau und kann gut schreiben. Möchten Sie einmal Geschichte für uns machen?« Mir klang das wie ein Angebot aus der Unterwelt.

Ich zeigte Broschi die Telefonnummer, und ob er einen Ungarn kennt, der ... Broschi brauchte augenblicklich einen Spritzwein aus der stillen Reserve: »Du hast soeben dem Chefredakteur vom *Trend* einen Korb gegeben.« Broschi coachte mich eine Woche lang, dann war ich reif für einen Rückruf. Also, ja, Herr Chefredakteur, Herr Lajos, Herr Ruff ... ich tät doch gern einmal ... Dort, wo der Gansterer schreibt und wo die Geschichten über vierzehn Seiten schnurren wie ein Konvoi aus Bentleys und Rolls-Royce.

Lajos Ruff sagte: »Man muss da Leser mit da Lasso fangen in da erste Satz. Und dann muss man ihm Luft lassen, wie beim Kamingespräch mit Rotwein. Schauen Sie, Marga, a lange Geschichte ist ganz leicht ... Einfach nur viele gute kurze Geschichten.«

Angst? »Schauen Sie, Marga. Sie fahren mit ihra kleine Auto auf Sizilien. Denken Sie nicht schon in St. Pölten an Sizilien. Sonst werden Sie verrückt. Denken Sie nur kleine Etappen. Auf einmal ist Sizilien da.«

Ich war mit meiner ersten »Trend«-Geschichte noch nicht einmal in St. Pölten, und es war schon nach Mitternacht. Am Morgen fanden sie mich schlafend, aber angekommen. Sie sagten, sie können jemand brauchen, der nichts von Wirtschaft versteht, weil – »*Alles* ist Wirtschaft«, sagte Gansterer und nebelte davon, zum Denken, Schreiben und Trinken in die »Bristol«-Bar..

Prof. Stephan Wayda, der mir einmal ein Rechtschreibbuch zu Weihnachten schenkte, und Lajos Ruff führten die Redaktionskonferenzen auf Ungarisch. Es wurde immer geraucht in der engen, fensterlosen Kammer wie am letzten Tag vor dem Aufhören. Getrunken wurde nie, außer vielleicht an jenem Tag, als es jemand einfiel, mir eine *Service*-Geschichte über Raumklima-Geräte anzuvertrauen. Sämtliche Weltmarken drohten dem »Trend« mit Klage, weil ich einen solchen Unsinn aufgelistet hatte. Von nun an hatte ich es schön: Nie mehr riskante und öde Geschichten mit Tabellenchaos herausschwitzen müssen. Stattdessen ein novellenlanges Porträt über die unterschätzte Stadt St. Pölten. Den Fürsten Schwarzenberg als Mann des Jahres feiern. Oder ein *Besuch bei den Mostschädeln*, mein höchstdotierter Text aller Zeiten: 150.000 Schilling, erster Preis beim »Wettlesen Publizistik« in Klagenfurt. »Man darf sie nur nicht über Zahlen und Fakten schreiben lassen, dann geht das schon«, sagte Lajos Ruff.

»Du schaust jetzt seltsam aus, wie eine Business-Woman«, sagte Bernhard, weil ich nun eine Aktentasche trug. Kleiner Kompromiss mit dem »Trend«-Image. Nur eine Attrappe. Es gibt ein Foto, kurz vor der Geburt von Moritz, gegen Weihnachten '85, ich war breiter als hoch, und ich trug ein *Umstandskleid* wie ein Zelt, dazu meine Business-Woman-Tasche.

Hans Schmid und seinen etwas strengeren Partner Lonyay hat das nicht abgehalten, mich für die neue *Wienerin* zu holen. Und zwar als Chefredakteurin. Das Kind kam am 20. Dezember, Alex Lonyay bestand auf ein *Konzept* am 23. Es ist sich ausgegangen. Seltsam, dass junge Mütter immer alles stemmen wollen. Ich würde es nicht mehr tun. Mir selber die kostbarste Zeit rauben.

Was ist eigentlich ein Herausgeber? Ohne den Hauch einer Ahnung besetzte ich das Wort in meiner heiligen Unschuld anno Rankweil mit einer gottväterlichen Gestalt. Das musste einer sein, der gibt und gibt und gibt. »Das ist einer, der nimmt und nimmt und nimmt«, sagte Broschi immer. »Ein Herausnehmer eben.«

»Sagst du nur, weil du den Hans Schmid nicht kennst«, sagte ich.

»Na gut. Der Schmid Hans. Eine Ausnahme eben«, sagte Broschi.

Wir bewohnten ein herrliches Etablissement in der Lehargasse. Auf stylische Art nicht ganz so chic wie die GGK-Werbeagentur; der Stallgeruch einer Redaktion ist ja doch ein anderer als dort, wo man sich die Strategien für Coca oder Palmers und so ausdenkt.

Das Wort *Frauenmagazin* war neu, noch ganz elektrisch. Tollkühne Emanzipationsgeschichten zwischen mondänen Inseraten. Darf man neben einer Chanel-Anzeige schreiben, dass Frauen im Elend leben oder Männer ihre Kinder prügeln? Sissy Waldheim – unser eiskalter Engel? Jörg Haider, aufgeplustert als Playmate? Bei Hans Schmid durfte man alles. Und es durfte auch Geld kosten. »Nehmt bitte nur die allerbesten Fotografen, und nehmt euch Zeit«, sagte er.

Wir machten üppig Gebrauch davon. Wir hatten Elfriede Jelinek als Jeans-Model und Emmy Werner als »Frau des Jahres«. Wir hatten Hans Schmid, der ein einziges Mal höflich nachfragte, ob man eh zwischendurch ein wenig aufs Budget schaue: Als Kris Krenn in Rom schon seit bald vierzehn Tagen bei Helmut Berger auf lichte Momente für Fotos und ein Interview wartete. Das hat viel Champagner gekostet. Hat sich aber ausgezahlt.

Die süße Narrenfreiheit dieser Zeit. Ein paar Frauen, die bereit waren, sich zu prügeln für ein bisschen mehr Würde und etwas weniger Schnickschnack im Blatt. Nicht mit Hans Schmid, nur untereinander.

Gabi Rom war unsere listige Hardcore-Frau für alles. So ein Universaltalent hat man damals tatsächlich noch *Sekretärin* genannt. Sie zwang mich ins Rollenspiel einer Chefredakteurin. Bei manchen Gesprächen musst du dich verbinden lassen. Der Schreibtisch muss etwas größer sein. Blumen am Tisch, frische Erdbeeren, vielleicht ein paar imposante Bilder an der Wand. Und du musst manchmal *Nein* sagen. Ja, Gabi, mach ich.

»Da ist eine Frau mit einem Kopftuch, die will zu dir, ich schassel sie gleich weg, wir haben jetzt nämlich keine Zeit«, sagte Gabi. Sei nicht so, Gabi!

Die Frau mit dem Kopftuch machte es kurz: »Ich bin eine geschiedene Anwaltsgattin, und jetzt reicht's, ich will bei euch schreiben.« Sie rauchte zwei Zigaretten zugleich, sagte: »Kinderle, ich fang am besten gleich an ...« Ab sofort konnte ich meine Schreib- und Lebenskrisen mit Ro Raftl teilen. Unsere Vorspänne schnitzten wir wie für die Ewigkeit gedichtet. Unser Chef vom Dienst, der Dünser, wurde grau vor der Zeit, bei uns. Spätnachts zornte er wie Rumpelstilzchen, riss uns die Manuskripte aus den Schreibmaschinen. Und uns fehlten noch immer die Worte für die Ewigkeit.

Und dann haben sie mich monatelang auf Händen durch die »Wienerin« getragen und mich gefüttert und geschont. Als Fanny geboren wurde, dachte ich, dass es jetzt für immer Mai bleiben würde. Ein kleines Mädchen mit drei großen Brüdern – wie der Wunschtraum, den mir meine Eltern trotz vehementer Forderung nicht erfüllen konnten. Fünf Monate und fünf Tage später waren die großen Brüder und die Mutter die traurigsten Menschen der Welt. Geschichten über *Plötzlichen Kindstod* kann ich bis heute nicht lesen. Die rosaroten Schuhe, die Ro Raftl dem kleinen Mädchen an die Wiege brachte, habe ich noch. Ein Kleid hat Fanny nie getragen, nur im Sarg.

In die »Wienerin« bin ich nicht mehr zurückgegangen. Ich hätte keine fröhliche Geschichte, keine Mode und auch keine fremden Traurigkeiten mehr ertragen. Weil Hans Schmid so ist, wie er ist, konnte ich trotzdem weiterhin die Miete zahlen.

Bahnbrechend: das erste Fax

Nach Bleisatz riecht es nur noch im Museum. Ein Duft, der nie mehr aus der Nase geht. Hans Dichand, der Schriftsetzer lernte, erzählte noch im Blogger-Zeitalter davon wie vom ersten Kuss – wie ihn dieser Geruch betörte, auf dem Gehsteig vor der Setzerei in Graz. Und die Musik, wenn die Buchstaben in die Zeilen fallen.

Ende der Achtzigerjahre klapperten zumindest noch die Schreibmaschinen; bei mir klappert sie bis heute. Der Jeannée, glaub ich, knattert sogar noch auf einer mechanischen herum. Am Klappern hat man in der »Wienerin« erkennen können, ob jemand einen guten Fluss oder eine Schreibhemmung hat. Und wie viel Zeit noch bleibt, bis der Dünser das letzte Manus kassieren kommt. Oder diese ersten Sätze, für die zehn, zwanzig Blätter draufgingen. Ratsch, Papierkorb, das Pferd neu einspannen. – Keine Musik mehr. Alles hockt vor den lautlosen Laptops, egal, ob man dichtet oder durch Porno-Seiten wühlt.

Das Fax war dann eigentlich bahnbrechend. Texte nicht mehr dem Lokomotivführer mitgeben oder dem Gansterer spätnachts in die »Bristol«-Bar liefern. Einfach am Küchentisch herumhacken, mit Lockenwicklern und den wurlenden Kindern rundherum. Das Handy hat noch sehr gefehlt, aber das wusste man ja nicht. Im Schwimmbad bin ich immer in der Telefonzellen-Schlange gestanden, noch einen Titel oder einen Vorspann durchgeben. (Wenn dieses blöde Huhn nicht bald zu plappern aufhört, werden sie mich feuern ...) Der erste Mensch, der dann mit einem koffergroßen Mobiltelefon aufkreuzte, war natürlich der Hans Mahr. Da wusste man, jetzt kommen andere Zeiten.

Wie bin ich eigentlich zum Kurt Falk gekommen? Erinnerungen an ihn habe ich wie voneinander abweichende Entwürfe. Jedenfalls sagte er, als ich vor Trauer noch immer nicht und nie wieder schreiben wollte, dass Arbeit die beste Therapie sei. Das wisse er von sich selber. Und diese Therapie war fürstlich bezahlt. Schmerzensgeld, sagten die anderen. Ich habe es nie so empfunden. Ich habe Höhenangst, Angst vor dem Tod und vor Krankheiten. Ich hatte nie Angst vor Falk. Morgens schaute er kurz in mein Zimmer, wickelte auf einem Hocker die Beine umeinander, wie ich das noch in keinem Zirkus gesehen habe, erklärte ein Stück Welt, ging wieder. Ich war nicht dabei, als er Leute anschrie, sie sollen nicht sein Eigentum auffressen, wenn sie an einem Bleistift nagten. Ich weiß selber nur vom Hörensagen, dass einmal die Rettung kam, weil jemand einen Nervenzusammenbruch erlitt wegen ihm. Ich war aber dabei, wenn er gute oder große Namen für die *Ganze Woche* keilen wollte. Der und der und die da.

»Kommen Sie mit«, sagte er, »dann sehen diese Leute, dass ich gar nicht so ein Monster bin. Wenn es so ein Mensch wie Sie mit mir aushält.« Die Treffen fanden vorzugsweise im »Hotel Modul« statt. »Dort ist es sehr preiswert und diskret«, sagte Falk. Er hatte immer ein sehr fettes Papiersackerl in der Tasche, mit ganz vielen Scheinen drin. Drei von vier Wunschkandidaten konnten nicht widerstehen. Einer wollte als einziges Extra, dass er niemals fliegen muss. »Dann fliegen Sie halt nicht. Oder ich zahl Ihnen den besten Psychiater.«

Die jüngste Eroberung war soeben eingecheckt in der Redaktion. Mich ließ der Falk ins Zimmer rufen, oder stand ich grad zufällig in der Gegend herum. »Wie blöd sind Sie eigentlich«, sagte er. »Sie gehen dauernd mit mir herum, Leute überreden, dann schauen Sie zu, wie ich denen das Geld in den Rachen werfe, wahrscheinlich eh für nichts. Und *Sie*? Also, Sie bekommen jetzt 500.000 Schilling.«

Falk hatte recht. Ich war wirklich blöd. Ich sagte: »Das geht nicht, jedenfalls nicht jetzt. Ich kann das Geld nicht nehmen. Weil, Herr Falk, ich hätte dann das Gefühl, dass Sie mir beim Schreiben im Genick sitzen, und dann kann ich nicht mehr schreiben.«

»Wie blöd sind Sie, soll ich Ihnen das Geld auf dem Silbertablett nach Hause liefern?«

»Nein, aber wissen Sie was. Könnten Sie das Geld für mich bei Ihnen stehen lassen? Und wenn ich wirklich einmal ganz dringend ... dann würde ich es dann nehmen ...«

Serien, Doppelseiten, Serien, Doppelseiten, es linderte keinen Schmerz, aber es lenkte ab und war gut für die Haushaltskassa. Und das Wort *Leben* hat mich wieder erfasst. Eine Schwangerschaft, die mich selber überraschte. Und irritierte. Und dem Chef musste es auch gesagt werden. Am selben Abend fand ich vor meiner Haustür ein prunkvolles Früchte-Arrangement vom Meinl am Graben, so groß wie ein Strandkorb. Und schonen Sie sich, stand auf der Karte. Und wehe, ich erwische Sie einmal mit einer Zigarette. MFG, KF.

Silvester 1989 kam Simon auf die Welt. Kurt Falk brachte ihm einen goldenen »Philharmoniker«, und mir brachte er Unmengen an Magazinen vom Bahnhofskiosk ans Wochenbett. Genau der richtige Zeitpunkt, um alles nach Themen und Layout-Ideen zu durchforsten: »Es ist Ihnen bestimmt zu langweilig im Krankenhaus. Man hat hier ja nichts zu tun. Sie müssen nicht einmal kochen.«

Ein paar Wochen später hätte ich die 500.000 Schilling aber so gut brauchen können. Simon und ich waren nicht so fit, dass ich gleich nach dem Mutterschutz wieder in die Zeitung konnte. Zum ersten Mal Karenzzeit nehmen. Falk besprach die Sache mit mir beim »Wienerwald« in Grinzing. So preiswert und gut sei das gebackene Gemüse sonst nirgends, sagte er. Und ja, klar, wenn der Simon und ich so auf dem Zahnfleisch seien, dann müsse man etwas tun: »Für ein Jahr bekommen Sie eine ausgebildete Säuglingsschwester von mir.« Ich war baff und begeistert. Bis ich daheim angekommen war, wusste ich, dass ich meine Ängste und meine Liebe zum Kind nicht delegieren konnte.

Bitte doch lieber die 500.000 Schilling. Wieder gebackenes Gemüse mit Falk. Er sagte: »Wir waren doch eigentlich immer wie gleichberechtigte Menschen in der Zeitung?« Hmm. »Wir haben gemeinsam diesen und jenen in die Zeitung geholt?« Tja. »Und der Dings, dieser Mann, wie heißt der, der war doch die größte Niete aller Zeiten? Und wissen Sie, was uns *diese Null* gekostet hat?« Ja, Herr Falk, ich kenne die Summe. »So, dann teilen wir uns den Schaden«, sagte Kurt Falk. Ich behalte die 500.000 Schilling, und wir sind quitt. Das war's dann.

Ich hatte einen schönen Frühling und einen erholsamen Sommer mit den Kindern. Und ich hatte wieder, nicht nur als

Notfall-Therapie, Lust auf Zeitung und Lust auf Schreiben. Hatte ich schon ein Handy? Nein. Ich sprang aus der Hängematte zum Festnetz, als dieser Anruf kam. Ich sagte nur: Das glaub ich jetzt aber nicht.

Die »Krone«-Familie

Am Telefon war ein Mann aus dem freundschaftlichen Umfeld von Hans Dichand. Da sei ein Projekt geplant, im Rahmen der *Kronen Zeitung*: »Wenn du möchtest, kannst Du gelegentlich mit Herrn Dichand persönlich darüber reden.« Gelegentlich? Geht das nicht gleich morgen schon?

Das nicht, aber bald. Ich wollte nicht daherkommen wie eine überforderte Mutter. Ich wollte nicht ausschauen wie eine Möchtegern-Businessfrau. Ich wollte aber auch nicht diesen schlampigen Schreiber-Look, ausgeleiertes T-Shirt mit Kaffeefleck. Immer, wenn ich mir beim Outfit allergrößte Mühe gegeben habe, ist es danebengegangen. Meine unsäglichen weißen Stiefletten bei der Hochzeit. Das selbst ausgesuchte Kleid am ersten Gymnasiumstag. Eine Busreise nach Paris im Teenageralter mit dem Rankweiler Obst- und Gartenbauverein. Ich dachte damals, barfuß und ein oranges Trompetenärmelkleid mit riesigem Ring am Reißverschluss sei angesagt.

Es war ein wunderbares Gespräch, zu Gerer-Zeiten noch, in der Wiener »Bristol«-Bar. Mein seltsamer Look hat vielleicht den Portier irritiert, Hans Dichands Blicke aber waren von ausgesuchter, übersehender Höflichkeit. Ich kam in Schwung und holte auch mit den Händen aus. Der Tee ergoss sich über den Tisch und Hans Dichands Hose. Das macht doch nichts, sagte er.

Wir würden also demnächst die *Krone Bunt* gestalten. Illustrierten Lesestoff für den Sonntag. Menschen, Reportagen, nicht das Rad neu erfinden, nur mit Feuer und Liebe schreiben. »Zeitung muss geschrieben sein«, sagte Herr Dichand, »nur das zählt.«

Ich ging heim, meine Kinder küssen, vielleicht sogar auch den Mann. Das könnte damals noch möglich gewesen sein. Ich hackte Themenlisten und Listen von tollen Schreibern in die Tasten, ich lungerte im Morawa herum und kam mit Taschen voller sündteurer Magazine heim. Ich glaube, ich habe sogar

Yacht- und Golf- und Elektronikhefte gekauft. Man muss doch wissen, was die können. Die Kinder sagten: Du bist wieder *du*. Fürs Kochen, Geschichtenvorlesen und Ins-Schwimmbad-Gehen blieb ich auf allgemeinen Wunsch und sehr gerne weiter zuständig. Beim Rest, nicht wenig, half mir ein kinderliebender Mensch aus dem alemannischen Sprachraum. Wir reden ja immer Dialekt daheim.

Die »Kronen Zeitung«: Familie. Die »Krone Bunt«: ein Satellit, vorerst fremd im Haus wie ein Kuckuckskind. Klein, fein und sehr weiblich damals, die Schreibstübchen im 14. Stock. Conny Bischofberger, Ro Raftl, Gerti Senger. Männer eher wie Gast-Autoren.

In der Schublade hatte ich immer ein paar Deix-Bilder gebunkert. Wenn zu Redaktionsschluss wieder die Deix-Katzen das frische Werk verpatzt hatten. Wenn der Hubschrauber aus Klosterneuburg nicht mit dem aktuellen Cartoon in der Muthgasse landen konnte. Solche Geschichten halt. Wann schreibt endlich jemand das große Deix-Buch mit den genialsten Ausreden?

Die beste Möglichkeit, mit den Familienmitgliedern der »Krone« zusammenzuwachsen, waren die zufälligen Begegnungen im Lift. Eine Pointe mitten ins Gesicht von Roman Schliesser, eine witzige Höflichkeit von Georg Markus. Trude Sagmeister, die Frau ohne Stacheln, Christoph Biró mit der Igel-Frisur und der spitzzüngigen Freundschaft. Der »Telemax« Löffler, den man in der »Krone«-Familie mit »Grüß Gott, Herr Professor!« zu grüßen pflegt.

Ich freue mich immer, wenn ich den Dr. Kindermann wenigstens ab und zu noch sehe, ich beneide den Peter Gnam, weil der viel sportlicher durch die Gänge federt als ich, und wenn ich, sehr selektiv, den Claus Pándi in seiner spartanischen Kammer besuche, komme ich immer mit einer Überdosis anregender Info heraus – und die sortiere ich dann ganz in Ruhe daheim.

Vom Jeannée weiß man auch eine Viertelstunde später noch, dass er mit dem Lift in sein Zimmer im Dritten gefahren ist. Die Duftmarke, Zigarre mit echtem Kerl, ist für die einen betörend, für die anderen weniger. Erforschenswert ist auch die Statistik in seinem Büro-Dschungel aus Papier, Papier, Papier. Ganz vom alten Schlag. So hat es ja früher in jedem Redakteursraum ausgeschaut. Und als die Fenster in der »Krone«, noch vor dem Neubau, nicht jedem Regen trotzen konnten, waren die Papierberge auf dem Fensterbrett außer schön auch nützlich. Mir kommt vor, dass man damals bei Nordwind noch in Mantel, Schal und Hut geschrieben hat. Gezogen hat es wie in einem Vogelhaus.

Die Computer sind dann irgendwann ins Haus gezogen – nicht bis in alle Ecken, aber beinahe. Es war schon deutlich nach dem Jahr 2000, als mich Darling Roman Schliesser mit einer so euphorischen Freude ins Zimmer bat, dass ich dachte, er hat eine Exklusiv-Story mit dem Papst. Er sagte: »Du, Marga, hör zu, du kennst dich doch so gut aus mit elektrischen Schreibmaschinen. Ich hab jetzt auch eine angeschafft! Eine kleine Brother! Hilfst mir mit dem ganzen technischen Kram, Korrekturband wechseln und so?« Nichts lieber als das.

Exklusiv. Das war vorhin im Absatz ganz ein blödes Wort. Das steht ja heute über jedem Schmarren. *Exklusiv: Warum Katzi den Führerschein nicht schaffte. Exklusiv: Die ganze Wahrheit über Mausis neuen Busen.* (Brrr, bitte nicht.) *Exklusiv: Ich saß neben Marika Lichter und zählte Sterne.* Inzwischen gibt es ja Blätter, die haben sogar das Wetter exklusiv. Sie schreien dich an, vom Preisausschreiben über sieben Seiten vorne bis in den hintersten Fetzen Papier. Als ob man den Leser zuerst niederschlagen müsste, damit er k.o. geht und sich nicht mehr wehren kann. Anschließend die ganze Brühe über den Kopf schütten.

So inflationär ist *exklusiv* geworden. Früher war man es einfach. Man hatte den Rablbauer oder den Udo Proksch oder die Mondlandung. Heute hat man exkusiv Diätpläne magersüchtiger Models.

Schaut die »Kronen Zeitung« altmodisch aus? Sie ist ein Wohnzimmer, in dem sich Millionen Leser auskennen und wohlfühlen. Ab und zu eine neue Tapete, da und dort ein chices neues Möbel, hin und wieder das Styling auffrischen. Aber sonst – wer will heimkommen in ein Wohnzimmer, das ihm fremd ist? Das klassisch klare Gesicht der Seite eins. Es muss schon ein Drama oder ein Glück von außerordentlicher Dimension geschehen, dass die optische Struktur durchbrochen wird. Dieser atemlose, schrille Wahnsinn auf manchen Blättern. Wenn schon ein kaputter Zeh bei den »Dancing Stars« die Titelzeilen sprengt – wie schreiben die von der Atomkatastrophe? Ich habe mir, auch wenn es sich nicht gehört für einen Zeitungsmenschen, abgewöhnt, durch den schrillen Wahnsinn zu pflügen. Wie mit einem nassen Fetzen geschlagen, fühlt man sich sonst.

Die Liefergewohnheiten von Manfred Deix waren nicht der einzige Grund, dass es manchmal sehr eng wurde, gegen Redaktionsschluss. Verwöhnt und auch verdorben vom Rhythmus der Monatsmagazine »Trend« und »Wienerin« habe ich ... na ja. Zum Glück hatten wir eine Chefin vom Dienst wie zehn Dünsers. Dank Eva Lehner ist sich alles irgendwie *doch* ausgegangen. Einmal hat mich der Herausgeber sehr sanft ermahnt, die Möglichkeiten nicht noch mehr auszureizen. Ich glaube, ich habe seine höfliche Bemerkung korrekt aus der stets tadellosen Eleganz seiner Sprache in die angemessene Alarmstufe übersetzt. Auf dem niederschwelligen Verhaltensniveau anderer, mir persönlich bekannter Chefredakteure hätte das so geklungen: Einmal noch zu spät abgeben, und du bist gefeuert. Jedenfalls habe ich mich dann sehr am Riemen gerissen. So gut, wie ich halt konnte.

Eine wertvolle Übung. Bald musste ich nicht nur im Wochentakt, sondern täglich pünktlich sein. Ein Gedanke wie Folter, für eine wie mich.

Das Büro von Hans Dichand war damals so klein, dass ich mich immer schämte, für meine geräumige »Krone Bunt«-Kammer. Und vor Frau Orthaker schämte ich mich auch; ich hatte das Gefühl, sie hätte von ihrem Chef Gedankenlesen gelernt und wüsste also immer, dass ich noch mit nichts fertig war, wenn ich gespielt seelenruhig zu einem Chef-Termin kam.

Ich dachte nichts Gutes, als ich einmal *ganz kurzfristig*, ja, *am besten gleich* gerufen wurde. Ich war sicher, dass Hans Dichand an diesem Abgabetag den verzögerten Stand der Dinge durch drei Stockwerke hindurch gescannt hatte. Röntgenaugen. Ich hatte drei Stockwerke zu Fuß Zeit für ein paar dramatische Ausreden und verwarf sie alle gleich wieder. Hans Dichand konnte Ausreden ganz besonders *nicht* ausstehen.

»Nehmen Sie doch Platz. Möchten Sie vielleicht eine Melange?« Vielleicht war »eine Melange« der höfliche Code für Kündigung. Es war jedenfalls die erste Melange mit Hans Dichand. Gefasst sagte ich, ja, bitte. Auch wenn ich wirklich keine Zeit für so was hatte. Im 14. Stock waren noch sieben Doppelseiten unfertig.

Herr Dichand, dem ich wie in einem Ganzkörperschutzanzug aus Watte zuhörte, sagte, dass er sich vorstellen könnte, sehr gut vorstellen könnte, dass ich eigentlich eine tägliche Kolumne schreibe. Mit Gefühl, mit Herz, durchaus auch mit Verstand. Täglich. Kolumne. Aktuell. Er kannte mich also doch nicht so gut, wie ich gefürchtet hatte. Ich musste ihn warnen vor mir. Das schaffe ich doch nie. Da fällt mir nichts ein. Das kann ich nicht. Er sagte: »Denken Sie ruhig darüber nach. Ein paar Tage.« Rückwärts ging ich hinaus. Kollision mit Frau Orthaker. Im 14. Stock wartete Eva Lehner auf mich mit einem Gesicht, als würde sie gleich die Machete zücken. Und wo ist jetzt eigentlich der Doppler Seite acht/neun?

Kolumne. Täglich. Ich erzählte es niemandem, nicht einmal den Kindern. In den nächsten Tagen versteckte ich mich ständig hinter dem Kleiderständer, wenn man jemand ungewohnten Schrittes kommen hörte. Das könnte Hans Dichand sein. Und, wann fangen wir an mit der Kolumne? Übers Wochenende schrieb ich vier Musterkolumnen. Eine erbarmungswürdiger als die andere. Wie auf Stelzen. Ich musste mich nicht anstrengen. Ich brachte einfach nichts Besseres zusammen. Aber wenigstens würde Herr Dichand Abstand nehmen von dieser Idee.

Er sagte: »Das ist gar nicht so schlecht. Wissen Sie, am Anfang ist man da sehr verkrampft. Das gibt sich dann. Am besten, wir fangen nächsten Montag damit an.« Keine Ahnung mehr, was da drin stand, und ich möchte es auch nicht wissen. Ich betrat das Haus Muthgasse 2 lange nur noch mit eingezogenem Kopf. Und ich wollte mich bei jedem Leser persönlich entschuldigen. Einfach so.

Mit dem Herrn Nimmerrichter, dem Großmeister aller Kolumnen, hatte ich einmal eine Talfahrt im Lift zu zweit allein. Höflich grüßen, Blick auf die Schuhspitzen senken. »Willkommen, als Kollegin«, sagte er. »Und merken Sie sich eines: Für eine Kolumne hat man 24 Stunden am Tag da zu sein. Nichts anderes tun, nichts anderes schreiben. Am besten auch keine Familie, keine Kinder.«

Als Mutter möchte man gern die Krallen ausfahren. Kinder, meine Kinder! Als kleine Schuhnummer fängt man da besser keinen Wickel an. Doch, ich bin extrem konfliktscheu. Und Ehrfurcht vor so einem Kaliber hat man ja auch. Nicht, dass mir immer alles gefallen hätte, was da drin stand, beim Staberl. Aber *wie* er es geschrieben hat: unschlagbar. Kinder hat er, glaube ich, keine. Sein Comeback in der »Krone« mit neunzig: auch ein Grund, sich aufzuregen. Aus Neid, wie frisch der Mann daherfedert.

Ein frisches Blatt Papier, bitte!

Wenn ich spätnachmittags in der Wiener Innenstadt bin, kann ich nicht warten bis zur Muthgasse, auf die frische Zeitung. Der nächstbeste Kolporteur, eine »Krone« bitte. Immer noch ein Gefühl wie frische Semmeln, und – nicht bös sein, Online-Kollegen – ich brauche das Papier und ich hab' gern den Geruch und einen Fleck am Finger, vom frischen, fetten Druck. Ich reg mich auch manchmal gern auf, beim Lesen. Über Meinungen, die mir so fern sind wie ein anderer Planet. Aber mich kann man teeren und federn, gegen Kollegen sag ich nix. Das ist Familie.

Viele Junge sind dazugekommen, in den letzten zwanzig Jahren.

Zum Beispiel Nadja Weiss. »Küken-Alarm«, dachte ich, als ich ihr unvermittelt erstmals im Postbüro gegenüberstand. Spürte ich einen Hauch Eifersucht auf ich weiss nicht was? Ich hoffe nicht. Jedenfalls, wir haben die Postfächer nebeneinander. Und inzwischen trifft man uns gelegentlich auch nebeneinander auf einer Heurigenbank. Manchmal bin ich dann froh, dass ich mehr Jahresringe auf dem Lebensbaum habe. Manchmal nicht. Nadja Düsentrieb versteht es eben, in dieser Info-und

Networking-Welt zu leben, die in meinen frühen Jahren auf zwei, drei Wirtshaus-Tische und ein paar Freunde beschränkt war. Ich finde das schön, dass die Freundschaft mit Nadja nicht bei Facebook stattfindet, sondern bei grünem Veltliner.

Die alten Schlachtrösser sind durchwegs auch fit geblieben. Manchmal duelliere ich mich mit dem Computer und rechne die Buchstaben-Menge für einen Titel schneller aus als er. Da staunst du, Laptop, was? Zeitung macht möglicherweise schrullig. Alt macht sie nicht.

Die Chefredaktion hat sich *en famille* um eine Generation verjüngt, und es ist sehr, sehr schön, dass man das nicht am grellen, schreienden Tonfall merkt. Großes Schiff, auf Kurs in die Zukunft. Im Kielwasser ein paar Nussschalen.

Die ganze Info-Flut, die elektronischen Überschwemmungen, nun ja. Nie war es so wichtig, Zeitung zu machen. Wenn ich eine Weile durch das *Web* zappe, möchte ich vom Tisch aufspringen. Bleistift, Papier und einen Fotografen schnappen. Sehen, hören, erleben, was Menschen tun, was Menschen fühlen, was Menschen leiden. Oder lachen. Alles andere ist ja, als würde man einen Bildschirm knutschen.

Da müssen die Jungen natürlich besser aufpassen, dass sie sich nicht vergoogeln. Da kommt's einem sehr zugute, nicht mit dem Internet aufgewachsen zu sein. Mit echten Kollegen, nicht mit Facebook-Freunden. Facebook-Freunde kann man nicht schütteln vor Zorn. Facebook-Freunden kann man nicht um den Hals fallen.

In ein paar Schatzkisten horte ich Leserbriefe. Die elektronischen muss ich unbedingt ausdrucken; Brief ist Brief. Und die anderen, in Handschrift oder in eine alte Olympia geklopft, teils mit lieblichen Kuverts oder fetzig-bissig auf einem abgerissenen Zettel – ich könnte keinen weghauen. Mir sind die bissigen manchmal fast lieber als die süßen.

Und dass es vielen Menschen schlecht geht, merkt man auch an Leserbriefen. Todtraurige Geschichten, ärger als alles, was man selber erlitt. Oder Geschichten, so kalt – etwa, wenn Leute sich aufregen, dass der Staat die Kinder eines Türken durchfüttern muss, der ertrunken ist, weil er ein österreichisches Kind retten wollte.

Andere Menschen sind so: Sie legen ein paar Euro bei, die man jemand geben soll, dessen Schicksal sie berührte. – Und von dieser Frau muss ich auch noch erzählen: Sie schickte mir *jeden Tag* einen Leserbrief. Als irgendwann keine Briefe mehr kamen, erfuhr ich, dass sie den letzten auf dem Sterbebett geschrieben hatte.

Dann gibt es noch die Briefe, die sich anonym austoben. Meistens von Männern. Tja. Aber so was wird immer seltener, seit man sich beim Posten jeden Dreck viel bequemer erlauben kann. Portofrei und ohne Fingerabdrücke.

Mir fallen die Schlusssätze so schwer. Siebenmal schon das Blatt herausgerissen, das ist jetzt Nummer acht. Dieser Tauchgang durch die Jahre. So viele Seiten, Blätter, die man gern wieder fallen lässt. Ab und zu eine Erinnerung an etwas Schönes, das zwischen den Zeilen gelagert war. Ereignisse, die wichtig schienen und wertlos wurden. Bei manchen Geschichten das Gefühl, dass ich da jemand weh getan habe. Bei anderen ein Staunen, dass es noch viel blöder oder böser gekommen ist, als man dachte.

Menschen, die man nie vergisst und solche, bei denen man dankbar ist, dass das Archiv sie erinnerlich macht. Aufregungen, die das Papier nicht wert waren. Die Inflation des Wortes *Star* und die Beschleunigung, die der Beruf erfahren hat. Bald wird man über Sachen berichten müssen, *bevor* sie geschehen. Kommt fallweise eh schon vor.

Wie in einen alten Spiegel zu schauen, war das Wühlen durch die Archive und die Jahre. Da möchte man sich manchmal ganz gern verkriechen. Staubige Finger, schräge und schöne und traurige Erinnerungen. »Was schleppst du eigentlich ständig für alte Ordner und Bände herum?«, hat mich mein Lieblingsportier in der Muthgasse zwischendurch gefragt. »Ach«, sagte ich, »Zeitreise«. Da muss man durch! Vielleicht fällt Stehsatz von einem ab wie alter Lack. Vielleicht fliegt einem die Geschichte zu, von der man selber gar nicht mehr wusste, dass man sie geschrieben hat. Und bei anderen kann man endlich die Löschtaste drücken, im Kopf.

Ein Gefühl wie frisch gewaschen jetzt. Große Lust, neu auf Menschen zuzugehen. Das Schönste, was es gibt, ist ein unbeschriebenes Blatt. Dachte ich, als ich durch die Drehtür der Muthgasse schwang, dem Archiv endlich die alten Bände zurückbrachte. Vorbei am großen Bild von Hans Dichand im Foyer. Mir schien, er lächelte.

Marga Swoboda

I. »Tag für Tag«

Kolumnen
für die
»Kronen Zeitung«

Schönes Land. Aber die Leute!

Kein Jude in Gmunden

28. 1. 1992

Auf einer großen Zeitungsseite denkt die Mutter eines oberösterreichischen Jung-Nazis darüber nach, wie es »so weit hat kommen können« mit dem Buben. Verhaftet nach einem Anschlag auf ein Asylantenheim. Ganz normal sei der Bub immer gewesen; wie Buben halt so sind: ein bisschen frech in der Schule, ein bisschen faul.

Letztes Jahr, zu Hitlers Geburtstag, habe sich die Mutter schon gekränkt, als der Bub feiern ging. Mit ein paar Burschen zusammen. Es war bestimmt nicht die einzige Fete an diesem Tag in Gmunden, bei der auf den Führer getrunken wurde.

Ein Bewährungshelfer habe sich des Buben angenommen. Über Wiedergutmachung hätten sie geredet. Da sei der Bub noch ziemlich bereit gewesen, »sich zu bessern«. Mit einem Juden möchte er einmal reden, habe der Bub gesagt; mit einem richtigen Juden. Da habe sich der Bewährungshelfer auf die Socken gemacht, in ganz Gmunden, um einen echten Juden zu finden. Im »Schwanen-Wirtshaus« hat er wahrscheinlich nachgeschaut und unten am Traunsee, wo die Menschen gern Schwäne füttern und ein wenig flanieren.

Das Gespräch ist nie zustande gekommen. Es gibt, sagte der Bewährungshelfer, in ganz Gmunden keinen einzigen Juden. Wo die alle hingeraten sind? Darüber wurde dann nicht mehr geredet. Die Juden sind dem Buben mit der Zeit ziemlich egal geworden. Er hat sich eher über die Ausländer zu ärgern begonnen. Die Mutter hat das irgendwie verstanden. Sie meint nur, dass man die Ausländer deshalb ja nicht gleich zusammenschlagen oder ihre Häuser anzünden muss. Das denken vermutlich viele.

Hundeschnitzel und Katzenbraten

1.9.1992

Unter all den Katzen, die mir als Kind zugelaufen sind oder in meinen Puppenwagen hineingeboren wurden, war Jakob mein Liebling. Dick, schwarz und faul; ein Taugenichts eigentlich, der sich von seiner alten, getigerten Mutter die Mäuse apportieren ließ.

Eines Tages gegen Abend fuhr der Nachbar, der sonst nur Most holen kam, mit einem Mehlsack auf dem Gepäckträger davon. Ich fragte noch, warum der Mehlsack miauen kann, aber da war der Mann schon um die Kurve. Obwohl es regnete, saß Jakob nicht in seiner Kissenmulde. Nie hätte Jakob auch nur eine Pfote ins Freie gestreckt, bei diesem Wetter. Also: Alarm.

Aus Jakob wollten sie einen falschen Hasen machen, das erfuhr ich später. Kurz, bevor sie ihn erschlagen konnten, biss der Kater sich durch den Mehlsack und trabte durch das Sauwetter heim. Mit dem Nachbarn habe ich nie mehr ein Wort geredet.

Mit Ernst Hagen würde ich noch ganz andere Sachen machen. Ich denk, mir fällt die Zeitung aus der Hand, wie ich da lese, dass dieser Mann sich rühmt, der beste Hunde- und Katzenmetzger weit und breit zu sein. Nicht damals – heute. In Lustenau kocht er die Tiere in zwei Kesseln, macht Schnitzel, Braten und Speck aus ihnen. Die jungen bringt er händisch um, die alten mit dem Schussapparat. Felle und Fett werden noch nebenbei verramscht. Die Leute, sagt er, bringen ihm die Tiere. Weil's billiger ist als einschläfern. Nachfrage nach Katzenbraten: enorm. Die zuständige Bezirkshauptmannschaft weiß davon. Und lässt den Herrn Hagen weiter Hunde und Katzen erschlagen und kochen.

Ich glaub, ich krieg keine Luft mehr. Ich glaub, ich fahr sofort hin zu diesem fetten Hund und steck ihn in den Wurstkessel. Bevor ich mich vergesse: Vielleicht macht ihm ein Amtsmensch auf dem Rechtsweg den Garaus?

Obwohl Weiber da waren

6. 8. 1993

Nebenan bohren sie am alten Haus herum. Das alte Haus bekommt moderne Gartenlampen und Teppichböden und einen Geschirrspüler. Der Mann von der Ferienhausvermittlung hat gesagt, das braucht man. Die Gäste wollen das. Dann zahlen sie mehr.

Früher war das Haus an einen deutschen Kegelklub vermietet. Die zahlten wenig und ritten das alte Haus zusammen. Die Frau, die gerade nagelneue Nylonvorhänge aufhängt, sagt, das Haus habe immer ausgesehen wie ein Schweinestall. Männer putzen halt keinen Boden, sagt die Frau.

Von Männern könne man nicht verlangen, dass sie ein Haus in Ordnung halten. Die sehen den Dreck nicht einmal. Männer, sagt die Frau, wissen nicht, dass die Speisereste in der Pfanne zu schimmeln beginnen, wenn man die Pfanne tagelang herumstehen lässt. Sie könne das schon verstehen. Männer seien so. Ihr eigener auch.

Manchmal, sagt die Frau, hätten die Kegelbrüder auch Kegelschwestern mitgebracht. Man müsse nicht glauben, dass es da um ein Haar besser gewesen sei. Diese Weiber seien zu faul gewesen, um ihren Hintern zu lupfen. Einmal ein Fenster putzen oder mit Kernseife an die Holzböden gehen, das sei denen nicht eingefallen.

Das habe sie nicht verstanden, dass so etwas möglich sei, sagt die Frau. Als Frau sehe man doch automatisch jeden Dreck, und man halte es doch gar nicht aus, den Dreck liegen zu lassen. Als Frau habe man das im Wesen.

Der Mann von der Ferienhausvermittlung habe jetzt eine deutsche Bäckerfamilie vermittelt. Die Frau sei eine ordentliche Hausfrau. Die sei die Arbeit gewohnt. Auch in den Ferien. Als richtige Hausfrau habe man nie Ferien. Wozu auch!

Schlafzimmerbilder

23.7.1995

Früher hatte man im Schlafzimmer nur ein Kruzifix hängen und vielleicht einen Sonnenaufgang mit Hirsch. Zwischen den schweren Eichenbetten war ein tiefer Graben; auf dem dreiteiligen Wäsche- und Kleiderschrank stand das Eingeweckte und vielleicht ein Koffer, den man aber nie brauchte; man verreiste ja kaum.

Die nächste Generation, die schon nach Italien oder vielleicht sogar nach Spanien auf Urlaub fuhr, hat sich zu kleinen Frivolitäten inspirieren lassen. In tausenden Schlafzimmern hing plötzlich die nackte Maja über den Betten oder wenigstens ein diskreter weiblicher Rückenakt. Die Muttergottes kam auf den Dachboden.

Viele Frauen entdeckten die sogenannte Tagesdecke als Stilmittel; meist waren diese Decken üppig bestickt oder wenigstens aus Stoffen, wie man sie in gewissen Etablissements liebt. Darauf thronte – und diese Idee wurde millionenfach verwirklicht – eine sinnliche, riesengroße Puppe. Sie hatte, weil man durch die ersten Urlaubsreisen das Südländische so sinnlich fand, kohlschwarze Haare, elendslange Wimpern, und unter verschwenderisch gefälteten Kleidern trug sie rassige Unterwäsche.

Diese Puppen hießen praktisch immer Carmen, und sie bedeuteten ein gewisses »Olé« in den früher so keuschen Schlafzimmern. Mit Oswalt Kolle und Beate Uhse kamen dann noch ganz andere und schärfere Accessoires in Umlauf; die mussten aber vor den Kindern und den Schwiegermüttern versteckt werden.

Die Schlafzimmer von heute sind von allem Kitsch verlassen. Funktionell, manchmal mit einem vollelektronischen Cockpit. Kein Graben mehr zwischen Vater und Mutter. Und trotzdem liegen sie keusch wie Klosterleute nebeneinander. Zwischen ihnen ist der Fernseher, und viele schlafen nicht zärtlich umklammert ein, sondern mit der Fernbedienung in der Hand.

Trinkgeld beleidigt die Eingeborenen

30.8.1996

Die Almhütte ist so, wie sie auch schon vor 30 Jahren war, als man dort als Kind kuhwarme Milch trank, den Käse aus den Fingern aß und im Heulager schlief. Ungefähr wie bei Heidi eben. Der Senner von damals und seine Frau leben und arbeiten noch. Auch das Transistorradio hat noch nicht den Geist aufgegeben. Es wird nur für die Nachrichten und für das Wort zum Sonntag in Betrieb genommen. Den Wetterbericht hört sich der alte Mann bis heute nicht an. Er schaut abends in den Himmel und weiß, was morgen ist.

Viel Besuch hatten die Almleute diesen Sommer. Es werden jedes Jahr mehr Gäste. Früher trabte ab und zu ein Wanderer oder Beerenleser zur Stubentür herein. Heute sind es Karawanen in schrillem Outfit, manche mit Mountainbikes, manche mit Walkman. Sie suchen die Stille, die Idylle und den Bergkäse, den sie sonst im Delikatessenladen kaufen.

Gestern war wieder eine Horde da. Geschmeckt hat es ihnen wie Firmlingen. Sie lobten das Land und den Senner und die Preise für Speis und Trank. Fast wie vor 30 Jahren. Nach einem Gelage mit hysterischem Hüttenzauber stapften sie ins Tal, zurück ins Pauschalarrangement des Vier-Sterne-Hotels.

Den Abfall und das dreckige Geschirr ließen sie auf dem alten Holztisch zurück. Sie dachten, das sei ein Bergrestaurant mit Fullservice von der alten Sennerin, die schon alles wegtragen und den Holztisch wieder blank polieren würde. Die alte Sennerin ist ziemlich müde von einem langen Arbeitsleben, die Füße tragen sie nicht mehr gut. Das haben die Leute gesehen. Macht nichts, das Volk in den Bergen ist zäh.

Trinkgeld möge man keines geben, sagte der Wortführer der lustigen Partie. So etwas würde den Stolz der Eingeborenen beleidigen. Das war übrigens kein bescheuerter Piefke, sondern ein heimatverliebter Inschenör aus Wien.

Ein Beach Boy aus St. Pölten

23.7.1997

In St. Pölten surfte der kleine Manfred auf den Wellen der »Beach Boys« dem Mief der kleinen Welt davon. Abertausendmal ließ er die heiße Single »Good Vibrations« über den Plattenteller eiern. Die Eltern dachten schon, er sei um den Verstand gekommen. Die Mädchen, denen er zu gefallen begann, nannten ihn kichernd »Surfin Caddie«. »Good Vibrations«, das war eine von diesen Platten, für die wir vom Taschengeld Vorschuss brauchten. Anders hätten wir die trüben Tage und die ätzend öde Schule nicht überstanden. Und wenn der Plattenspieler, diese alte Mühle, einmal hin war, dachte man, das ganze Leben sei schon im Keller, noch ehe es richtig begonnen hat. In »Caddies« Kopf war immer Kalifornien. Er hatte noch Pickel im Gesicht und diese braven Schnürlsamthosen, für die er sich so schämte. Aber er hatte eine Hoffnung: dass er eines Tages am heißen Strand einer von diesen Beach-Boys sein würde, die die Mädchen zur Raserei treiben und die Konkurrenz aus dem Feld schlagen. Sogar Elvis könnte sich dann brausen gehen.

Ist alles auch schon wieder eine lange Weile her. Der alte Plattenspieler längst verschrottet, die Single, die so viel mitgemacht hat, hinter Glas gerahmt an der Wand der süßen Erinnerungen. Wenn der Mann, der einmal der kleine »Caddie« Manfred war, sich heute noch manchmal »Good Vibrations« gibt, dann dröhnen diese aus dem Stereoturm, und statt die Nadel wieder und wieder in die Rillen zu zielen, drückt er die Wiederholungstaste. Dazu trinkt er nicht, wie damals, billiges Cola-Rum, sondern ein Glas vom feinen kalifornischen Roten.

Heute muss eine Flasche Schampus geköpft werden: »Good Vibrations« wurde zur besten Single aller Zeiten erklärt. Dreh auf, Caddie. Und sei der kleine Beach Boy wie damals, in St. Pölten.

Tschüs, guter alter Meinl-Mohr

30.7.1998

Manchmal, wenn Mutter aus dem Dorf in die kleine Stadt fuhr, ging sie zum Meinl. Eine Filiale unter mittelalterlichen Arkaden. Ziemlich feiner Laden, der nach diesem Kaffee duftete, den sich Mutter wenigstens am Sonntag gönnte, und nach Croissants, von denen wir Kinder dachten, dass sie jeden Tag aus Paris kommen. Kein Mensch sagte damals in der kleinen Stadt »Gnädige Frau« zu einer Kundin – außer den Damen beim Meinl, die alle ein bisschen aussahen wie das Fräulein Rottenmayer aus der »Heidi«-Geschichte. Sie trugen kakaobraune, glänzende Arbeitsmäntel und blütenweiße Blusen und eine Masche um den Hals.

Die »Krakauer«, seinerzeit eine der elegantesten Wurstsorten, schnitten sie hauchdünn und legten sie so auf, dass sie später auf dem Teller lag wie eine Rosette. Schleckzeug hieß in diesem Laden »Bonbons«, und überhaupt war alles so verführerisch, dass Mutter manchmal noch dies und das dazu nahm und mit schlechtem Gewissen heimtrug.

Der Meinl-Mohr, der ist dann für immer so ein Gütesiegel aus der Kindheit geblieben, auch in der großen Stadt, wo manche Filiale recht lieblos geführt wurde und wo manche Meinl-Kraft an der Wursttheke vom großen Namen schon ziemlich dünkelhaft geworden war. Die herrliche Filiale unter den Arkaden ist sowieso schon seit vielen Jahren dicht; die Stadt war einfach zu klein für einen so elitären Delikatessen-Laden.

Julius Meinl der Fünfte hat nun sein Reich einem deutschen Multi einverleibt. »Liebenswertes kam uns abhanden«, sagte er.

In den riesigen neuen Supermärkten gibt es lange Gassen mit allen Wurst-Herrlichkeiten aus der Union. Aber keine schmeckt so unglaublich wie die hauchdünne Krakauer-Rosette von damals. Tschüs, guter alter Meinl-Mohr.

Gänsehaut bei der Angelobung

5.2.2000

Kein Lächeln im Gesicht des Bundespräsidenten; nicht einmal ein Anflug davon. Seine Miene: protokollarisch einzuordnen wie bei einem Staatsbegräbnis. Der eine oder andere Minister versuchte verkrampft, freundlich Zähne zu zeigen; hilflos anbiedernd wirkte das.

So eine eisige Szene hat man noch nie gesehen. Gänsehaut angesichts der Angelobung der neuen Regierung. Für mehr als das Allernötigste wollte sich Klestil nicht hergeben; schon gar nicht für ein Gruppenbild.

Durch einen unterirdischen Geheimgang mussten die Blauen und Schwarzen den Weg zum Empfang des politischen Sakramentes der Ministerwürde gehen. Anders hätten sie ihn in ihren noblen Anzügen und schicken Festtagsfähnchen die paar Schritte nicht unbefleckt überstanden. Demonstranten lauerten ihnen mit Eiern und Wurfgemüse auf. Die Bilder von der eisigen Angelobung und von den rabiaten Protesten überschwemmen jetzt die Welt. Da kann man Patriot zweiter Klasse sein oder politisch desinteressiert bis an den Rand der Agonie: Es tut einfach weh.

Und Angst macht das. Angst vor der Grenzüberschreitung von Worten des Hasses zu Taten. Als ob die Zeit, da Menschen sich zusammengeredet haben, egal wie weit sie auseinander waren, vorbei wär.

Jetzt nur kein Öl mehr ins Feuer, sagen die Besonnenen; der Grüne Van der Bellen appelliert »in drei Teufels Namen« an die Vernunft. Im Wiener Stephansdom hat Kardinal Schönborn zum Gebet aufgerufen; politische Gewissenserforschung wäre für große und kleine Leute zur Zeit eine wertvolle Fleißaufgabe. Es liegt etwas Unheilvolles in der Luft, eine Beängstigung, die ganz tief hineingeht. Als würde ein Funke für etwas ganz Schlimmes genügen.

Nicht der letzte Beweis

14.11.2000

Die Zahnbürste eines Opfers, ein Kamm, ein kleiner Gegenstand aus dem Alltag. Für die vielen Menschen, die beim Tunnelbrand im Kitzsteinhorn alles, nämlich das Liebste, verloren haben, ist es im Sinn von Materie die letzte Brücke zu den Toten.

Wie das wehtun muss, diese Gegenstände aus dem Regal, aus einer Lade nehmen zu müssen. Einzige Möglichkeit, die Toten zu identifizieren. Einzige Möglichkeit, dass es dann irgendwann so etwas wie einen Abschied gibt.

Und auch alles, was das Unglück zivilrechtlich nach sich zieht, hängt von dieser DNA-Analyse ab. Menschen, die nicht identifiziert werden können, gelten als vermisst. So ist die Rechtslage, und nach diesem Inferno klingt sie grausam zynisch.

Materie Mensch – ein Fall für die Gerichtsmedizin und für die Versicherungen. Materie Mensch: die furchtbare Erkenntnis, dass von einem Menschen, den man vielleicht am Tag davor noch umarmte, nichts mehr übrig geblieben ist.

Einige von den Opfern waren gestern in der »Krone« abgebildet. Jedes einzelne Bild treibt einem die Tränen in die Augen. So strahlende Menschen. So jung.

Materie Mensch, ausgelöscht in Sekunden, und nicht wie in der einigermaßen tröstlichen Vorstellung, dass Erde zu Erde, Staub zu Staub ... Es muss etwas geben, das mehr ist und größer ist als die Materie Mensch. Etwas, das wir »die Seele« nennen. Oder auch nur die Erinnerung.

Wer jetzt daran glauben kann, an die Seele des Menschen und an deren Ewigkeit, wer jetzt die Gnade hat, daran zu glauben, findet vielleicht so etwas wie Trost in allem Leid.

Aber wie schwer das ist. Zu glauben. Für Menschen, die ihre Liebsten verloren haben und eine Zahnbürste einpacken müssen als Beweis, dass diese gelebt haben. Und trotz allem nicht der letzte Beweis ...

Auf die Plätze, Euro, los!

16. 12. 2001

Wir waren ein hartes Dutzend und hauchten Eisblumen in die kalte Morgenluft. Wir standen vor den Toren des Postamts, bis vierzig Sekunden nach acht ließen sie uns noch zittern, dann durften wir hinein. Wer aber war wirklich zuerst da gewesen?

Gegen halb neun hatten wir uns zu einer braven Warteschlange zivilisiert. Das konnte, weil wir ja alle Menschen sind, nicht ohne kleine Unhöflichkeiten abgehen. Mich selbst hatte ich als Nummer acht eingereiht, um nicht zu sagen gerempelt.

Schon bei Nummer zwei gab es Zores. Ein Mann im besten Alter, Ranger-Ausbildung nicht ausgeschlossen: »Ich will aber vier Startpakete. Verstehen Sie. Vier.«

»Es gibt aber nur eins pro Nase, und Sie haben nur eine Nase im Gesicht«, sagte die Frau Beamtin.

»Und wenn meine Frau die Grippe hat, he? Soll ich sie im Bett hereinschieben?«

»Um Himmels willen, so geb ich Ihnen halt zwei Startpakete.«

Oh, das hätte die gute Frau nicht sagen sollen. Nun spielte es Granada auf dem Postamt. Euro-Startnummer drei bot eine bettlägrige Tante auf, und überhaupt hatte dann ein jeder Euro-Hamster rührende Gründe, nicht nur an sich zu denken, an diesem historischen Tag. So erniedrigen vor allen Leuten und betteln darum, dass ich ein Geld kaufen darf, nein, das wollte ich nicht. Ich stellte mich mehrmals an, bis die Frau Postbeamtin mich wie eine gute alte Bekannte begrüßte. Da hatte ich die Manteltaschen schon voller Geld, das war so kurz nach zehn.

Daheim dann die Beute aufgerissen und in den ersten Euro meines Lebens gebissen. Grad baden sollte man nicht in Euros; der Nickelgehalt ist angeblich grenzgefährlich.

Schön glitzern tun die neuen Münzen. Der süße Cent schaut aus wie ein Glückspfennig. Die großen erinnern an die alten Francs, nur ohne Patina. Also, ich hab unser neues Geld gleich sehr gern gehabt. Ich könnte gar nicht genug davon kriegen.

An einem Tag wie gestern bei Libro

18.6.2002

Schon als Libro noch protzgesund war oder zumindest so schien, bin ich dort nicht so gern einkaufen gegangen. Wenn, dann eher wegen der Kinder, für die Libro der McDonalds für Schulbedarf ist. Du kaufst ein Heft oder einen Stift, das ist das Alibi, und die Attraktion sind die Videospiele.

»Buchladen« und »Papierfachgeschäft« – solche Worte spricht kein Kind mehr aus. Libro hieß das längst. Im Stau zum Schulanfang hieß Libro immer: Horror. Die Listen in den Händen mit allem, was in allen Fächern gebraucht wurde. Die Resignation, wenn du endlich im Labyrinth des Riesen das Regal mit den richtigen Malpinseln gefunden hast. Und dann sind die Pinsel ausverkauft.

Die Anläufe, die man nehmen musste, bis nach fünf unzuständigen ein zuständiger Verkäufer gefunden wurde. »Berater« wäre meistens zu viel gesagt gewesen. Einziger Kick bei derartigen Expeditionen: Triffst du auf der nach oben und nach unten offenen Skala auf eine brummige oder auf eine freundliche Kraft?

Seit der Libro-Riese dann so schwankte, ging ich dort manchmal richtig freiwillig hin. Weiß Gott nicht wegen der Videospiele, einfach nur, weil ich mich an manche Libro-Kraft schon gewöhnt hatte. Sogar den Herrn Sauertopf von der Klarsichthüllen-Abteilung hatte ich zu nehmen gelernt.

Das muss ganz schön hart sein, dachte ich. Für den Herrn Sauertopf und für all die super- und mittelfreundlichen Mitarbeiter. 2372 Mitarbeiter, die nicht wissen, wie es weitergeht. Die erfahren müssen, dass es eher nicht weitergeht.

Gestern wurde der Konkurs gemeldet. Der Riese am Boden. Die Gesichter in dieser vertraut gewordenen Libro-Filiale. Die Frau in meinem Alter an der Kassa, mit ihrem tapfersten Lächeln und mit einer Freundlichkeit, die nichts mehr bringt. Außer, dass es unglaublich berührend und kostbar ist, wenn ein Mensch *einfach so* freundlich ist. An einem solchen Tag wie gestern, in einer Libro-Filiale.

Sommernacht über Wien

17.6.2007

Ganz in der Nähe ist der Wein gewachsen, der auf dem Tisch steht. Auf der Terrasse sind Lichtnester verteilt, wie kleine Abendsonnen zwischen Steinen. Die Gastgeber wärmen ihre Freunde mit Herzlichkeiten und mit warmen Jacken, falls der Abend noch kühl werden möchte.

Jetzt ist er noch weich, als würde der Mistral durch die Reben fahren und durch die Sommerkleider. Dämmerung, aber immer einen Hauch heller als unten, wo die Stadt wirklich zu Füßen liegt, ja, zu Füßen. Schöne Trugspiele in der Geografie von Wien: Schau, der Stephansdom schaut viel näher aus, als er ist, und Transdanubien ist enger an die City gerückt.

Einige, die *per Sie* gekommen sind, werden *per du* auseinandergehen. Später dann, viel später. Das herrliche Essen, in etlichen Akten, zieht sich in die Nacht hinein; das lichte Riesenrad macht die Stadt da unten zu einer Postkarte. »Was für einen Frieden und was für eine Schönheit wir hier haben«, sagt jemand, »und falls da unten grad irgendwo einer dem anderen an die Gurgel oder an die Stoßstange fährt, hört man es ja nicht herauf.«

Zieht jetzt ein Gewitter auf oder nicht? Der Wind ist kein Mistral mehr, er rüttelt stürmisch an den Terrassenmarkisen, er stürmt ein paar Gläser und Gedanken davon. »Dann rücken wir halt näher zusammen, und näher ans Haus! Dann trinken wir noch ein Glas auf die Unvergesslichkeit dieses Abends«, sagt der Gastgeber.

Wie schön das Leben sein kann. Aber warum so selten? Wahrscheinlich selber schuld, der Mensch. Und nicht die Läuse, von denen man glaubt, dass sie einem ständig über die Leber marschieren. Aber die Reblaus, mäßig eingesetzt, die ist schon gut. Gut auch, dass wir alle zu Fuß gekommen sind.

Es lebe der König

5.10.2009

Bei uns daheim war einiges los am Welttierschutztag. Der Hund, Lena, hatte Geburtstag. Man besuchte seine Freunde, die Wölfe, im Tierpark. Er starrte lieber die Steinböcke an. Der Luchs, ein Geschenk, ließ sich artig mit dem Handy fotografieren. So schön, der Luchs.

Nicht lang allein daheimlassen wollten wir den königlichen Kater, denn der König ist krank. Die Diagnose des Tierarztes ist unerfreulich. Und die Augen des Königs sagen leider auch, dass es ihm nicht so gut geht.

Mit wie viel Würde so ein Tier seine Krankheit trägt. Und wie die jüngeren Katzen den König respektieren, auch wenn dieser nicht mehr so stark und dominant ist. Sie lassen ihm den Vortritt beim Fressnapf. Weil er sich schon so schwer tut. Sind Menschen auch so rücksichtsvoll?

Die Zähne – ja, das mit den Zähnen ist noch dazugekommen. Da wird ein Eingriff, und zwar ein grober, nötig sein. Bis dahin gibt's das Futter püriert. Und wenn er trotzdem zuckt, weil er Schmerzen hat, tut's uns allen weh. Doch.

Was hat dieser Kater uns allen schon Gutes getan! Einfach da gewesen. Wie ein Wunderheiler. Für die Seele genauso wie bei einer Grippe. Da möchte man dem treuen Freund doch auch helfen. Wenn man nur irgendwie kann.

Der Tierarzt sagt: Da kann man noch einiges machen und lindern. Eine Kollegin sagt: übertriebenes Theater mit einem Tier. Wo doch so viele Menschen leiden.

Seit ich die Menschen kenne, liebe ich die Tiere. Nein, so grob möcht ich es nicht sagen. Aber wie soll man die Menschen lieben, wenn man nicht einmal die Tiere liebt? Es lebe unser alter König, der gute, kranke Kater.

Männer, Frauen und komische Vögel

Schweinisches

5.2.1992

Gestern gastierte ich an einem Männer-Mittagstisch. Es gab Wiener Schnitzel, man redete über Schweinernes, und alsbald kam auch eine schweinische Geschichte. Ein Wort gibt das andere, man weiß, wie das ist.

Die schweinische Geschichte handelte von einem Ferkel, das wir alle noch persönlich gekannt hatten, und von seiner bravourösen Rettung durch Edith Klinger, die wieder einmal schneller gewesen war als der Fleischhauer, der schon das Messer wetzte.

Inzwischen ist das Ferkel aber auch schon lange tot; was soll man machen.

Eine andere Sau heißt, wenn ich richtig gehört habe, Wilma und ist, so hoffe ich, wohlauf. Sie lebt in einer der feinsten Villengegenden von Wien, bewohnt im Garten eine eigene Schweinehütte und lebt, man kann es ruhig so sagen, in Saus und Braus. Wilma ist stark und intelligent; außerdem scharf wie ein Wachhund. Ich möchte dort jedenfalls nicht einbrechen gehen.

Eines Nachts nun kam Frauli, schon etwas illuminiert, von einer Party heim. Ruft: »Wiiiilma, Mausi!«, aber Wilma antwortet nicht. Getürmt? Beleidigt? Oder krank, am End?

Frauli kriecht in die Hütte, die Näpfe sind leer gefressen bis auf das Dessert, aber kein Schwein ist da. Grad will die Dame auf allen vieren wieder hinaus, da legt sich Wilma quer vor den Eingang. Vielleicht hat das Schwein sein Frauli nicht erkannt, im langen Abendkleid.

Bis zum Morgengrauen fleht die Dame noch: »Wilma, Wilma ...«. Dann muss sie eingeschlafen sein.

Das Kleid war übrigens von Givenchy, sagt unser Gewährsmann. Und dass solche Geschichten eigentlich aufgeschrieben gehören. Aber ja doch, gerne.

Bananenschüttler

16.2.1992

Im Taxi lernt man die Welt begreifen. Vor allem als ungelernte Wienerin. Ich möchte manchem Fahrer einen Kussmund nachwerfen, weil er mich ohne Umschweife mit den Dingen des Lebens vertraut machte: Welche G'fraster unter den Politikern, von denen jeder einzelne ein G'frast ist, die größten G'fraster sind. Was ein G'frast an sich überhaupt ist, was Kreisky seinerzeit falsch gemacht hat, wo die Dohnal schon lange hingehört und warum der Haider ein klasser Bursch ist.

Aus dem Taxi weiß ich auch, woran man Gesindel erkennt (es fährt mit dem Taxi und gibt kein Trinkgeld) und warum die Verkehrsplanung ein einziges Fiasko ist.

Im Taxi widerspreche ich nie. Ich möchte den Fahrer nicht nervös machen, zornig schon gar nicht, weil, ich mag es nicht, wenn wir über eine Kreuzung fräsen, dass es nur noch staubt. Ergeben nicke ich, wenn die Rede auf die Ausländer kommt, die nicht Auto fahren können. Einmal hat mich einer gefragt, ob mir denn noch wohl sei, mir, als Frau, wenn ich zu einem Bananenschüttler ins Auto steigen muss. So weit sei es schon gekommen in seinem Gewerbe.

Wieder einmal hab ich nichts gesagt außer »mhmm«; mein Herr war sowieso schon auf hundert, höher wollte ich ihn keinesfalls treiben.

Weil ich also nie etwas sage, möchte ich jetzt einen Satz wagen über Henry, den ich gestern am Taxistand vorfand. Henry kommt aus Afrika und hat, eh klar, Augen wie glühende Kohlen. Zwei Fahrgäste hatten ihn, vermutlich vorsichtshalber, schon sitzenlassen.

»Das macht nichts«, sagte er. Und dass es sonst sehr schön hier ist. Und dass er viel gelernt hat; im Taxi und auf der Wirtschafts-Uni. Diesen Frühling wird er fertig mit dem Studium. Er möchte gerne bleiben. Weil's ihm so gut gefällt in Wien.

Schatten im Paradies

17. 5. 1992

Die kleine Stadt im Süden schmiegt sich ans Meer. Herta schmiegt sich an Karl Werner und schaut den Leuten beim Flanieren zu. Touristen erkennt sie an den Tennisschuhen und an den T-Shirts mit der Aufschrift vom Strand oder der Hafenansicht im Rücken. Neuankömmlinge sind entweder schneeweiß, oder sie haben Sonnenbrand auf den Schultern. »Dass die Leute nie gescheiter werden«, seufzt Herta.

Karl Werner bestellt auf Ausländisch noch einen Espresso. Der ist übrigens teurer geworden, seit dem letzten Jahr. Karl Werner wird diesmal kein Trinkgeld geben. »Die Fritten werden auch immer schlechter und die Portionen kleiner«, sagt Herta. Und die Muscheln kosten schon so viel wie aus der Dose daheim.

Ihr kleines Stammhotel ist diesmal eine Baustelle. Zwei Zimmer und ein Appartement werden angebaut. Bald ist Hochsaison; und die Betonmaschine steht noch immer herum. »Die Südländer«, brummt Karl Werner, »sind auch nicht mehr so, wie sie einmal waren.« Früher hat der Wirt noch manchmal eine Flasche aufs Haus aufgemacht, spätabends. Das Dessert stand nie auf der Rechnung, das hätte die Köchin beleidigt. Jetzt schauen die Leute hier aufs Geld wie die Geier. Fast wie daheim.

Und immer mehr Touristen sind da. Der Bus-Tourismus, davon ist Karl Werner überzeugt, ruiniert das Paradies. Die beiden werden sich sehr überlegen, ob sie nächstes Jahr wieder kommen. Das Preis-Leistungs-Verhältnis steht in keinem Verhältnis mehr.

Über der kleinen Stadt am Meer ist es inzwischen dunkel geworden. Früher sind die beiden eng umschlungen zu ihrem kleinen Hotel gegangen, haben glücklich geschwiegen. Jetzt gehen sie einfach stumm nebeneinander her. »Der Süden«, denkt Herta, »ist auch nicht mehr, was er einmal war.«

Die grüne Mütze

9.12.1992

Daheim stehen die angenagten Nikoläuse noch im Fenster herum. Aus den Guckkästen der Wäschegeschäfte sind die krampusroten Scharfmacher schon verschwunden. Jetzt hängen champagnerfarbene Seidenpyjamas an schlanken Puppen und feines Homedress à la Grace Kelly. Beladene Frauen wie du und ich stiefeln daran vorbei und träumen von diesem einen Tag zwischen Weihnachten und Silvester, der vielleicht romantisch sein wird.

Im feinsten Spielzeugladen von Wien sind die Verkäuferinnen blassgelb von der schlechten Luft und fertig von der Kundschaft. Alles gibt es hier, aber alle Kinder, die hier bestellen, haben alles schon. Das Piratenschiff und den Elektroporsche und die maßstabgetreue Einbauküche. Vielleicht ein Bauernhof mit Gänsen, die richtig watscheln können? Hat er schon. Vielleicht die Sauna für die Barbiepuppen? Hat Adelheid schon lange. Und die ganzen Playmobil-Landschaften, die sind längst an bosnische Flüchtlingskinder entsorgt worden. Sollen auch etwas haben vom Leben, die Bosnier, und in Konrads Kinderzimmer ist eh für nichts mehr Platz.

In der Kinderboutique ein französischer Skianzug, zusammen mit Haube, Schal und Handschuhen für 6300 Schilling. Nur noch in einer Größe zu haben, alle andern sind weg. Nebenan ist alles billiger, dafür auch greller und aus 100 Prozent Polyacryl.

Im Schaufenstereck, neben der Nylontanne, liegt noch eine grüne Mütze aus Wolle. Echte Wolle! »Die Mütter«, sagt die Verkäuferin, »wollen alle Polyacryl.« – »Das Kind«, sagt die Kundschaft, »ist aber allergisch auf das Kunststoffzeug.«

»Alles allergiegetestet«, sagt das angefressene Fräulein. Und dass es wegen so einem komischen Kind sicher nicht hinter den Baum kriecht, um die grüne Mütze zu holen. Sie ist nur Dekoration, weil Wolle irgendwie festlicher und natürlicher wirkt.

Alpine Blamage

9.3.1993

Marga war mir gleich sympathisch, nicht nur, weil sie Marga heißt. Sie ist mit allen per du, das ist so in den Bergen, oder wenigstens gehörte es sich einmal. Jetzt ist ja vieles anders, mehr Ski-Zirkus-artig, und deshalb hat es die oben genannte Gastarbeiterin ins Montafon verschlagen, wo sie sogenannte Pistenflöhe unterrichtet, um aus ihnen Schneehasen bzw. -teufel zu machen.

Die Kleinkinder stecken in gewaltigen Apparaten von Schuhen und aufgeblasenen Overalls. Damit können sie kaum gehen, aber sie fallen besser. Ihre Gesichter sind mit Sun-Blocker gegen alle Gifte aus dem Himmel geschützt, dazu noch Brillen gegen die Schneeblindheit und weil es trendy ist.

Es ist eigentlich ein sauer verdientes Geld für die Skilehrerin; aber sie verdient es lächelnd und mit starken Nerven. Pisi müssen die Flöhe, und Hunger haben sie, und aus den Bindungen fallen sie, und alles passiert immer zugleich.

Das wäre zu verkraften, wenn nur die Eltern nicht wären. Sie haben all die teuren Ausrüstungen bezahlt und angeschleppt, und nun wollen sie sehen, wie ihre Kinder Fortschritte machen, und die besten sind und auch die schnuckeligsten. Deshalb lehnen sie mit diesem halb seligen, halb ängstlichen Lächeln an den Märchenfiguren, die als Tore in den Schnee gerammt wurden, und feuern ihre Nachkommen an: »Komm mal hoch, Sabine!« – »Der Schnee tut doch nicht weh, René!« – »Nun sei mal kein Feigling, Sven!«

Es kommt dabei manchmal zu erschütternden Familienszenen. Wie gestern, als eine Carmen stur wie ein Ziegenbock jeden weiteren Unterricht verweigerte. Noch nicht einmal drei

Jahre und schon so unsportlich. Der schneidige Vater war sehr gekränkt. Er sagte, dass er mit dem Kind jetzt drei Tage kein Wort mehr reden werde. Nach dieser alpinen Blamage.

Brotzeit beim Frodl-Prozess

21.12.1993

Zuerst kramte die Frau nur einhändig und ganz verstohlen in der Tasche. Dann nahm sie die zweite Hand zu Hilfe, sodass es heftig rumorte und raschelte im wuchtigen Handgepäck. Plötzlich hielt sie inne und führte eine Serviette zum Mund. Die Serviette verdeckte notdürftig den kauenden Kiefer. Die Frau ging hinter ihrem Vordermann in Deckung. Sie wollte kein Aufsehen erregen.

Die ersten Hemmungen gaben sich rasch. Beim nächsten Handgriff in die Tasche hantierte die Frau schon viel selbstbewusster, und als sie abermals mit der Serviette an den Mund ging, tat sie dies schon so ungeniert und hastig, dass man zuschauen konnte, wie ein dickes Stück Wurst und ein kräftiger Brocken Käse zwischen den Zähnen verschwanden.

Das machte auch dem Ehemann zur Linken der Dame Appetit. Die zwei hielten nun Brotzeit, dass es schmatzte und krachte, wobei der Mann wenig Lärm machte, weil die Frau das Sandwich für ihn in mundgerechte Stücke zerriss.

Zur gleichen Zeit im selben Raum hielt sich auch eine andere Dame die Serviette vor den Mund. Es war eine Geschworene, die den detaillierten Schilderungen des Sachverständigen von der Zerstückelung der Köberl-Leiche kaum noch folgen konnte, so grauste ihr davor. Es war die Rede von Schimmelpilzen und Maden auf faulenden Leichenteilen und davon, wie die Gerichtsmediziner aus Einzelteilen ein Gesicht rekonstruierten.

Das Ehepaar mit der Brotzeit saß in der fünften Zuschauerreihe, folgte den Ausführungen aufmerksam und ohne den Appetit zu verlieren. Als die Frau – lang nach dem Mann – endlich satt war, zog sie sich die Schuhe aus, um die müden Beine besser ausstrecken zu können. Nachspeisen oder Getränke hatten sie übrigens nicht dabei.

Fluch oder Segen für Ohlsdorf

8.3.1994

Das Fernsehen ist nach Ohlsdorf gefahren, um Ohlsdorfer zu finden, die schlecht über Thomas Bernhard reden. Das ist keine Kunst. Thomas Bernhard hat ja am zufälligen Beispiel seiner Wahlheimat Ohlsdorf viel von der Schlechtigkeit der Welt geschrieben. In seinen großen Romanen ist mancher Winkel und mancher Haderlump aus Oberösterreich erkennbar, und nun haben halt manche, fünf Jahre nach dem Tod des Dichters, noch immer einen saumäßigen Zorn auf diesen. Einer zum Beispiel sagte, es hätte völlig genügt, den Thomas Bernhard, den Gottlosen, hinter dem Misthaufen zu verscharren, und man müsse wirklich nicht so ein Tamtam um ihn machen. Man hörte in der Sendung Grobheiten, wie man sie keinem toten räudigen Hund gönnen möchte.

Es klang aber nicht nur Hass aus den ruppigen Wortspenden, sondern auch Verzweiflung. Etwa darüber, dass Ohlsdorf durch den Namen des Dichters bis nach Mexiko hinüber berühmt geworden sei, während kein Mexikaner die vergleichsweise kochende Metropole Linz kenne. Dies berichtete einer, der von einer Weltreise an den sicheren Stammtisch zurückgekehrt war und sich kaum erfangen konnte.

Es gab auch differenzierte Stimmen zum Thema »Thomas Bernhard – Fluch oder Segen für Ohlsdorf?«. Da hieß es, dass der schreibende Wüterich in seinem Herzen ein Moralist gewesen sei und eines Tages, allerdings nicht gleich, auch noch das Himmelreich verdient habe. Um ihn nicht allzu lange im Fegefeuer schmachten zu lassen, mögen die Ohlsdorfer den Thomas Bernhard doch in ihre Fürbitten einschließen. Das ist ein schöner Gedanke, den die christlichen Ohlsdorfer nicht verwerfen sollten. Der Himmel wird ihr Gebet erhören, und Thomas Bernhard wird zufrieden auf Ohlsdorf hinunterschauen. Wahrscheinlich lächelt er sogar dabei.

Ehefrau im Sonderangebot

26.2.1995

Die österreichische Frau ist im Vergleich zur philippinischen Frau nicht sehr handlich. Die österreichische Frau ist durch die Emanzipation auch sonst nicht mehr das, was sie einmal war. Die Philippinin als solche hingegen ist Frau geblieben: treu, reinlich, fleißig, sparsam.

Im »Inlandsreport spezial« erzählten Männer einander aus dem Leben mit ihren philippinischen Frauen. Man machte interessante Preisvergleiche und kam einhellig zum Schluss, dass eine Philippinin unter dem Strich immer billiger ist.

Unumwunden gestanden die österreichischen Männer, die exotische Sonderangebote geheiratet hatten, auch kleinere Mängel an den importierten Frauen ein. Dort, wo die herkommen, gibt es beispielsweise keine Waschmaschinen, und es ist deshalb mit gewissen Mühen verbunden, den Philippininnen den Umgang mit den Segnungen der Zivilisation beizubringen. Oder wie man richtig Staub wischt: Dadurch, dass sie dort in Asien auch keine richtigen Kästen in ihren Hütten haben, wissen sie nicht, dass man beim Abstauben immer ganz oben beginnt. Sie sind aber so gelehrig und fügsam, dass sie sehr rasch begreifen.

Sehr stolz und glücklich schauten die Männer in die Kamera; nur einer war irgendwie traurig. Er ist noch auf der Suche nach der passenden Philippinin. Einsam löffelt er seine Dosensuppen aus, treibt Kampfsport vor dem Spiegel und wälzt sich mit vielversprechenden Einkaufskatalogen von philippinischen Frauen im Bett.

Der Mann ist übrigens Hauptschullehrer in Wien, und, soweit bisher bekannt, wurde ihm nach seinem unfassbaren Auftritt als »richtiger Mann« die Lizenz zum Lehren nicht entzogen. Es muss ja nicht unbedingt sein, dass er seine Vorstellungen von der philippinischen Frau als Sonderangebot in den Unterricht einfließen lässt.

Glücklich unter zwei Christbäumen

24.12.1995

Endspurt-Samstagvormittag, mitten auf der Einkaufsstraße. Er sagt zu ihr, dass es ihm jetzt endgültig reicht, und sie sagt, dass es ihr schon lange reiche. Dann sagt er noch, er habe Weihnachten satt und die blöden Geschenke auch, wie letztes Jahr, und wenn sie es genau wissen wolle: Ihre schiachen Hemden und die Krawatten hätten ihm noch nie gefallen. Mehr braucht er nicht zu sagen, um sie zum Weinen zu bringen.

Die Leute strömen an den beiden vorbei; manche schütteln den Kopf, manche nicht, manche schauen eher verlegen, weil ihnen die Szene bekannt vorkommt, nur dass sich solche Szenen bei ihnen nicht auf der Straße abspielen, sondern daheim.

Sie weint jetzt leiser und spricht lauter: Mit seinen lieblosen Geschenken sei es auch nicht anders, seine Gutscheinmünzen könne er sich hinstecken, wo er wolle, und sogar das falsche Parfum habe er sich letztes Jahr aufreden lassen, wahrscheinlich von einer Verkäuferin mit dämlichen Kulleraugen. Im Übrigen teile sie ihm noch mit, dass er Weihnachten am besten auf dem Westbahnhof feiern solle, und schon gar nicht möge er mit einem Christbaum daheim aufkreuzen, mit so einem windschiefen Besen wie jedes Jahr. Dann rannten die beiden davon; jeder in eine andere Richtung.

Er ging ein Bier trinken, und dann ging er doch noch einkaufen. Keine Gutscheinmünzen, sondern einen Städteflug. Hoffentlich würde ihn die Bestie nicht aussperren am Heiligen Abend. Weihnachten auf dem Westbahnhof stellte er sich ziemlich elendig vor.

Sie ging ein Glas Frizzante trinken und dann einen Christbaum kaufen. Weihnachten ohne Christbaum: trostlos. Er würde sicher keinen kaufen, nachdem sie ihn so gedemütigt hatte wegen »windschief« und Besen.

Am Heiligen Abend saßen sie dann vor zwei Christbäumen; hielten einander die Händchen und kamen sich ziemlich kindisch, aber nicht unglücklich vor.

Versaces Witwen-Club

20.7.1997

Ein Schaufenster wie eine Todesanzeige. Dunkelgraue Seide, zur schemenhaften Silhouette drapiert von einem breiten Versace-Gürtel. Darunter ein Bild des Meisters; die schwarze Trauerschleife streift sein dunkles Lächeln.

Im Modegeschäft, es ist das sogenannte »erste Haus am Platz«, vereint die Chefin Star-Designer aus aller Welt. Aber heute sind Armani und Klein und all die anderen wie Ladenhüter im Hintergrund. An der kleinen Sekt- und Mokka-Bar, wo die Damen sonst ihre süßen, kleinen Sorgen abladen und mit jeder erloschenen Jahreszeit der Liebe einen Satz neue Klamotten disponieren, stößt man ohne Gläserklirren und ohne das gurrende Gelächter reifer, reicher Tauben an. Man denkt und man spricht nur von Gianni Versace. »Ich habe ihn so geliebt«, säuselt eine. Und die andere weiß überhaupt nicht, wie es weitergehen soll. Versace hat ihr manchen Honigmond und manchen bitteren Abschied versüßt. Versace war der einzige Mann, bei dem ihr Körper leise altern durfte und trotzdem jung blieb. Diese Mode, die immer einen neuen Lebensanfang machte. In allen Versace-Boutiquen der Welt fallen die Damen jetzt ein wie die Schatzräuber. Ein letztes echtes Stück ergattern, aus der Hand des Meisters. Irgendwann später sagen können: Das ist noch von ihm, wirklich von ihm.

»Es ist alles so schrecklich«, seufzt eine Versace-Witwe. Eine von vielen. Ihr Gott ist tot. Der Mann, der die Männer liebte und die Frauen glücklich machte. Es wird ein dunkler Mode-Herbst. Aber es kommen auch goldene Zeiten. Für all die Fälscherwerkstätten, die all die Versace-Witwen trösten müssen.

Glücklich, wer ganz hinten im Schrank noch ein paar Originale hängen hat, aus einer frühen, schlanken Periode und längst zu schrill für das Gesicht, in dem das Leben nach zwei reichen Scheidungen und auch sonst seine Kerben hinterlassen hat.

Kumpels, ich habe Viagra genommen!

29.5.1998

Sie haben schon ein paar Bierchen gezwitschert, am Stammtisch. Sonst sind sie brav und fleißig und einigermaßen treu. Aber jetzt lassen sie den ganzen Mann von der Kette, diesen Kerl, der in jedem von ihnen steckt und der eh nur ein Kind ist.

Einer, wie in allen Männerrunden, muss der Größte sein. Der gibt das Thema vor: Viagra! Schon der Gedanke an die männliche Omnipotenz lässt die Kämme schwellen. Nun gibt es kein Halten mehr. Scherze müssen her.

»Also, wenn ich das Zeug nehmen würde, wäre kein Weib mehr sicher vor mir«, sagt Monsieur 100.000 Volt, der Elektriker. Seine Frau Karin, die am Stammtisch »die Alte« heißt, wie alle anderen Frauen auch, sei so schon fix & foxi, jede Nacht.

»Also, ich«, sagt Johnny, der so gern den Tarzan aus dem Hemd hängen lässt, »ich werfe sofort Viagra ein! Aber dann müsst ihr mir einen Harem stellen. Meine Alte (sie heißt sonst Judith) packt das nicht.« Infernalisches Gelächter.

»Und ich«, sagt der Größte und macht wie alle Großen eine lange Pause, »ich habe Viagra probiert.« Offene Münder, fassungsloses Schweigen. Das sitzt. Er hat's probiert! Der Größte ist eben der Größte.

Monsieur 100.000 Volt fasst sich als Erster. Schaut dem Größten genau zwischen die Augen und sagt: »Und?« – »Wie immer«, sagt der Größte. »Vielleicht ein bisschen länger als sonst.«

In Minuten? In Zentimetern?

Er hat's probiert! Ergriffenheit und Bewunderung. Nur der kecke Johnny sagt: »Kann jeder sagen.« Der Größte greift in die Hosentasche. Schüttet sieben Pillen auf den Tisch. Echt Viagra! Genau wie in der Zeitung!

Jeder darf sich eine blaue Glückskapsel nehmen. Für alle Fälle. Am Nebentisch verkriechen sich Frauen hinter Zeitungen. Wie sagte Alice Schwarzer: »Jedes Würstchen ein Tarzan!« Wenn sie nur auf den Bäumen bleiben.

Schnappi, das kleine Krokodil

10.7.2005

Es tönt wie eine Klospülung. Es ist ein Handy-Klingelton. Das Bestellwort heißt »Wasserfall«. Wir sitzen in einem wirklich sehr netten Wirtshaus, der Handy-Klingelton klingelt, das Geräusch ist irgendwie peinlich, der Klingelton-Besitzer auch.

Wenn ich schon so unfreundlich über andere Leute herziehe: Ich habe es selber auch einmal versucht. Ich wollte einen Handy-Klingelton bestellen. Zufällig verirrt auf eine Teletext-Seite mit einschlägigen Angeboten; sehr gestaunt. Was es alles für Blödheiten gibt! Und nicht einmal gratis.

Ich wollte jemandem einen Streich spielen. »Schnappi, das kleine Krokodil«. Der Mensch, dem ich den Streich spielen wollte, würde blöd schauen. Immer so wichtig unterwegs, das Handy zumindest sein zweitwichtigstes Ego-Werkzeug, und dann tönt aus seiner Brusttasche »Schnappi, das kleine Krokodil«.

Es hat aber nicht funktioniert. Ich war dem Bestellvorgang technisch nicht gewachsen. Von einer Hotline zur nächsten verwiesen, dann wieder ein Gespräch mit einem Tonband, und drücken Sie jetzt bitte diese Taste, und aktivieren Sie jenes System. Das System habe ich überhaupt nicht.

Es ist schon ein drückendes Gefühl, wenn man sogar zu blöd ist, um einen Handy-Klingelton zu bestellen. Das Gefühl, dieser Welt technisch einfach nicht gewachsen zu sein. Die Klingeltöne rundherum sagen mir: All diese Leute sind deutlich gescheiter als ich. Sie holen sich unsagbare Geräusche auf das Handy, Sommerhits, Klospülung, Hundegebell, Mozart - aber, immerhin, sie können das.

Aber wenn es nur die blöden Leute wären. Jetzt singen auch die Vögel die Handy-Klingeltöne nach! Dohle, Star und Eichelhäher sind ganz scharf auf die Melodien. Deutsche Biologen haben es herausgefunden. Bald ruft es nicht mehr Kuckuck aus dem Wald, sondern »Schnappi, das kleine Krokodil«.

Die Whirlpool-Party

1. 5. 2007

Ein alter Schlagersänger im Whirlpool. Gnädiges Halbdunkel, auch für die Gespielinnen. Ein Herr im Anzug am Beckenrand, gefährlich weit vorgebeugt bei den Pointen und zum Wasser hin. Wenn er nur nicht hineinfällt.

Später sind alle wieder angezogen, einigermaßen. Halbdunkle Gestalten, ausgerechnet an den unerfreulichsten Stellen ausgeleuchtet. Es schwemmt zotige Anzüglichkeiten über den Bildschirm, die Augen des Herrn im Anzug glänzen. Zwei Whirlpool-Damen sind verschwunden, in einen weiteren Nasszellenbereich der Villa. Was die dort machen, entzieht sich erfreulicherweise dem Zuschauer, die zurückgebliebenen Herren können sich da aber einiges darunter vorstellen.

Der originelle Beitrag wurde am frühen Sonntagabend auf ATV gezeigt, sicherheitshalber wurde er von Dominic Heinzl so angekündigt, dass sich nicht nur Kinder und Jugendliche rechtzeitig vor den Bildern und Tönen in Sicherheit bringen konnten. Wenn sie wollten.

Es wird aber kaum jemand abgeschaltet haben, denn die Whirlpool-Geschichte spielte im Hause Lugner. Verschwitzte Stegreifdramatik mit enormem Schlüsselloch-Effekt. Mausi und Mörtel oder die Frage, wie weit gehen die beiden eigentlich, wenn eine Kamera in der Nähe ist.

Mehr davon hat ATV für heute Abend angekündigt. Mehr von diesem feuchten Abend, oder ist schon die Mörtel-Wallfahrt nach Mariazell im Programm? Man wird sehen.

Das Mörtel-Kind hat in dieser aufregenden Episode aus dem Leben der Lugners übrigens gefehlt. Hoffentlich hat das Kind seine Eltern nicht einmal im Fernsehen *so* gesehen.

Wie Botox für die Seele

25. 1. 2010

Noch ein Glas Champagner nach dem Frühstück, abreisebereit. Sie trägt die Sonnenbrille und die Wattejacke, die man jetzt so trägt, *er* trägt seinen Frust spazieren, dass es keine Freude ist. Die Abrechnung im Hotel für das Kitz-Wochenende ist etwas höher ausgefallen als gedacht. Da sind noch ein paar Runden drauf, großzügig ausgegeben vor den Partys, die angesagt gewesen waren. Sie gönnt sich noch dieses Glas Champagner, wie Botox für die Seele ist das. »Liebling, nimmst du auch noch ein Glas?« Der Liebling sagt, dass man jetzt aufbrechen müsse, und zum Hotelboy sagt er: »Pass ein bisschen auf mit dem Gepäck, ja?«

Liebling! Messerscharf klingt es durch die alpin-elegante Halle, und der Liebling setzt sich mit verbissenem Mund zu seiner Lady. Bleibt ihm nichts anderes übrig. Vor all den Leuten. Man ist ja ein bisschen berühmt. Man kann sich harsches Benehmen nicht leisten. Nicht in Kitz.

Leider ist man ein ganz kleines bisschen zu wenig berühmt, als dass es für einen Auftritt bei »Seitenblicke« gereicht hätte oder wenigstens für einen Kameraschwenk ins Champagner-Gesicht. Und in den Zeitungen, die das Hotel hübsch bereitgelegt hat: nichts. Nicht einmal mit Namen erwähnt, geschweige denn mit Foto. »Liebling! Schau, die *Dings* sind gleich dreimal drin. Letztklassig, wie diese Leute sich überall hineindrängen. Führen sich auf wie *Was kostet die Welt*, aber der Jeep soll ja geleast sein.«

Noch ein Glas Champagner auf den Society-Schock. Mensch, ist der Mann schon sauer. Und seine Süße auch. »Wären wir zuerst zu *Dings* und erst dann zu *Bums* gegangen, wären wir auch in der Zeitung. Aber du weißt ja immer alles besser.« – »Halt endlich die Pappn«, sagt er. Schad, die schönsten Szenen sieht man nie im Fernsehen.

Gewalt, nicht immer blutig

Beim Frisör

30. 1. 1992

Der kleine Laden in Baden hat auch am Montag geöffnet. Dunkelrote Dauerwelle hängt ins Waschbecken. Das Lehrmädchen wühlt mit langen, falschen Fingernägeln darin. In einer Ecke schläft ein Kind im flachgeklappten Buggy. Ein größeres turnt auf dem Drehstuhl. Das dritte ist noch im Bauch. Die Mutter, mit der dunkelroten Dauerwelle, ist noch sehr jung.

Von Männern spricht man und von Kurpackungen gegen kaputtes Haar. Fergies Seitensprung ist auch ein Thema und der Drogeriemarkt, der jetzt sehr chice Unterwäsche führt.

Die Chefin macht Zigarettenpause. Die junge Mutter ist jetzt trocken; kühlt noch ein bisschen den Kopf aus. »Haben Sie Ihre Wohnung jetzt endlich bekommen?«

Nein, hat sie nicht. Die Mietangebote auf dem freien Markt waren alle unerschwinglich. »Wissen S' eh, mit drei kleinen Kindern kann ich nicht arbeiten gehen. Und was der Mann heimbringt – da ist schon der Frisör zu teuer. Und jetzt renn ich seit Wochen auf den Ämtern herum. Alles ohne Erfolg. Gemeindewohnung? In ein paar Jahren vielleicht.«

Da sei ihr der Kragen geplatzt, sagt die junge Mutter. Da habe sie es dem zuständigen Herrn richtig hineingesagt. Dass alles ein Skandal sei, mit der Freunderlwirtschaft, mit den Beziehungen, alles eine Gemeinheit.

»Und wissen S', was der zuständige Herr gesagt hat: Hätten S' doch abgetrieben. Ist ja heute keine Affäre mehr.« Die junge Mutter sagt, so ein Schwein müsste man in die Zeitung bringen.

Die Chefin zupft still die Dauerwelle zurecht. »Wenn S' wollen, können S' gern auch das nächste Mal zahlen«, sagt sie an der Kassa.

Jack und die Frauen

20. 2. 1992

Gestern habe ich mit Frauen gesprochen, die Jack Unterweger gut kennen. Man nennt sie gerne Mütter, denn junge Pupperln sind sie nicht, also wird ihnen nichts anderes übrig geblieben sein, als den Herrn Unterweger ein wenig zu verhätscheln.

»Der Jack«, hat die eine gesagt, »der ist unschuldig.« Noch um die Weihnachtszeit habe sie gekocht für ihn, und noch vor wenigen Tagen habe man geplaudert.

Die andere erzählte, dass ihr diese Geschichte sehr weh tue, dass der Jack im Grunde genommen ein guter Kerl sei. Ein Serienmörder? Niemals. Ein schwieriger Mensch, ja. An seinen Problemen sei die Clique schuld. Die Leute, die ihre Partys mit einem original echten Knast-Dichter schmücken wollten.

Eine andere meinte, dass ihr der Kerl immer schon zum Fürchten war. Sein kalter Blick, der schleichende Gang eines Panthers. Ein verurteilter Frauenmörder immerhin. Mit Schaudern denke sie zurück an ihn. Die Anschaffung einer Gaspistole halte sie jetzt für zwingend. Man wisse ja nie. Warum all die Weiber auf ihn abgefahren seien – »rätselhaft, sehr rätselhaft«, sagte sie. »Hat bestimmt nur mit Sex zu tun.«

Der Vierten sind die Augen erst viel später aufgegangen. Eine kleine Affäre hatte sie »mit dem Herrn Unterweger«. Warum, das versteht sie heute selbst nicht mehr.

Genau genommen hatte der doch nicht einmal Charme. Und schreiben konnte er auch nicht, in Wirklichkeit. Und schon als Kind hat Jack Unterweger, wie die Frau jetzt aus der Zeitung erfahren hat, dem Großvater die Geldtasche gestohlen. »Das sagt doch alles«, sagte sie.

Die Menscher an der Vitrine

22. 7. 1992

Samstagmittag an der lukullischen Wurstvitrine. Der Beinschinken und die Mortadella sind schon auf dem Weg in den Kühlraum, was schade ist, denn Frau Doktor Sowieso hätte noch gerne davon. Frau Doktor faucht die Verkäuferinnen an, schließlich ist es erst 100 Sekunden vor Ladenschluss. Das Lehrmädchen karrt den Beinschinken wieder herbei.

»Und dann bitte noch fünf Deka vom Feinsten; dem Speck da, Sie wissen schon!« Woher soll Frau Doktor wissen, wie er heißt, wie soll sie mit dem Finger auf ihn zeigen, wenn alles schon abgeräumt ist? Eine Arbeitsmoral ist das! Pünktlich Feierabend machen, das können die Leute. Bloß weil sie keine Minute länger als halb eins bezahlt bekommen. Na und? Sollen sie doch den ganzen Laden nach Dienstschluss aufräumen. Hauptsache, ein sicherer Arbeitsplatz.

Inzwischen wieselt der Filialleiter herbei. Trägt der Kundin noch Eier nach und stammelt, wie schrecklich das alles sei. Ist ihm sehr geraten, den Bückling zu machen, denn ein paar Beschwerden von Madame an die Zentrale, und der Mann war die längste Zeit Filialleiter.

Zurück an die Vitrine mit der Mortadella. Zu dick aufgeschnitten und nicht schön aufgelegt. Jetzt faucht auch die Verkäuferin. Denn inzwischen ist die Schneidemaschine geputzt und der Bus sowieso davongefahren.

»Das haben wir gerne«, sagt Frau Doktor, die Ärztin ist. »Das kennen wir schon. Im Geschäft frech den Mund aufreißen. Jeder Handgriff ist zu viel. Aber wenn s' dann zu mir in die Ordination kommen, die Menscher, weil s' schwanger sind, dann bringen sie keinen Ton mehr heraus vor lauter Angst. Dann ... sie sich, verzeihen S' den Ausdruck, halb an.«

Ja ja, so sind sie, die Menscher von der Wurstvitrine im Delikatessengeschäft.

Wenn man eine Dame wirklich liebt

4. 10. 1993

Nachlese zu einem grausigen Mordfall. Dimiter Pobornikoff bekam lebenslänglich für den Mord an seiner Frau Helga, deren abgetrennter Kopf nie gefunden, deren genaue Sterbensumstände nicht geklärt werden konnten. Die Geschworenen im

Landesgericht Feldkirch befanden den angeklagten Ehemann für schuldig. Gestanden hat er nie.

Man war auf Indizien und Zeugenaussagen angewiesen. Man stellte das Grauen beim Lokalaugenschein nach, man befragte Freunde und Bekannte des Ehepaares nach besonderen Beobachtungen.

Einer dieser guten Bekannten hielt vor dem Richter eisern zum Angeklagten. Was für ein ruhiger, ausgeglichener, zuvorkommender Mensch Pobornikoff doch immer gewesen sei! Immer lieb zu seiner Frau, mit Schatzi hin und Schatzi her. Obwohl die Frau, die ihren späteren Mörder immer »Mitikatzi« nannte, ihn schwer sekkiert habe. Mitikatzi hol die Milch, Mitikatzi mach Kaffee. Ein großer, gutmütiger russischer Bär sei Pobornikoff immer gewesen. Bestimmt nicht fähig, seiner Frau den Kopf abzuschlagen. Wo er doch nicht einmal einen Nagel in die Wand habe schlagen können.

Niemals also könne sich der Zeuge vorstellen, dass dieser Mann Hand an seine Frau gelegt habe. Dazu wäre der gutmütige russische Bär viel zu ungeschickt gewesen, handwerklich sozusagen nicht eines Mordes fähig.

Der russische Bär hatte eine junge Geliebte. Dem russischen Bären und seiner Geliebten stand die Ehefrau im Weg. Ob da nicht doch ein Motiv erkennbar ist, Herr Zeuge?

»Wenn man eine Dame wirklich liebt und sich in diese Liebe versteigt, dann wird das Unmögliche doch möglich«, sagte der Zeuge.

Dann schafft es auch ein gutmütiger Bär mit zwei linken Händen, seiner Frau den Kopf abzuschlagen. Aus Liebe eben.

Der alte Herr vor der Tür

1. 6. 1994

In den feinen Wiener Bars und Restaurants wird der Tod des legendären Rosenverkäufers Heinrich Teller beklagt. Keiner, sagen die Leute, hat seinen Charme und seine stille Eleganz, und mit ihm sei ein Philosoph und feiner Herr gegangen. Der Letzte, der Einzige unter allen Rosenverkäufern.

Nicht lang vor seinem Tod sah ich ihn an einem kalten Frühlingsabend in einer Gasse nächst dem Stephansdom. Er war gebeugt, er war müde, und er ging mit kleinen Schritten auf ein italienisches Restaurant zu, das als sehr exquisit gilt und gerne von Opernmenschen bevölkert wird. Eine vergnügte kleine Gesellschaft war eben dabei, das Lokal zu entern: schöne, erfolgreiche Menschen, wie herausgerissen aus einer Designer-Reklame.

Artig floh Herr Teller zur Seite, als ihn die Leute am Eingang überrannten. Einen kleinen Schubs gab ihm der Rudelführer der ausgelassenen Gesellschaft; so, wie man einen Pfosten streift. Ein Pfosten, bei dem man sich nicht entschuldigt, nur leicht ärgerlich kontrolliert, ob der Kaschmirärmel auch keinen Fleck abbekommen hat.

Die junge Dame an seiner Seite strafte den alten Mann mit einem spöttischen Blick, und in der Melodie eines dämlichen Gekichers sagte sie, dass man in dieser Stadt nirgends mehr vor den Rosenverkäufern sicher sei, vor diesen aufdringlichen Gestalten. Der alte Mann überhörte und übersah die Demütigungen mit erhabenem Gesicht. Der alte Mann blieb reglos vor der Tür stehen, bis sich die Gestalten im Bauch des Restaurants verkrochen hatten.

Einen Augenblick schien es, als würde er nun die Tür zum Italiener öffnen. Dann ließ er resigniert den Arm sinken, drehte sich um und verschwand.

Wenn diese fröhlichen, schönen Menschen nun die Nachrufe auf Herrn Teller lesen, sagen sie wahrscheinlich: »Den haben wir auch gekannt, den entzückenden alten Herrn. Schad um ihn.«

Kulturkreis-Schock

16. 11. 1995

Der grauenhafte Tod von Brigitte Brezina. 33 Jahre alt, Diplomingenieurin. Sie lag mit ihrem Freund im Bett. Sie machte einen Fehler dabei: Sie lächelte ihn ironisch an. Und noch ein Fehler: Sie ging gern unter Leute. Wo Leute sind, sind auch Männer. Manchen hat sie auch manchmal angelächelt.

Der Freund, mit dem Brigitte Brezina im Bett lag, drehte durch. Weil dieses Lächeln so ironisch war. Und weil die Freundin, vielleicht, doch nicht bei ihm bleiben wollte. Er ging in die Küche, holte ein Messer, stach 39-mal zu. Den Kopf wollte er der Frau dann noch abtrennen. Damit die Seele aus dem Leib kann. Wie bei den Schafen, sagte er.

Im Übrigen, sagte er vor Gericht, bedauere er das alles. Sehr sogar. Das Gericht möge ihn doch bitte verstehen: Er sei unter Schock gestanden. Unter Kulturkreis-Schock!

Das ist ein Phänomen, das Mörder und Gewalttäter immer wieder gerne mildernd wirksam werden lassen möchten. Dieser Mörder, der Tunesier Imed El-Kateb, hat es zum Beispiel kulturkreismäßig nicht verkraftet, dass die Frau, von der er »sich sogar Kinder wünschte«, sich von ihm ziemlich sicher keine Kinder wünschte. Er wollte damit gewissermaßen sagen, dass ein Tunesier eine derartige Demütigung nur mit einem Blutrausch beantworten kann. Er hat natürlich vor Gericht das Recht zu sagen, was er will. Und alle Tunesier kulturkreismäßig als potentielle Mörder hinzustellen. Wer Fremde hasst, wird gerne bereit sein, den tunesischen Kulturkreis im Ganzen als gemeingefährliche Horde zu betrachten.

Es haben aber auch schon Männer aus Wien Frauen aus dem sehr nahen Kulturkreis Salzburg abgemurkst, weil sie unter Kulturkreis-Schock standen: Die Frauen taten nicht, was die Männer wollten. Tief wie die Wunden in diesen Männerseelen stecken dann auch die Messer in den Leibern der Frauen.

Arm, aber sauber

8.1.1996

Der gute Pater Guardian im Kapuzinerkloster steckte der Mutter immer einen Geldschein zu und dem Kind ein paar Kekse. Dann segnete er die zwei, und das Kind durfte noch zehn Groschen in den Münzschlitz des knienden Nicknegers werfen, der Nickneger hieß, weil sein Kopf sich bei jedem Münzeinwurf demütig beugte.

Der Kapuziner sagte, die Negerlein seien noch ärmer als arme Leute in Österreich. Ärmer als arm.

Der sozialistische Wahlwerber kam einmal mit einer Puppe als Geschenk auf Wahlwerbe-Besuch, zum armen Kind. »Aber sauber haben Sie es hier«, sagte er zur Mutter. Arm, aber sauber – diese tiefe Demütigung, die eigentlich nichts anderes bedeutet, als dass Armut im Regelfall dreckig ist. Der Vater des Kindes, ein damals tiefgläubiger Sozialdemokrat, sagte, man brauche keine Almosen von der Partei, und lieber würde er seinem Kind eine Puppe schnitzen, ehe er dem Kind Weihnachten mit einem politischen Werbegeschenk entweihen würde.

Caritas-Präsident Küberl sagte gestern in der Pressestunde, man müsse die Armut vom Makel der Schande befreien. Es ist keine Schande, arm zu sein.

Armut macht Schamgefühle. Bittere bei den Eltern, hilflose bei den Kindern. Zwölfhundert Schilling, sagte Küberl, kostet die Einschulung eines Kindes. Es gibt Familien, viele Familien, für die das ein schmerzhafter Betrag ist. Doppelt schmerzhaft, wenn die Kinder es spüren. Wenn sie als Almosenempfänger neben sorglosen Kindern sitzen müssen. Schande, zu viele Geschwister und zu wenig Geld zu haben.

Aus Scham, sagte der Caritas-Präsident, verschulden sich viele Familien noch schnell und rettungslos, wenn sie nicht mehr weiterwissen. Weil es eine Schande ist, arm zu sein.

Der Türke Alican D.

19.6.1996

Ein Grillfest in Wien, an der Neuen Donau. Die türkische Großfamilie genießt Wasser und Sonne. Ein Grillfest, wie Urlauber es lieben, wenn sie Ferien machen in der Türkei. Daheim an der Donau, die lang nicht so blau ist wie das türkische Meer, mögen manche die türkischen Grillfeste nicht so gern.

Alican D., der 37-jährige Türke, war Sonntag beim Grillfest dabei. Er hat eine Frau und drei Kinder. Das jüngste ist 14 Tage alt. Ein badendes Kind schreit um Hilfe. Es ist nicht sein Kind. Alican kennt das Kind nicht. Er weiß nicht, ist es ein türkisches

Kind oder ein österreichisches. Er weiß nur: Das Kind braucht Hilfe. Da springt er ins Wasser. Das Kind erwischt er nicht. Das Kind kann sich selber retten, zum Glück; verschwindet irgendwo am Ufer. Das Kind wird wahrscheinlich nie erfahren, dass einer sein Leben für seine Rettung aufs Spiel setzte.

Alican ertrinkt. Alican konnte wahrscheinlich nicht schwimmen, aber helfen wollte er.

Ob man der Witwe mit den drei Kindern wird helfen wollen? Bestimmt gibt es Menschen, die ihr das Schicksal erleichtern möchten. Wahrscheinlich gibt es auch Menschen, die sich mit Respekt an die Geschichte von Alican erinnern werden, wenn sie am Sonntag wieder eine türkische Großfamilie an der Donau fröhlich sein sehen. Und ein paar solche Menschen, die sagen: »Ein Türke weniger in Österreich«, ein paar solche Menschen gibt es vielleicht auch. Ob sie auch gesprungen wären wie Alican, ohne zu fragen, wer Hilfe braucht; ein türkisches Kind, ein österreichisches Kind?

Er hat das Leben riskiert. Für ein wildfremdes Kind. Das Leben verloren, für ein wildfremdes Kind. So fremd, wie sich Alican D. vielleicht manchmal gefühlt hat, dort, wo er lebte und starb. In Österreich.

Kleiner Junkie am Bahnhof

20.10.1998

Er steht in der Bahnhofshalle der kleinen Provinzstadt; vielleicht vierzehn oder schon sechzehn, noch kein Flaum im Gesicht. Ziemlich blass. Ziemlich dünn.

Die Frau von der Trafik und die vom Kiosk kennen den Buben. Der steht oft herum, sandelt Leute an. Manchmal jagt ihn der Mann von der Gepäckaufbewahrung »hinaus aus dem Tempel«. Das ist nicht biblisch gemeint. Nur so eine Redensart. So wie »schleich dich«. Dann geht der Bub, und irgendwann kommt er wieder und bleibt dann, bis es den Leuten abermals zu viel wird. Bis sich ein Passant beschwert oder der Mann von der Gepäckaufbewahrung findet, dass der Bub lang genug herumgelungert ist.

Er bettelt leise. Um ein paar Schilling. Sagt immer bitte und natürlich danke, danke, wenn was abfällt für ihn. »Ein paar Schilling für etwas zum Essen, bitte.« Aber das glaubt dem Buben kein Mensch. Hunger. Wer wird denn Hunger haben. Der Bub ist doch nur auf Drogen aus. Kleiner Junkie.

Viele kennen ihn. Aber keiner kennt ihn so richtig. Woher er kommt und warum er bettelt und warum er Drogen braucht. Hat er Familie, oder haust er irgendwo? Vermisst ihn jemand, vielleicht eine Mutter, oder ist irgendwo eine Mutter oder ein Vater froh, dass der Nichtsnutz fort ist?

Manchen Leuten tut der Bub einfach leid, und manche regt er unheimlich auf. So jung und schon ein Sandler. Was für ein Anblick auf einem ordentlichen Kleinstadtbahnhof. Unlängst, als dort Verkehrsminister Caspar Einem ankam, hat man sogar die Bahnsteige geputzt, als ob Ostern wäre. Alles ist sauber. Der Bub ist eine Schande.

Das weiß er selber. Schleicht sich sofort, wenn es heißt, er soll sich schleichen. Wohin? Keine Ahnung. So traurige Augen hat er. Wo der Bub noch landen wird, eines Tages, eines Nachts?

Damit es Werner warm hat

24. 11. 1998

Das Bild von Werner steht holzgerahmt in der Stube. Am wärmsten Platz, im Winkel der Eckbank. Das Bild zeigt Werner als Kind, pausbäckig an einem sonnigen Tag im Schnee. Immer steht eine Kerze neben dem Bild. Die Mutter, die auch schon den Mann verloren hat, zündet sie an zu Werners Geburtstag und wenn Ostern ist, oder Weihnachten.

Werners Todestag kennt die Mutter nicht. Vor fünf Wintern, Werner war schon 25, ist er eines Abends nicht mehr nach Hause gekommen. Er wohnte noch daheim, sparte sein Geld für eine Zukunft, die er dann eh nicht mehr hatte. Es kam manchmal vor, dass er ein paar Tage nicht daheim war. Er liebte die Berge.

Die Vermisstenanzeige brachte keine Spur. Eine Zeit lang war sich die Mutter noch sicher, dass Werner jeden Moment zur Tür hereinkommen würde. Vielleicht, hoffentlich, war er ein paar Tage nach Südtirol gefahren; dort hatte er Freunde.

Es wurde Frühling, in Werners Zimmer hing noch die Winterjacke. Eines Abends in diesem Frühling kamen zwei Gendarmen. Man hatte Werner gefunden. In einer Hütte auf 1800 Meter. Erfroren. Er musste eine Tour gemacht haben. Schnee, Unmengen von Schnee mussten ihn eingesperrt haben. Er kam noch bis zu dieser Hütte. Da drinnen fanden sie ihn. Auf dem nackten Boden. Erfroren.

Werner war ein großer, starker Bursche gewesen. Erwachsen. Aber für die Mutter ist er das Kind, das in der Kälte umgekommen ist. So kalt war es, und sie war nicht bei ihm. Niemand war bei ihm.

Sein Bild steht jetzt am wärmsten Platz in der Stube. Damit es Werner warm hat. Die Mutter betet viel, sie denkt, das wärmt den Werner vielleicht. Wenn sie in der Zeitung alle Winter von den vielen Erfrorenen in armen, eiskalten Ländern liest, betet sie immer auch für die.

Die Mutter hinter dem Vorhang

4.2.1999

Sicherheitshalber waren wieder Kameras auf das Haus seiner Eltern gerichtet. Belagerungszustand in Gralla, wo die Eltern von Franz Fuchs durch die Tage kriechen. Was passiert ist, verstehen sie nicht; sie haben ihren Sohn auch davor nicht verstanden.

Die Kamera fährt langsam über das Haus, das im trüben trostlosen Winterlicht schäbig und einsam aussieht. Da erwischt die Kamera die Mutter, die gebeugt ein paar Schritte macht. Eine alte Frau, die schon lang nichts mehr vom Leben erwartet hat. Erst recht unerwartet kam die Hölle mit dem Sohn.

Wie diese Hölle entstanden ist, davon wird die Mutter nichts wissen. In der psychiatrischen Analyse wird viel darüber geschrieben stehen; Werdegang eines Menschen in Wut und Wahnsinn. Fremd wie chinesische Schriftzeichen würde sich das für die Mutter lesen. Die Persönlichkeit des Sohnes – jenseits ihrer Vorstellungskraft. Sprachlos gelebt, sprachlos das Unbegreifliche hingenommen.

Einen armseligen Satz hat der Vater vor ein paar Tagen gesagt: dass der Sohn »den größten Blödsinn« gemacht habe. Was für eine hilflose Beschreibung des irren Bomben-Terrors. Wie weit weg der Sohn schon immer von seinen Eltern gewesen sein muss. Immer schon und in der Zeit, als er unter ihrem Dach die Bomben baute.

Nichts haben die Eltern damit zu tun. Und nicht einmal das, was sie jemals falsch gemacht haben, könnte ihnen jemand begreiflich machen. Sie haben nichts falsch gemacht. Nur ihr kleines Leben gelebt, wie viele andere auch. Sie haben noch einen Sohn. Der hat ihnen kein Unheil gebracht.

Die alte Frau in Gralla spürt das Schießen der Kameras und zieht den Vorhang zu. Ihr Sohn Franz Fuchs hätte in dumpfer Genügsamkeit ihr Leben fortsetzen können. Es ist aber ganz anders, furchtbar gekommen. Sprachloses Unglück mit einem Sohn, der immer fremd war.

Vinko, Sohn des Hausmeisters

10. 1. 2001

Da steht ein Kind im Stiegenhaus, blass und ganz aufgeregt. Es ist ein vornehmes Haus, eine richtige Villa. Aber das Kind ist kein richtiges Villen-Kind. Es ist Vinko, Sohn des Hausmeisters.

Wie war denn das alles, Vinko? Es war ziemlich schlimm. Da und dort Blutflecken, halt eine scheußliche Geschichte.

Groß hat die Kamera den kleinen Vinko im Visier. Dann fährt sie wieder durch die Gegend, durch den Flur. Richtige Blutflecken sieht man keine mehr. Nur Schuhe und solche Sachen. Wie in jedem anderen Flur auch.

Dann erzähl einmal, wie das alles war, Vinko. Na ja. Viel kann das Kind nicht sagen, das Kind war ja, als der Mord passierte, nicht dabei, Gott sei Dank.

Ist das ein Verhör, was die Leute da mit Vinko machen? So ganz amerikanisch? Steht das Kind unter Eid? Das nicht. Es steht nur vor dem Fernsehgericht.

Viel kommt da nicht heraus. Der Mann, der verdächtigt wird, den Mord, der hier geschah, in Auftrag gegeben zu haben, der sei eigentlich ein ganz ein netter Mann gewesen, sagt das Kind artig auf Anfrage. Dann sieht man wieder die Schuhe herumstehen, und eine versiegelte Tür sieht man und das sehr gepflegte Ambiente eines Villen-Haushaltes.

Vinko, das Kind des Hausmeisters, gibt sich große Mühe, alle Fragen ehrlich zu beantworten. Kannst du dir vorstellen, dass der Mann den Auftrag zum Mord gegeben hat? Nein, sagt Vinko, das kann er sich eigentlich nicht vorstellen.

»Thema« brachte eine Reportage zum Mordfall Wurst. Dr. Wurst, Kinderpsychiater aus Kärnten, wird der Anstiftung zum Mord an seiner Frau verdächtigt. Und Kindesmissbrauchs, dutzendfach. Und das Fernsehen, ORF, stellt neuerdings schon Kinder vor die Kamera. Da kennt man keinen Genierer.

Sag, wie lebst du mit 700 Euro?

16.11.2002

Siebenhundert Euro und ein paar Zerquetschte bekommt die Frau als Rente. Sie hat es mir vor ein paar Tagen erzählt und dann noch schriftlich gezeigt. Da, die Abrechnung. Sie hat gesagt: »Ich komme schon aus damit. Erstens muss ich. Zweitens: Ich brauche nicht viel.«

Siebenhundert Euro für einen ganzen Monat. Seit ich die Zahl schwarz auf weiß gesehen habe, verfolgt sie mich. Wenn ich in einem feinen Magazin blättere oder wenn mich im Fernsehen wieder einer anschreit, wie billig dieses Handy und jene Kamera ist. Wenn ich die Mode-Geschichten sehe: ganz supertolle Stiefel zum Beispiel. Kosten mehr, als diese Frau im Monat bekommt, und selbst in einem ganzen Jahr könnte sie nicht so viel auf die Seite legen. Würde ihr natürlich auch nicht einfallen, an solche Stiefel einen Gedanken zu verschwenden.

»Wie teilst du dir das Geld ein?«, habe ich die Frau gefragt. – »Also, wenn alles Unvermeidliche bezahlt ist, die Miete, der Strom, das Telefon, dann bleiben noch etwa vierhundert Euro.

Die wiederum werden bis auf den Cent genau budgetiert für Essen, ab und zu was zum Lesen, für Kleidung, für Katzenfutter und dafür, dass irgendwann einmal das Bügeleisen oder der Kühlschrank endgültig hin sein wird, und dann ...«

Nicht einmal zwischen den Zeilen habe ich die Frau jammern gehört. »Es geht sich alles aus«, sagte sie. Nur, dass sie manchmal glaubt, sie lebt auf einem anderen Stern. Wenn sie täglich hört und sieht, was ihr alles zum Glück fehlt. Und wenn sie sich wundert, woher andere Leute all das Geld nehmen, das sie brauchen, um glücklich zu sein. Ja, woher eigentlich?

Die Wirtschaft hat mit so einer Frau nicht viel Freude. Wo kommt sie hin, die Wirtschaft, wenn jemand nicht einmal zu Weihnachten einen kleinen Kaufrausch hat? Es muss jedenfalls noch ordentlich geprasst werden bis zum Christkind, sagt die Wirtschaft. Sonst werden die Zeiten noch schlechter. Eine ziemlich irre Berechnung, eigentlich.

Wissen S' eh, man mischt sich nicht ein

31.3.2006

Sehr typisch, manchmal witzig, manchmal ziemlich traurig: Zeugen vor Gericht, die sich »eigentlich nie einmischen wollten« und dann aber doch dieses und jenes gesehen und bemerkt haben oder bemerkt haben wollen. Kommt beim Heiteren Bezirksgericht genauso vor wie bei großen Gerichtsdramen.

Zwei Zeugen im Prozess um die Frau, die angeklagt ist, ihre neugeborenen Kinder getötet zu haben. Spurensuche, ob denn nicht irgendjemand etwas von den Schwangerschaften bemerkt haben könnte. Der Kindesvater zum Beispiel, der sich so stur wie ekelhaft auf die ignorante Macho-Position versteift: Nichts bemerkt und sich um nichts gekümmert. Schon gar nicht um die Weibersachen, also Empfängnisverhütung.

Noch eher also haben zwei Außenstehende etwas bemerkt oder wollen etwas bemerkt haben. Da ist die nette Frau, die ehemalige Vermieterin, die sehr wohl dachte, dass da »etwas Kleines im Bauch wächst«. Kleine Geheimniskrämerei: »Wann sagt sie's denn endlich?« Einfach fragen, ob eine Frau schwanger ist, geht ja nicht. Lieber mit Kennerblick umkreisen, bis endlich »ein Geständnis« kommt.

»Vielleicht hat s' des Hascherl weggelegt.« Süßlich-grausame Sprache wie in Horvaths »Geschichten aus dem Wienerwald«. Das Hascherl. Was für ein Wort für einen Menschen. Leider haben die dumpfen Vermutungen nicht gereicht für eine klare Frage. Man will sich ja nicht einmischen.

Schon gar nicht als Mann. Der ehemalige Freund des angeklagten Paares hat schon gesehen, dass da »ein Baucherl war«. Hoch oben angesetzt, so genau hat der Mann geschaut. Aber da mischt man sich eben nicht ein als guter Freund des Hauses. »Schon gar nicht frag i a Frau, ob sie zugenommen hat.« Wie charmant. Nichts Genaues wussten sie nicht und wollten sie nicht wissen. Vor lauter Charme und Höflichkeit. Wissen S' eh, Herr Rat, man will sich nicht einmischen.

Kein Mitleid mit Arigona

13. 10. 2007

Wie geht es der alten Frau auf der Stiege siebzehn? Lang hat keiner sie gesehen. Still ist es in ihrem Leben, seit der Mann gestorben ist. Die Kinder? Hat sie überhaupt Kinder? Sind die im Ausland, vielleicht?

Und was ist mit der Familie im vierzehnten Stock? Da war doch einmal die Polizei da, der Mann soll gewalttätig sein, die Kinder können einem leidtun, die Frau natürlich auch. Von Delogierung war schon die Rede, Geld ist ja auch keins da, bei denen; einen ganz lieben kleinen Buben haben die und drei größere, aber die sind eher Gfraster.

Am Rande der Kleinstadt, schon fast beim Wald, wohnt ein Mann mit seiner chronisch kranken Frau, selber geht es ihm auch nicht gut. Angeblich kümmert sich ein mobiler Dienst um die beiden – angeblich, aber wissen tut man nichts Genaues, man sieht die beiden ja nie.

Und wen man auch schon lange nicht mehr gesehen hat, das ist dieser Mann, der seine Arbeit verloren hat wegen Konkurs, mehr als zwanzig Jahre war er bei dieser Installationsfirma, die dann der Sohn vom Vater übernommen hat, und der Sohn hat sich dann übernommen mit Investitionen. Ob der Mann einen neuen Job gefunden hat? Eher nicht, in dem Alter.

Es gibt Menschen, die verstehen den »Rummel um Arigona« nicht und warum die Politik plötzlich menschlich sein soll und warum man Recht vor Gnade ergehen lassen soll. Die meisten Menschen, die das nicht verstehen, sind Menschen, denen es selber nicht gut geht. Von der Politik, der Wirtschaft oder von Gott verlassen.

Wahrscheinlich hätten sie eh ein Herz für Arigona. Wenn das Leben nicht so herzlos zu ihnen wäre. Schaut irgendjemand auf sie, außer wenn sie in der Zeitung stehen? Die Eiseskälte in der Gesellschaft macht viele Menschen kalt.

Er war erst vierzehn

6. 8. 2009

Sie standen in einer Nische, nachts um halb drei. Es war sehr dunkel, sagen die Polizisten. Die Burschen waren auf Einbruch in einem Supermarkt in Krems. Sie hatten eine Spitzhacke und einen Schraubenzieher als Werkzeug. Sie haben die Polizisten attackiert, sagt der Staatsanwalt. Es muss alles genau untersucht werden, sagt die Innenministerin.

Sie waren zu zweit unterwegs. Vierzehn und sechzehn Jahre alt. Aus Krems. Amtsbekannt. Der Vierzehnjährige ist jetzt tot. Der ältere Bursch schwer verletzt. Schüsse aus den Dienstwaffen der Polizei. Über die genauen Umstände liegen noch keine Ergebnisse vor.

Ich möchte kein Polizist sein und keine Polizistin. Ich möchte nicht nachts um halb drei in einer dunklen Nische Einbrecher aufstöbern. Ich möchte nicht entscheiden müssen, ob ich schieße oder mich erschießen lasse. Ich möchte nicht den Druck aushalten müssen, in Blitzgeschwindigkeit perfekt reagieren zu müssen. Weil es um Leben und Tod geht. Um das eigene Leben und/oder um das Leben von anderen. Ich möchte nicht, dass dann später alle alles besser wissen. Wie gehandelt hätte werden sollen. Ob geschossen hätte werden müssen/dürfen.

Ich möchte nicht Kopf und Kragen riskieren für ein Gehalt, von dem ein kesser Börsen-Pokerer nicht einmal seinen Ferrari erhalten kann. Ich möchte nicht in der stieren Dunkelheit beurteilen müssen, ob das Ding, das einer in der Hand hält, eine Pistole ist oder nur ein Schraubenzieher.

Ich möchte nicht mein Gewissen damit belasten müssen, dass ein anderer Mensch durch mich ums Leben gekommen ist. Nicht die Innenministerin oder die Öffentlichkeit muss damit klar kommen, sondern der einzelne Beamte. Es muss ein schreckliches Gefühl sein. Auch wenn alles rechtens war. Der Einbrecher, der Bub, war ja erst vierzehn.

Scherben im Gemeindebau

27.9.2009

Schauplatz Gemeindebau; das Fernsehen hat nachgeschaut, ob seit der letzten Reportage etwas besser oder schlechter geworden ist, in der Problemzone. Irgendwie müder wirkten die Menschen diesmal, mit viel geschluckter Wut und ab und zu einem Wort der Versöhnlichkeit. Mediatoren wurden geschickt, die Wut zu mildern und die Gegner an einen Tisch zu bringen. Mediatoren, die es wahnsinnig gut meinen, die aber total überfordert sind, mit Tausenden Menschen, um die sie sich kümmern müssten und möchten; aber das geht sich ja in diesem Leben alles nicht mehr aus. Immer dieselben Sorgen und Wickel ... Der Lärm. Der Dreck von Hunden. Das Spielen von Kindern. Die Aggressionen. Und wie schwer es halt sei zwischen Leuten, die »immer schon« da waren, und solchen, die zugezogen sind. Eine Ur-Wienerin sagte, manchmal schäme sie sich für die Österreicher – nicht für die Ausländer. Eine grobe junge Frau, der man nachts nicht allein in der dunklen Gasse begegnen möchte, überlegte, warum man wem eigentlich eine betonieren müsste.

Und dann waren da noch ein paar kleine Kinder, die emsig Scherben zusammenkehrten, im Hof des Gemeindebaus. Wie kleine Heinzelmännchen und Heinzelfrauen, ohne zu murren.

Das war das rührendste und das traurigste Bild. Das Bild von Kindern, die lernen, dass Erwachsene halt manchmal ein paar

Teller aus dem Fenster werfen vor Wut. Das Bild von Kindern, denen ständig Worte der Gewalt und Gemeinheit um die Ohren fliegen. Das Bild von Kindern, die vielleicht später auch einmal grob werden. Das Bild von Kindern, die den Scherbenhaufen der Erwachsenen wegkehren. Kein schönes Bild.

Die Kleine ist großartig

15.2.2010

In einem Lokal, in das eigentlich keine Kinder gehören. Der Rauch, der Prosecco, die ungustligen Witze. Ein kleines Mädchen sitzt zwischen Mama und Oma. Mama war mit der Tochter beim Kinderfasching; die Oma ist nur gekommen, um das Kind abzuholen. Damit die Mama noch bleiben kann. Mit den großen Lustigen.

Aber wenn sie schon da ist, die Oma. Ein Prosecco geht auf jeden Fall. Die Oma ist jung und knusprig. Nicht so eine Oma wie von früher. Prost, Omilein. Das Kind sitzt blass und brav mitten in der lustigen Meute. Was schaust denn so, Jacqueline? Müde? Hungrig? Gebt's dem Kind was! Softdrink im Sektglas, damit es auch anstoßen kann, das Kind.

Jemand bestellt Pizza aus der Pizzeria ums Eck. Die Mama und die Oma nutzen die Wartezeit mit noch schnell einem Prosecco. Das löst die Zunge, jetzt auch bei der Oma. Die Oma war ganz schüchtern zuerst. So eine junge Oma, sagen die Leute. Die Oma sagt: Ja, für die Kleine will ich noch hundert Jahre jung bleiben. Die Kleine ist großartig, sagt die Oma. So ein ruhiges Kind. Kannst es vor den Fernseher setzen, mit was zu essen, und das Kind bröselt und patzt nicht einmal. Die war schon im Kinderwagen so. Wenn sie was zu nuckeln hatte, war sie brav. In der Schule ist das genauso. Die ist so unauffällig und verschlossen, die sieht man gar nicht, sagt die Lehrerin.

Und jetzt ist sie schon eine Schülerin. Gehst du gern in die Schule, Jacqueline? Ein Onkel will mit dem Kind anstoßen. Na ja, Onkel ist zu viel gesagt. Der Mann, der die größten Augen auf die Mami hat. Die gibt Jacqueline das Glas mit dem echten Prosecco. Nur zum Anstoßen. Prost, Jacqueline.

Persönlich, bitter und süß

In einem Monat ohne »R«

1.5.1997

Wir knieten barfuß vor dem Bild der Gnadenmutter und dachten, die Mai-Andacht ginge nie mehr zu Ende. In Wirklichkeit dauerte es eine halbe Stunde, aber das ist eine Ewigkeit für Kinder, die sich so auf den Mai gefreut haben, weil man nun endlich keine Schuhe mehr anziehen muss, und weil die Frömmigkeit etwas ist, das man doch auch kürzer erledigen könnte.

Auf dem Heimweg hatten wir kalte Füße und heiße Wangen von diesem oder jenem Streich. Der Maibaum bedeutete, dass der Sommer eingeläutet war und man keine Mützen mehr tragen musste; nicht einmal, wenn es in den Maibaum schneite. Sommer, das waren einfach alle Monate ohne »R«, und der erste Tag dieser Jahreszeit schmeckte köstlich wie Apfeleis; ungefähr so, wie es die Werbung für alle fixfertigen frischen Sachen immer verspricht, aber das kann die Werbung nie halten.

»Mairegen bringt Segen«, hörte man überall die alten Leute sagen, und wenn man über eine frisch gewaschene Wiese ging und das letzte Spülwasser von den schneeweiß blühenden Bäumen tropfte, wusste man, dass die alten Leute recht hatten.

Den Löwenzahn, den sie heute als Delikatesse auf den Märkten verkaufen und der immer so schnell schlapp wird unter der Klarsichtfolie, diesen Löwenzahn aßen wir, fast wie die Tiere, frisch aus dem Boden. Er machte uns so stark, dass wir Bäume hätten ausreißen können, doch das taten wir nie, denn wir liebten die Bäume, wir umarmten sie sogar.

Jetzt ist wieder der Mai gekommen; schon der zweiundvierzigste. Zurück auf die Wiese, in den Wald und an den Bach!

Und bloß nicht einfädeln in die Stau-Karawane und in die Kaufhausschlange, die dem Mai alle Düfte und alle schönen Bilder stehlen; vielleicht die Unschuld sogar.

Der erste Sommer mit den Stones

12.7.1998

Da gab es diesen schrulligen Klassenprimus, der sich anzog wie Keith Richards und auch solche Augenringe hatte und sich viel Mühe gab, sich genauso schlecht zu benehmen wie der größte Stone. Vier Stunden schmorte er im Schulkotter für seinen Helden. Er hatte im Pausenhof auf seinem batteriebetriebenen Plattenspieler »Satisfaction« knallen lassen. Volle Pulle. Während die anderen Englischschularbeit hatten ... Später schickten sie ihn dann zum Psychiater. Sie machten sich große Sorgen um ihn, denn nach dem Tod von Brian Jones trug er ein ganzes Jahr lang schwarzen Flor und schwarze Krawatte.

Da gab es auch den Dichter Michael Köhlmeier, der damals noch einfach ein Stones-Jünger war und von nichts anderem träumte, als einmal mit Keith die Gitarren zu schlagen. Freilich träumte er auch schon diesen Traum sehr poetisch.

Es gab diesen Skandal, als zwei Mädchen durchbrannten nach London; im Hyde Park spielten die Stones, und die zwei hätten lieber ihre eigenen Mütter dem Teufel verkauft, als dort nicht dabei zu sein. Als sie zurückkamen, sahen beide aus wie Klone von Marianne Faithful, und kein Typ aus der kleinen Stadt war ihnen noch gut genug, seit sie Mick, der Lippe, live begegnet waren.

Wir alle waren verrückt, und wir waren es gern. Wir spielten so laute Stones-Musik, dass es den Nachbarn die Geranien auf dem Balkon zerfetzte; und nichts war schöner, als den Erwachsenen dabei zuzusehen, wie sie die Nerven wegwarfen.

Das ist jetzt alles etwa 30 Jahre her. Gestern sind wir zum Stones-Konzert gepilgert, selber nicht mehr ganz taufrisch, und Keith Richards muss nach seinem Leitersturz sogar schon am Stöckchen gehen. Aber gestern war es wieder da, dieses

Gefühl: für immer jung. Stones forever. Und wenn sie spielen »As Tears Go By«, ist wieder Sommer 1967; der erste und der schönste Sommer der Liebe.

Liebe Mama,

12.5.2002

können Erinnerungen wirklich verblassen? Das möchte ich nicht. Ich möchte, wenn du schon gehen hast müssen, dass dein Bild ganz stark und deutlich bei mir bleibt. So, als hätten wir uns gestern zuletzt gesehen.

Dein Blick, der dann leider dein letzter war, hat noch einmal deine ganze Kraft und Liebe für mich gebündelt. Das war an einem Sonntagnachmittag im Krankenhaus; ich hatte furchtbare Angst um dich, aber ich habe so getan, als ob alles bestens wäre. Wie ein Kind, das glaubt, zaubern zu können, wenn es sich etwas Unmögliches nur fest genug herbeiwünscht.

Dann habe ich mit den Ärzten geredet, mit zugeschnürter Kehle, ob du denn noch Chancen hättest ... »Durchaus«, sagten sie. Und: »Allerdings ...«. Allerdings ... du hast es dann leider doch nicht geschafft, Mama. Ich hasse das Wort »allerdings«.

Zum letzten Muttertag habe ich dir einen malvenfarbenen Morgenmantel geschenkt. Den musste ich dann mitnehmen, am nächsten Morgen, als dein Krankenhausbett schon leer war. Der wird immer in meinem Schrank hängen bleiben. Anziehen traue ich mich deinen Morgenmantel noch immer nicht.

Auf deinem Nachttisch lagen Zeichnungen und Briefe von deinen Enkeln. Einer hat dich mit einer Krone gemalt. »Deine Oma ist doch keine Königin«, hast du gesagt. Jedes Prinzesschen ist eine »Königin der Herzen«, Mama. Da wirst du das für uns doch auch sein und bleiben dürfen. Dein wildester Enkel brachte dir einen Tiger; »der macht dich gesund, Oma, der hat *solche Planken*«. Pranken hat er gemeint. Inzwischen schreibt er übrigens nicht mehr mit chinesischem Einschlag.

Nein, Erinnerungen verblassen doch nicht. Du bist da, Mama. Anders, aber nicht weniger deutlich und stark. Das ist wie mit der Geschichte von Zürich: Dort bist du einmal hingefahren, eh nur drei Tage, aber ohne mich. »Ich bin bei dir, auch wenn ich einmal nicht da bin«, hast du auf die Ansichtskarte geschrieben. Die Karte, schwarzweiß mit Zackenrand, habe ich noch immer. Ja, du bist da, Mama.

Auch ich wollte ein Star werden

14.12.2002

Nun habe ich doch einmal, fast versehentlich, bei »Starmania« hineingeschaut. Am Vormittag, in der Wiederholung. Natürlich habe ich mich nicht sofort ausgekannt in der Sendung; da müsste man auch die Vorentscheidungen gesehen haben und die vergleichbaren Etappen.

Manche Leute – zum Beispiel Robbie Williams – sagen, so eine Casting-Show, das sei eine ganz schreckliche Sache. Da würden Stars aus der Retorte gemacht, alles irgendwie verlogen und unecht, kein fairer Talente-Wettbewerb, sondern eine öffentliche Blamage für arme junge Menschen, die davon träumen, ein Star zu werden.

Oh, ich kann diese jungen Menschen sehr gut verstehen. Ich wollte auch einmal ein Star werden. Das war in den siebziger Jahren. Schon damals gab es solche Talentbewerbe; zwar nicht »Starmania« im Fernsehen, aber einen Wettbewerb im Gemeindesaal.

Meine Freundin, der »Fisch«, und ich, wir mussten unbedingt dabei sein. Wir haben geprobt wie die Blöden, und zwar ein Lied, das hieß »Little Arrows in the Air«. Wir sahen uns schon auf dem Cover der damals noch fast verbotenen Teenager-Zeitschrift »Bravo«. Wir hörten uns schon sagen: »Tschüs, Mathelehrer, wir gehen auf Tournee.«

Unsere Einreichung zum Talentbewerb hatten wir in ein Transistor-Tonbandgerät gekräht. »Du wirst sehen, Fisch«, sagte ich, »wir werden reich und berühmt«, als wir das Band abschickten.

Die Veranstalter haben sich unseren Auftritt nicht entgehen lassen. Wir hatten Startnummer sechs, und wir waren die größte Lachnummer des Abends.

Wir haben dann noch eine Weile tapfer an unser Talent geglaubt. Irgendwann gab sich das aber. Starmania! Ich weiß genau: Wenn ich heute siebzehn wäre, ich würde mich auch im Fernsehen jederzeit so hemmungslos zum Trottel machen wie damals, in diesem Gemeindesaal. Wobei die jetzigen Kandidaten deutlich mehr draufhaben als der Fisch und ich.

Ich bin ein Arbeiterkind!

2.5.2003

»Jetzt gehen auch schon Arbeiterkinder ins Gymnasium.« Ich erinnere mich, dass dieser Satz manchmal gefallen ist, in der Zeit, als ich Kind war. Ich habe den Satz im ersten und im zweiten Anlauf nicht kapiert. Was das heißen soll, dass *sogar* Arbeiterkinder ins Gymnasium gehen. Dürfen!

Meinen Vater habe ich dann gefragt. Was die Leute meinen, wenn sie so etwas sagen. Ob Arbeiterkinder weniger dürfen als andere Kinder. »Ja«, sagte er, »da gibt es schon einen Unterschied. Höhere Schulen sind doch eher etwas für bessere Leute«. Das war in den sechziger Jahren (und gilt noch immer).

Was sind *bessere Leute* gewesen, damals? Auf jeden Fall Ärzte und Anwälte und höhere Angestellte oder ein Handwerker mit eigenem Betrieb.

Ich wollte auch ins Gymnasium. Mein Vater war Arbeiter. »Darf ich ins Gymnasium?« – »Freilich darfst du«, sagte der Vater, »aber du musst immer wissen, dass du ein Arbeiterkind bist. Du wirst manchmal das Wort ›Arbeiterkind‹ hören, in abfälligem Tonfall. Das darf dir nichts ausmachen. Du wirst mit Kindern in der Klasse sein, von denen die meisten einen höheren Lebensstandard gewohnt sind.«

»Wir haben kein Auto«, sagte der Vater, »kein Badezimmer, Fernseher haben wir auch noch keinen. Wegen so was brauchst du dich nicht ›zweite Klasse‹ fühlen.«

»Arbeit zu haben, ist schön«, sagte der Vater. Und dass die dreißiger Jahre die mieseste Zeit waren. »Man kann sogar stolz sein, Arbeiter zu sein.« Er war stolz in großer Bescheidenheit. Er hatte die Größe, dass es ihn nicht kränkte, wenn die

Arbeiter im Gasthaus nicht an den Tischen der besseren Leute erwünscht waren. Die rochen so nach Arbeit, die Arbeiter. Und das dreckige Arbeitergwand!

Am ersten Mai denke ich immer sehr und sehr gern an meinen Vater. Und immer, wenn irgendjemand irgendwo sagt: »Ich bin ein Arbeiterkind«, packt mich eine Rührung und Solidarität. Falls es das Wort »Solidarität« überhaupt noch gibt.

Auferstehung kann ich mir nicht vorstellen

26.3.2005

Vielleicht hat man uns damals die Geschichte einfach zu düster erzählt. Karfreitag war zum Fürchten. Den armen Jesus haben sie gekreuzigt, begraben, und dann soll er wieder auferstanden sein. Das große Kruzifix, das Blut am Leib Christi, die groben Nägel, die in das Kunstwerk gerammt waren. Wir konnten uns das nicht vorstellen, dass er wieder auferstanden sein sollte. Wie denn. Wir fürchteten uns. Kinder. Wir hatten ja noch kein Fernsehen. Wir waren nicht routiniert und abgebrüht in Bildern von Grausamkeit.

Heute kann ich an die Auferstehung glauben. Gelernt. Vielleicht nicht, dass der überlebensgroße Christus in unserer Dorfkirche vom düsteren Kreuz auferstanden ist, aber dass es die Auferstehung gibt, glaube ich schon. Gelernt.

Der Tod von Menschen, die ich sehr liebte – wie das absolute Ende ist mir das vorgekommen. Liebte? Ich liebe sie noch immer. Wie lange ist es her?

Jesus stirbt, jemand stirbt. Wie soll man sich die Auferstehung vorstellen? »Du bist nicht mehr da, nie mehr da, Mama«, dachte ich. Und: »Wo ist Gott?«

Nie mehr werde ich die Mutter riechen, streicheln, sehen können, so furchtbar endgültig ist der Tod. »Was soll das für eine Auferstehung sein, wenn ich sie nie mehr spüren kann«, dachte ich. Nicht vorstellbar.

Aber es ist wahr. Sie ist überhaupt nicht wirklich fort. Die Gedanken sind stärker als der Tod. Frische Blumen, frisches Grün, frische Gefühle. Zu Ostern geschieht alles, wie es ihr gefallen hätte. Wie gestern, wie vor zwanzig Jahren. Die Mutter hat mich nicht allein gelassen. Sie ist in mir geblieben. »Du bist schon wie die Oma«, sagen die Kinder. Obwohl sie sie kaum kannten.

Mein erstes Kleid, natürlich von »Burda Moden«

4.11.2005

Endlich keine Kindersachen mehr anziehen müssen. Mein erstes Kleid, das die unsichtbare Aufschrift trug: »Hallo, ich bin erwachsen.« Es war selbstverständlich ein Kleid nach einem Schnittmuster aus der Zeitschrift »Burda Moden«. Und es war natürlich ein Kampf: mit der Mutter, mit der Schneiderin, wegen der Rocklänge. Kniebedeckt – nein, bitte! Eine Handbreit über dem Knie? Nein, nur eine halbe.

»Burda Moden«: Was das für die Mütter bedeutet hat! Als wäre Paris in der kleinsten Stube. Die riesigen, ausklappbaren Schnittmusterbögen, wirr wie die Milchstraße oder Baupläne für ein Labyrinth.

Wie die Frauen, die Mütter darüber saßen, tagelang die Auswahl von Stoffen debattierten, ob man so ein Muster wagen könnte, ob man so auf die Straße könnte; man lebte ja im Dorf. Oder doch lieber ein entschärftes Karo, die Blumen nicht so laut und schrill, die Schnallen an Ärmeln und Gürteln bitte dezenter. Und wo man die Stoffe kaufen sollte; günstig mussten sie sein, sehr günstig, vielleicht vom Resteverkauf der großen Textilfabrik ...

Ein Fest, wenn das Kleid fertig war. Ein Hauch von Haute Couture, aber alles selbst gemacht, oder von der Nachbarin, die man nobel »Schneiderin« nannte; immerhin hatte sie die tüchtigste Nähmaschine weit und breit.

Schön sein mit wenig Geld in den fünfziger und sechziger Jahren. »Burda Moden« brachte Glanz in den Gemeindebau. Aenne Burda, die Verlegerin, die ihre Karriere in einem Alter begann, in dem andere schon resignieren, war auch ihr eigenes, schönstes Modevorbild. Nun ist sie gestorben. Mit 96

Jahren. Danke, Frau Burda, für mein erstes *richtiges* Kleid. Es war orange, Leinen, gemäßigter Mini, mit einem verwegenen Ring am Reißverschluss. Und Trompetenärmeln!

Glaubst du, dass es den Himmel gibt?

13. 1. 2006

Als B. noch klein war, fragte er manchmal: »Glaubst du, dass es den Himmel gibt? Aus wie vielen Sternen besteht der Himmel? Und glaubst du wirklich, dass es Engel gibt?« Wie leicht das war, zu sagen: »Ja. Sicher gibt es den Himmel, die Engel und Gott.« Wie leicht es ist, das zu sagen, wenn man glücklich ist.

Wenn der Tod und die Trauer hereinbrechen: wie ausgelöscht. So endlich alles, aber unendlich schwer. Wie schwer es dann ist, an den Himmel zu glauben. An die Sterne, die Engel und an Gott. Wie wichtig es dann ist, an den Himmel zu glauben. Im tiefsten Schmerz; tiefer, als eine Seele es fassen kann.

Ich denke an die Menschen, die Unsagbares erleiden mussten. Tod eines unendlich geliebten Menschen aus schrecklich heiterem oder schrecklich düsterem Himmel heraus. Jeden Tag stehen die todtraurigsten Geschichten in der Zeitung. So fernes Leid ist das.

Wenn das Leid aber so nahe kommt, dass es einen zu Boden wirft. Wenn B., der immer die schönsten Fragen stellte, als Kind und dann als Mann, der so klug und neugierig war, auf einmal keine Fragen mehr stellt.

Glaubst du, dass es den Himmel gibt? Doch, doch, den gibt es schon. Die Sterne, die immer da sind; das Licht, das aufgeht; die Engel, die doch die Menschen beschützen. Werden alle Menschen einmal Engel? Vielleicht. Gibt es Gott? Ja, wenn man in großem Glück oder großer Trauer an ihn glaubt. An ihn glauben kann oder darf.

Irgendwann fließt alles wieder zusammen. Irgendwann. Die Tränen werden zusammenfließen mit dem Glück, das es genauso gab.

Ich denke an die Menschen, die in Trauer sind. Wie stark die alle sein müssen. Wie schwer der Satz ist, dass der Tod nicht das Ende ist. Man kann ihn nur glauben; verstehen kann man ihn nicht.

Das Kind hat den Hund weggestoßen

21. 1. 2006

Heute wieder eine kleine Geschichte von Lena. Das gute Hündchen, der kluge Hund. Überfordert manchmal, wenn auch Menschen überfordert sind. Aus und ein gehen Leute im Trauerhaus, niemand hat einen Kopf für die Dinge, die zu erledigen sind; aber sie müssen erledigt sein.

Menschen tragen Gefühl herein und wollen die Trauer mit einem tragen, so gut sie können; die stillen und leisen, die wenig fragen und viel zuhören, können es am besten.

So viele Erwachsene und kaum Kinder, das eine oder andere Kind nur, und die Erwachsenen alle so beschäftigt. Ein Kind mit sich allein, das nicht verstehen kann, was vor sich geht, nur fühlen. Ein Kind, das Tiere liebt, alle Tiere, und am allermeisten liebt das Kind seine Katze – sie ist die schönste und klügste und tüchtigste und zärtlichste der Welt.

Das Kind kennt sich mit seinen Gefühlen nicht mehr aus, an diesem Tag; alles ist zu viel für das Kind. Die Brücke zu den Erwachsenen hat einen Riss bekommen. Das Kind hat lernen müssen, dass es Dinge gibt, mit denen man allein ist im Schmerz, auch wenn alle beisammen sind. Eine bittere Lektion. Wie zu früh erwachsen werden müssen, ist das.

Das Kind ist überfordert, in einer einsamen Trauer und Wut; nicht allein gelassen ist das Kind, aber spüren hat das Kind müssen, was es heißt, stärker sein zu müssen, als man ertragen kann.

Da hat das Kind in einem Impuls, der ihm selber unerklärlich war, den Hund, die gute Lena, weggestoßen, als sie zu ihm kommen wollte. Weggestoßen mit einer groben Geste. Eine kurze Wut, die geheißen hat: Nein, Lena, auch du kannst mich nicht trösten. Ich bin untröstlich.

Besser als jeder Mensch hat Lena das verstanden. Treu und voller Liebe hat sie das Kind angeschaut. Hat das Kind ein wenig allein gelassen. So herzensklug ist sie. Erträgt auch, dass man sie einmal nicht braucht.

Alter Schnee von Silvester

19. 2. 2006

Zu Silvester waren sie auf einer kleinen Wiese in Wien beieinander. Weit weg vom Silvesterpfad. Im Grünen, das zu dieser Zeit weiß war. Es war kalt, schön kalt, und es war leise, leiser als sonst zu Silvester, sagen sie heute.

Sie hatten keinen Musikkoffer, keinen Ghettoblaster oder so was. Aber von rundherum und von weiter weg dröhnte es dem neuen Jahr zu; in einem Garten nebenan zählte eine Party-Horde so laut die Minuten und dann die Sekunden, dass sie das neue Jahr auf keinen Fall verpassen konnten.

Sie wollten nicht feiern wie die jungen Wilden, obwohl es junge Leute waren, die sich trafen, auf der Wiese. Aber eine Rakete, eine einzige für jeden, wollten sie in den Himmel schießen. Mit gemischten Gefühlen, weil Raketen eigentlich saudumm sind. Wenigstens ist kein Hund in der Nähe, sagte derjenige von den jungen Leuten, der selber einen Hund hat.

Sie kamen mit einer Flasche auf die Wiese – nicht zum Trinken, nur um die Raketen abzuschießen. Eine für jeden und alle für einen, sagten sie.

Der Schnee lag zu flach, sie trugen Schnee zusammen und bauten einen Hügel aus Schnee. Damit die Flasche Halt hatte für den Raketenabschuss. »Fast schon ein Iglu«, sagte einer. »Man müsste überhaupt wieder einmal einen Iglu bauen, wie damals, als wir klein waren, erinnerst du dich noch?«

Sie waren vier Freunde zu Silvester, vielleicht noch mehr als Freunde. »Hoffentlich funktionieren alle vier Raketen«, sagten sie. Und der, dessen Rakete am höchsten und am schönsten leuchtet, hätte gewonnen. Nichts Spezielles. Einfach gewonnen oder einen Wunsch frei oder so. Happy 2006!

Der Schnee ist weg rundherum, aber dort, wo sie aus Schnee den Hügel bauten, liegt ein vereister Haufen; alter Schnee.

Ein paar Tage noch, vielleicht. Dann kommt der Frühling. Der junge Mann, dessen Rakete am höchsten und am schönsten stieg, lebt nicht mehr.

Ein bisschen Sonne in nassen Augen

20.3.2006

Im Park war es so, als ob ganz Wien auf einmal aus den Höhlen gekommen wäre. Was ein paar Sonnenstrahlen - die ersten, die der Frühling schickt - ausmachen. Alte Augen, die wieder kleine Hoffnungspunkte tragen. Alte Haut und junge Haut, ganz rosig aufgeschreckt nach der grauen Zeit. Was die ausmachen, die paar Sonnenstrahlen an einem Sonntag in der Stadt.

Man geht jetzt wieder netter um miteinander - eine Zeit lang. Mütter sind geduldiger und Väter springen höher, wenn das Kind sagt: »Papa, spring!« Ab und zu sagen Fremde jetzt guten Tag oder ganz altmodisch grüß Gott; wie auf dem Lande fühlt man sich, wenn fremde Leute grüßen.

Manche Augen sehen anders aus, nicht so stürmisch fröhlich, obwohl die Sonne alle Gesichter ausführlich geküsst hat. Wenn Sonne im Frühling auf frisch geweinte Tränen fällt. Wenn das erste Lächeln solchen Mut kostet, mitten in der Verzweiflung. So leicht zu übersehen sind die Gesichter und die Augen, die im Frühling Wehmut tragen.

Auf der Bank in der Sonne erzählt eine Frau der anderen, dass sie die Wohnung räumen musste von jemand, den sie sehr geliebt hat. Was für ein Gefühl das sei, die Dinge anzupacken, die jetzt nur noch Erinnerung sind. Über ein Bild streichen, bis es so weh tut, dass es nicht mehr auszuhalten ist. Habseligkeiten aus Schubladen räumen; die kleinen Dinge, die dem Menschen, den man liebte, so vertraut waren.

Die Frau, im Frühling, auf der Parkbank in der Sonne, weint; dann weinen beide Frauen. Wie sich die Sonne spiegelt in den nassen Augen. »Das Leben muss weitergehen«, sagt die eine zur anderen. So ist es, ja. Wie das Leben jetzt rundherum weitergeht! Der Frühling kann ganz schön weh tun, wenn es ein

Frühling ist, den man nicht mehr teilen kann mit einem Menschen, den man liebt.

Auf einmal steht Keith Richards vor mir

19.7.2006

Das ist die kleine Geschichte, wie ich plötzlich Keith Richards von den Rolling Stones gegenüberstand. Dreißig Jahre chronische Begeisterung und dann dieser Zufall, und das kam so:

Wir hatten beide dienstlich in München zu tun. Keith Richards gab ein Konzert, und ich hatte einen kleinen Termin. Der urlustige Taxifahrer sagte: »Halten Sie sich fest und ziehen Sie sich heute nicht mehr um. Sie glauben gar nicht, wer auf Ihrem Sitz vor fünf Minuten zum Stones-Konzert gefahren ist.« Nein, nicht Keith Richards. Uschi Glas! Ein Wahnsinn, was?

Spätabends zufällig oder doch irgendwie ferngesteuert am Hotel der Stones vorbeispaziert. »In dieser Lobby trinke ich jetzt ein Glas«, sag ich, »und wenn ein stilles Wasser 20 Euro kostet. Weil, vielleicht ...«

In der Hotelhalle ein junger Mann, erbarmungswürdig auf ein Rollbett geschnallt. Schläuche, den Kopf in eine Halterung gepresst, Ärmchen so dünn, ecce homo. Was manche Menschen mitmachen müssen. Und warum muss der junge Mann in der Hotelhalle harren, so lang, so ausgeliefert?

Ja, und dann kam Keith Richards. Dünner und kleiner sogar noch als auf den Fotos. Ein Glas in der Hand, wahrscheinlich Fruchtsaft. Ron Wood, der Kumpel von der Palme, war auch dabei.

Was ich dann gesehen habe, eine halbe Stunde lang, war schöner als ein Konzert. Wie der junge Mann im Rollbett und Keith Spaß miteinander hatten. Umarmungen ohne Berührungsangst. *It's only Rock 'n' Roll*, und für eine Zeit lang hatte der gefesselte Mann nur noch glückliche Augen und keine Krankheit.

Mein Fotoapparat, mein gezückter Autogrammblock. Grad, dass mir die rüden Bodyguards nicht beides aus der Hand geschlagen haben. Schon schade. 30 Jahre auf ein Autogramm gewartet und dann das. Egal. Aber ein kleines Wunder gesehen: Keith und dieser junge Mann.

Was alles war in diesem Jahr

11. 1. 2007

Das Jahr, das vergangen ist, seit ein sehr geliebter Mensch fort ist. Was man dem geliebten Menschen berichten würde, wenn man könnte. Ob die Welt anders geworden ist, seither? Alles ist anders, seither. Aber die Welt ist geblieben, was sie ist. Ereignisse, die sich viele Menschen merkten, und solche, die man nur mit sich herumträgt. Die Fußball-WM war, die Italiener haben gewonnen. Der Sommer – wie war der eigentlich sonst, ich weiß es nicht mehr so genau. Noch mehr als sonst haben die Leute übers Wetter geredet, jedenfalls.

Schreckliche und schöne Dinge sind passiert; manches, was geschah, nannte man »schrecklich schön«. Das meiste, worüber man sich aufregte, war die Aufregung nicht wert. Vieles, das überhört und übersehen wurde, wäre eine Aufregung wert gewesen.

Im Herbst waren die Wahlen; heute schon, oder erst heute, gibt es eine Regierung. Grasser-Glamour gibt es nicht mehr in der Politik, der Doktor Gusenbauer ist jetzt Kanzler und das Rauchen wurde inzwischen verboten. Weitgehend.

Eine junge Frau, die man als Kind tot glaubte, ist zurück ins Leben gekommen. Das war viel mehr als eine Sensation. Es war ein Weltwunder. Hat Abermillionen Menschen berührt: Der Gedanke, dass jemand zurückkommt, den man verloren glaubte, ist ein wunderschöner Gedanke. Jeder, der schon jemand verloren hat, hat so einen Traum schon geträumt.

Und sonst? Die ganz kleinen Dinge des Lebens haben mehr Bedeutung gewonnen seit dem Tag, seit der sehr geliebte Mensch nicht mehr da ist. Ein Lächeln von irgendjemand, den man gar nicht kennt. Das Aufblühen der Barbarazweige. Das Licht kurz vor der Dämmerung. Die Erinnerung an ein Weihnachtsfest vor vielen Jahren. Ein Jahr, und die Welt hat sich einfach weitergedreht. Das tut gut und weh zugleich.

Der schlafende Papst

27. 7. 2007

Die Häuser wie zu einer Spielzeugstadt zusammengewürfelt. Lichterketten, die aus der Ferne Straßen zeigen. Da unten ist bestimmt viel los, aber oben, auf dem Plateau über ein paar Baumwipfeln, ist Ruh. Je nachdem, ob der Wind weht und woher, hört man einen Zug rauschen, dann und wann. Züge aus der Ferne klingen eher wie heimkommen als nach Abschied. Jedenfalls kann man es so fühlen, wenn man will.

Ein Mensch, dem es sehr, sehr lange sehr, sehr schlecht gegangen ist, sitzt neben mir auf einem Balkon. Ein Mensch, der von sehr viel Schmerz und Leid klare, gütige Augen bekommen hat. Augen, die das Meiste schon anders sehen als die meisten anderen.

Wir reden uns durch die Abende, aber ohne Klatsch und Tratsch. Den Menschen, der da sitzt, interessiert das längst nicht mehr. Ihm fallen die Geschichten von früher ein, die ihm gut getan haben. Ihm fallen seine vielen Geschichten, die nicht so gut gelaufen sind, ein. Sie haben ihre Bedeutung verloren, die schlechten Geschichten. Sie zählen nicht mehr.

»Aber schau«, sagt der Mensch neben mir, »die Naturschauspiele.« Es ist wie Cinemascope-Kino, wenn die Blitze aus den Wolken fetzen, wie vor ein paar Tagen, vis-à-vis, weil man in der Höhe meint, mit dem Himmel auf einer Ebene zu sein. Es ist ein Kunstwerk, wie die Sonne hinter den Bergen einsinkt und wie sie da und dort noch einen Flecken beleuchtet, während schon die Sterne angezündet sind.

Und dann, in der Dunkelheit, wenn die Berge plötzlich scharfe Kanten haben, sieht man den *Schlafenden Papst*. Jedenfalls nennen die Leute diese Silhouette seit Jahrhunderten so. Der Mensch neben mir sieht so versöhnt aus mit allem. Ein sehr schönes Bild.

Prima, prima Blume

12.8.2007

»Wie alt bist du eigentlich?«, fragt das größte Kind. Nicht zu alt, um mich zu freuen wie ein Kind. Es ist neblig, die Luft ist sehr feucht, über Nacht sind die ersten Blätter rostig rotbraun geworden. Das wird ein schöner Gruß vom Herbst sein.

Wir sind in der Höhe, unter uns beginnt der Wald, dazwischen ein Stück steile Wiese. Der Nachbarbauer hat gesagt, nächste Woche kommt er den Zaun flicken, bevor er die Schafe zum Weiden schickt, sonst hauen sie wieder ab wie schon einmal ein Schaf, ein Hammel, auf und davon, und alle anderen hinterher wie blöd.

Es ist kühl, das Wetter ist aussichtslos, die Berge sind verschluckt, nur bis zum Waldrand kann man schauen. Es ist warm genug, mit einer fetten Jacke auf dem Balkon Kaffee zu trinken, früh am Morgen; so also schaut der junge Tag aus, wenn man früh genug aus den Federn kommt.

Da raschelt etwas. Was raschelt da? Die Natur ist nie lautlos, aber die Menschen machen immer Nebengeräusche, die alles übertönen. Pssst. Was raschelt da?

Schau, schau, schau, da springt ein Reh zu uns herauf. Schau, es bleibt stehen und wittert herum, weil es uns reden gehört hat. *Pssst!* Das Reh springt über den Zaun, nicht durch den Eingang, den die Schafe oder das Wetter in den Zaun gefressen haben.

So nah. Feuchte Wiese mit allen Delikatessen. Das Reh geht wählerisch über die Wiese, da und dort beißt es zu. Das Reh macht wieder einen weiten Hüpfer, vor Freude, oder weil irgendwas geraschelt hat. Das Reh ist wunderschön. Es hat einen ganz dicken Bauch.

»Da muss ein Bambi drinsitzen. Irgendwo versteckt sich der Klopfer, bestimmt. Der aus dem *Bambi*-Film. *Prima, prima Blume*, hat der immer gesagt. Wie oft haben wir den Film angeschaut, als ihr klein wart.« – »Mama, du bist kindisch«, sagen die Kinder.

Das Wetter vor dreißig Jahren

12. 11. 2007

Das Kind, es ist ihr erstes, wird noch vor Weihnachten kommen. Was für ein schöner Besuch; die junge Verwandte mit dem dicken Bauch. Alle anderen am Tisch haben schon Kinder; wir sollen erzählen, wie das war, besonders beim ersten Kind.

Kurze Geburten, lange Geburten, schwierige Geburten. Aber bei allen war das so: *Danach* waren alle Schmerzen sofort vergessen. So viel Kitsch gibt es gar nicht, dass eine von uns die magischen Minuten nach der Geburt schön genug beschreiben könnte. In Glückseligkeit baden, so ungefähr.

Doch, doch, das *Rundherum* nimmt man schon wahr. Ob die Hebamme ruppig oder liebevoll agiert. Ob ein Arzt den Satz gesagt hat: »Jetzt stellen Sie sich nicht so an ... Sie sind ja nicht die Erste, die ein Kind bekommt.« So einen Satz merkt man sich für immer, und den verzeiht man nie. Aber *solche* Ärzte gibt's heute hoffentlich eh keine mehr.

Nein, so vor zwanzig, dreißig Jahren war das noch nicht unbedingt üblich, dass die Väter bei der Geburt dabei waren. Und der Kreißsaal in manchem Krankenhaus, der hatte die gekachelte Neonlicht-Atmosphäre einer Notfallstation. Und erst die Umstandsmode damals. Wir haben ja ausgesehen wie Nilpferde mit Rüschen.

Aber das war alles egal. Der Augenblick, in dem sie dir dein Kind auf den Bauch legen. Nach einer langen, langen Nacht, morgens um fünf. Die Erschöpfung und die glückselige Müdigkeit und trotzdem hellwach. Mit der Hand, die jetzt eine *Mutterhand* ist, über das Köpfchen streichen. Der goldene Flaum und die Erinnerung an einen Duft, der die ganzen Spitalsgerüche außer Kraft setzte.

Mit der ersten Berührung fielen die ersten Flocken dieses Winters vor dem Fenster. Sanft und zögerlich, und dann begann der erste Schnee zu tanzen. So war das Wetter vor genau dreißig Jahren, und so war das Glück. Ich vergesse es nie.

Heute, an Deinem Geburtstag

12.11.2008

Ein Mensch, unendlich geliebt, hätte heute Geburtstag. Hätte. Wie furchtbar traurig dieses Wort klingt. Wir würden miteinander feiern, die Kerzen auf der Torte anzünden, und ich wüsste genau, was ich ihm schenken würde.

Wir werden eine Kerze ohne ihn anzünden müssen. Wir werden Fotos von ihm anschauen, wenn wir den Mut haben, die Fotos aus der Schatulle zu nehmen, in die wir alle seine Bilder gebettet haben. Es tut scheußlich weh, die Fotos anzuschauen.

Wir werden Erinnerungen an ihn austauschen. Geschichten zurückholen, aus seiner Kindheit und seiner Jugend. Nicht nur an seinem Geburtstag. Die Geschichten sollen dableiben, die Geschichten sollen nicht verblassen. Weißt du noch ...!

Die Angst, dass Erinnerungen verloren gehen könnten. Der Schmerz aber, den Erinnerungen aufreißen. Es ist ein Schmerz, der sein soll. Das Herz soll bluten. Dumpfer, eingeschlossener Schmerz ist noch viel schlimmer als Trauer, die so weh tut, als hätte man ein Messer im Leib.

Noch sechs Wochen bis Weihnachten. Die Gewissheit, dass Weihnachten nie mehr so sein wird wie *davor*. Weihnachten ist etwas geworden, von dem man sich wünscht, dass es schnell und ohne großen Zauber vorbeigehe. Wie viel Zeit muss eigentlich vergehen, bis Wunden heilen? Alle Zeit müsste vergehen. Aber verändern tut sich der Schmerz. Wenn man zum allerersten Mal lächeln kann bei einer Erinnerung. Und kein Schmerz und keine Trauer kann so groß sein, dass man nicht doch dankbar wäre, den geliebten Menschen gehabt zu haben.

Hätte es den geliebten Menschen nicht gegeben, gäbe es keine Trauer. Dann lieber alle Traurigkeit der Welt und dafür der Schatz der Erinnerungen. Also bist Du doch bei uns. Heute, an Deinem Geburtstag.

Grüße und Küsse vom Meer

Das Schiff ist nicht gekommen

12.7.1999

Man liebt seine Familie, aber man ist auch einmal gerne ein Stündchen für sich allein. Nie geht das besser als morgens um sechs auf dem Balkon, dem Sonnenaufgang über dem Meer auflauernd. Alle schlafen sie, die Ratzen; Mutter denkt und wacht.

Es stinkt auf dem Balkon. Das ist nicht der Fischgeruch, der vom Meer herzieht. Das sind die Muscheln, die im Sandkübel verfaulen. Die Kinder wollten sie eigentlich in Alkohol einlegen. Hans Hass habe auch nicht gleich mit einem Haifisch angefangen, sagten sie.

Wir haben, für unsere Verhältnisse, bis jetzt wenig gestritten, am Meer. Die Hitze hat unsere Gemüter besänftigt, und wenn doch einmal ein Sturm aufbrauste im Wasserglas, gab die Klügere nach, also ich.

Noch eine halbe Stunde, bis sie die Espresso-Maschine anwerfen im Hotel. »Fa«-frisch ist dieser Morgen. Meine Freundin Helga wird staunen, wie mir das Bäuchlein geschmolzen ist an der Sonne. Auch haben die Wellen, weil ich so tapfer strampelte, die Orangenhaut ein bisschen ausgebügelt, kommt mir vor.

Bis zum ersten Espresso geht sich noch ein kleiner Tagtraum aus. Von einem Piraten, der ziemlich genau aussieht wie Gérard Depardieu und der mich mitnimmt auf seine Schatzinsel. Mich!

Sind das schon Depardieus Leute, die solchen Krach machen? Nein, es ist meine Meute: »Mama, warum hast du auf dem Klappstuhl geschlafen? Hattest du Streit mit Papa?« Nein, ich habe nur auf das Piratenschiff gewartet. Es ist aber, leider, nicht gekommen.

So, und nun haut ab mit den stinkenden Muscheln. Und schüttet den Tintenfisch zurück ins Meer. Der will in keiner Badewanne wohnen. Gehen wir frühstücken, Leute. Wär nur das Piratenschiff mit Gérard gekommen.

Kampf mit den Naturgewalten

24.7.2000

Was man in der ersten Nacht träumt in einem fremden Bett, geht in Erfüllung. Sagt man so. Ich hatte den kleinen Albtraum, dass etwas Großes, Glitschiges über meinen linken Arm kriecht. Mit einem Schrei erwachte ich, und mit mir gleich das ganze Haus. Am Bettende lauerte etwas, das aussah wie eine Kröte mit Fluginstrumenten. »Das ist ein Heuschreck, nur ein Heuschreck! Mensch, Mama, bist du ängstlich!«

Philippe Lombard, unser Hausherr in diesem kleinen französischen Paradies, packte uns gestern in sein Boot und fuhr zu einer Bucht, die angeblich selbst in der Hochsaison noch einsam sein soll.

»Mon dieu, Monsieur«, sagte ich, »mir machen all die Menschen am Sardinenstrand von La Croix Valmer doch gar nichts aus!« Dass ich feig wie Lupo bin, sagte ich nicht.

Man zwang mich ins Boot, ein Schlauchboot nur, du heiliger Josef, und hinaus damit aufs offene Meer. Dann ließ Philippe auch noch mein jüngstes Kind ans Steuer. »Der Mann muss ja wahnsinnig sein«, dachte ich und sagte überhaupt nichts mehr.

Dann aber diese Bucht. Felsen und Klippen und Sand wie in einem Acapulco-Film, und ein Wässerchen, Leute! Lupenreiner Smaragd, mit Blumen, die aus dem Meerboden wachsen.

Ich traute der schönen Sache lange nicht; man weiß ja nicht, was für Tiere da unten hausen. Aber mehr als zehnmal muss keiner Feigling zu mir sagen. Stolz wie ein Schwan schwamm ich bis zum Ufer und wieder zurück.

Dann aber geriet ich in höchste Seenot. Wie eine Robbe hing ich am Schlauchboot und kam nicht mehr hinein. Die anderen schluckten literweise Meerwasser vor Lachen. Monsieur

Philippe erbarmte sich meiner irgendwann und machte mir – er ist Taucher – unter Wasser die Räuberleiter. Blaue Flecken am ganzen Leib, vom Kampf mit dem Boot und den Naturgewalten. Sonst aber geht es mir très, très bien.

Noch ein Abschiedshupfer ins Meer

10. 8. 2000

Jetzt müssen wir das Häuschen, das vom ersten Ferientag an *unser* Häuschen war, wieder hergeben. Die Belgier stehen schon da mit ihrem Gepäck; am Nachmittag wollen sie einziehen. Madame Lombard, die Vermieterin, zeigt ihnen unser schönes Versteck, das gleich nicht mehr unseres ist. Die Belgier schauen sehr genau und meckern schon, bevor sie eingezogen sind: Warum ist die Haustürschnalle so wackelig? Was, einen Mikrowellenherd gibt's hier auch nicht? Das sind vielleicht Urlaubspedanten. Dafür ist der Kühlschrank ziemlich voll. Wir könnten noch tagelang leben daraus, weil wir eingekauft haben wie die Eichhörnchen und als ob wir Urlaub für immer hätten.

Philippe wird die Sachen brauchen können. Das ist der sehr nette Mann von Madame Lombard; viel zu nett sogar, vor allem zu anderen Frauen. Madame Lombard hat ihn vor die Tür gesetzt, samt dem guten Hund Popeye, jetzt sind die zwei wieder Junggesellen. Ganz arm. Aber Hausmeister darf Philippe schon noch sein. Und das mit Madame, das gibt sich auch wieder, glaubt Philippe, der Filou.

Er ist auch ein Kavalier und hilft tüchtig beim Ausräumen und Schleppen. Er reißt einem die Täschchen, auch wenn sie ganz leicht sind, direkt aus der Hand. »Warum macht er das?«, werde ich angeknurrt. – »Na, weil er ein Kavalier ist. Und ein Franzose. Der kann einfach keine Frau schleppen sehen.« – »Ein Schleimer ist das«, knurrt es zurück. So was! Man wird doch nicht eifersüchtig sein! Und Popeye, der Unschuldige, sei ein verzogenes Tier. Zum Abschied ein Küsschen von Herr und Hund. Adieu, ihr zwei.

Ein Hupfer ins Meer geht sich noch aus. Und ein paar Streicheleinheiten vom zärtlichen Mistral, bei geschlossenen

Augen. Mon dieu, war das schön hier. Und nichts kann man mitnehmen außer ein paar Erinnerungen und einer Flasche voll Sand.

Gottes zorniger Finger am Himmel

27.8.2003

Alles, was ein echtes Dorf hat, hat dieses Feriendorf auch. Sogar noch mehr. Das ist die Philosophie des Club-Urlaubs: weit fort wie in einer geschlossenen Einheit leben. Kein Grund, das Dorf zu verlassen. Du könntest hier alt werden, ohne jemals über die Schranken hinauszugehen. Du könntest aber auch einen Koller kriegen.

Mitten im Dorf steht natürlich nicht die Kirche, sondern eine übertriebene Kathedrale für Spaß und Konsum, was eh dasselbe ist. Discos, ein Luxusrestaurant, Supermarkt und Feinkostladen, Boutiquen – eben alles. Im Supermarkt arbeiten sehr blasse, von der Saison schon sehr erschöpfte und schlecht bezahlte Verkäuferinnen, und die Kunden benehmen sich trotzdem gern wie Grafen oder Gräfinnen: mit nichts zufrieden. Arbeiten ist hier bestimmt noch viel schlimmer als Ferien zu machen.

Wir haben es gut. Wir sind heute nervlich alle stabil und entspannt. Die Kinder haben beim »Paintball« die Deutschen besiegt und gegen die Franzosen immerhin ein achtbares Remis erreicht. Supi.

Dann waren wir am Meer, aber nicht auf dem uns zugewiesenen Platz, sondern weit weg in einer wilden Bucht. Viele, viele Fischlein gesehen. Steine gesammelt. Picknick gemacht. Alles ohne Aufsicht eines Animateurs. Wir haben nicht einmal gefragt, ob wir das überhaupt dürfen.

Dann wurde – so was habe ich noch nicht einmal auf RTL je gesehen – ganz plötzlich zuerst der Himmel schwarz und dann das Meer. »Raus, nichts wie raus aus dem Wasser, es kommt ein Gewitter wie Weltuntergang!«, habe ich hysterisch die Kinder angeschrien und auch den kindisch schnorchelnden Kindesvater. Im Ernstfall möchte ich dann doch lieber nicht, dass ihn der Blitz erschlägt.

Alles gut gegangen. Und dann noch einen echten Twister am Himmel über dem Meer gesehen. Wie Gottes zorniger Finger sah das aus. »Wow«, sagte der Jüngste, »das gibt's ja sogar in echt, einen Twister! Und ich dachte immer beim Fernsehen, das ist nur Animation.«

Weil ich ein bisschen Französisch kann

10.9.2004

An die tausend Kilometer gefahren, um endlich wieder das Meer zu sehen; schau, da ist es, schön, die Sonne geht unter, und das Bikini-Oberteil liegt in der Ferienwohnung, oben ohne kommt nicht in Frage, weder moralisch noch vom Jahrgang her.

Frühmorgens sind wir, nach sehr leichtem Schlaf im Liegewagen, auf dem Bahnhof St. Raphael gestrandet. Lang nicht so schön wie Attnang-Puchheim. Das erste Croissant und der erste Espresso im Süden! Schmeckt immer super; sogar wenn das Croissant aus Papier wäre – man will einfach, dass es im Süden besser schmeckt. Drum ist man ja hergekommen.

»Warum können wir nicht, wie andere Leute auch, einen Urlaub buchen?«, fährt man mich an. »Warum müssen wir wie erschöpfte Nomaden ankommen und keine Ahnung haben, wohin?« Weil man beim Buchen oft böse Überraschungen erlebt. Weil es viel spannender ist, selber zu suchen. Und ein bisschen Französisch kann ich auch.

Meinem Französisch verdanken wir eine wirklich nette, preiswerte Ferienwohnung in Ramatuelle. Wir können gleich kommen, sagte Madame, jedenfalls schon das Gepäck deponieren, es wird noch geputzt. Es gibt einen Swimmingpool! *Une piscine*, wie die Franzosen sagen. Nachmittags um vier wurde noch immer geputzt. (Auch der Pool.) Die Vormieter waren Schweinchen, so ungefähr hörte sich Madame Lombards französisches Geschimpfe an.

Nette Wohnung, wirklich. Aber halt vollgerammelt mit provenzalischem Zierat aus zwanzig Jahren. So müssen sich Franzosen bei uns fühlen, wenn ihre Ferienwohnung mit

Geweihen und alpinem Dekor zugewurschtelt ist. Wurscht. Wir sagen: super. Wir wollen einfach nur ans Meer. Dort sitze ich jetzt, angezogen wie Monk, der hochgradig durchgeknallte Fernsehdetektiv. Morgen werde ich die zweite Hälfte vom Bikini finden.

Eine Sonnencreme um 140 Euro

11.9.2004

Im Hafen von Saint-Tropez, das legendäre Café »Le Gorille«; sein Gründer hatte übrigens tatsächlich affenartige Körperbehaarung. Dort sitze ich nun und möchte prüfen, ob das wahr ist, dass sich kein Mensch, von Ivana Trump abwärts, Saint-Tropez leisten kann.

Der Espresso ist genauso teuer wie daheim, aber doppelt so gut, und dazu kann ich gratis fast in Augenhöhe einem einsamen, alten Millionär auf seiner sensationellen Yacht zuschauen, der sich von seinem auch schon depressiv gewordenen Butler das Frühstück servieren lässt. Es gibt diese süßen Momente, da möchte man lieber doch nicht steinreich sein.

Kylie Minogue oder Brad Pitt könnten hier jederzeit – ich sitze erste Reihe fußfrei – vor mir vorbeirauschen. Aber erst hinter mir! Da bahnt sich ein Ohrenschmaus an; es sind zwei Wiener, die sich an der fernen Côte d'Azur unbelauscht fühlen.

Er liest die »Bild«-Zeitung, weil es hier am Kiosk leider, leider keine »Krone« gibt. Das macht den Mann unzufrieden, er mault herum und meckert seine Frau an. Die sagt nur dann und wann: »Aber, geh«. Dann ist Pause, und dann kommt die Frau mit einem langgezogenen »Duuu« daher. Das kenne ich von mir. Immer, wenn ich mit einem langgezogenen »Duuu« anfange, will ich irgendetwas ganz Sonderbares.

»Du, es gibt hier in Saint-Tropez eine Sonnencreme, total *anti aging*. Die kannst in Wien gar nicht kaufen. Joan Collins nimmt die auch. Allerdings«, sagt die Frau, »sie ist nicht billig. 140 Euro.«

»Dass du dann ausschaust wie die ganzen Faltenindianer-Weiber, die hier herumlaufen«, sagt der Mann. »Lauter Mumien aus den sechziger Jahren. Dir kann man jeden Blödsinn erzählen!« So etwas ähnlich Charmantes hätte meiner auch gesagt. Da fällt mir ein: Schad, dass er nicht da ist. Ich werde doch wohl nicht schon Sehnsucht haben?

Einer hat »Mademoiselle« zu mir gesagt

16.9.2004

Alles ist wieder gut. Wirklich alles. Die Wohnung trocken nach dem Regen, das Gemüt hell wie die Farben von Monet. Alles nur von zwei Stunden Morgensonne am Meer. Auch das Wildschwein, das sich im Sturm an den Strand verirrt hatte, ist wohlbehalten zurück in den Wäldern. Hat der Mann vom Strandespresso gesagt.

Sieben, acht Leute heute am Wasser, mehr sind es nicht. Genauso schaut das Paradies aus: in der Ferne ein Paar fette Yachten, smaragdgrünes Wasser, weiter draußen dunkelblau. Ab und zu eine Muschel aus dem Sand krallen. Für die nasskalten Novemberabende daheim. Dass man etwas hat, an das man sich gern erinnert.

Gestern noch sind mir die Franzosen derart unsympathisch gewesen. Scheuchten mich vom Gehsteig, pflügten durch halbmetrige Pfützen, als hätte ich noch nicht geduscht. Einer, ein Idiot in einem Ferrari, ist mir fast über die Gummistiefel gefahren. Ich habe ihm, ich sage es ehrlich, den Finger gezeigt. Wenn es stürmt und regnet hier, kommt mir vor, klappen sie nicht nur die Sonnenschirme, sondern auch ihren Charme zusammen.

Aber heute! So lieb sind sie alle wieder. Männer, die ausschauen wie Alain Delon oder Jean-Paul Belmondo machen hochcharmante Handbewegungen in ihren Cabrios. Après vous, Madame!

Im berühmten Café »Le Senequier« – der Wirt von dort war immerhin mit Brigitte Bardot verheiratet – sagte ein greiser

Kellner etwas sehr Nettes zu mir. Ich glaube, es war sogar zweideutig. Das Beste überhaupt hörte ich an der Parkplatzkassa unter Pinien: »Mademoiselle ...« Das geht runter. »Fräulein« sagt schon seit Jahrzehnten keiner mehr zu mir. Mademoiselle ... Nun ja, es war aber nur ein Holländer, der wissen wollte, wie der Münzautomat funktioniert. Immerhin. Wann hab ich mich zuletzt so jung und so französisch gefühlt.

Eine Schachtel rennt über den Platz

17.9.2004

Es ist fast zu schön, um einen kleinen Brief zu schreiben. Die Faulheit, die Sonne, die Müdigkeit. Es ist auch gar nicht so einfach, wie die fleißigen Daheimgebliebenen denken: Der Mistral fährt heute heftig in alles hinein, was er erwischen kann. Brillen, Stifte, Blätter, Zeitungen. Die paar Ansichtskarten, die ich schicken wollte, sind perdu im Meer. Und überall Musik. Kann man bitte wenigstens einsam sein ohne Krach? Französischer Endlos-Pop ist eins vom Schlimmsten.

Was ich aber heute früh gesehen habe, war viel, viel schlimmer. Grausam. Eine große Schachtel am Rand des Fischmarkts, die spazieren ging, manchmal rannte. Zickzack und vorwärts und zurück. Das war nicht der Mistral, der die Schachtel trieb. Drinnen kämpfte ein kleiner Hund um seine Freiheit. Von einer Parkbank aus schauten ein paar Typen zu. Ob der Hund die Freiheit schafft. Dann kam eh schon ein Polizist, riss die Rieseschachtel auf, nahm den Hund – einen ganz struppigen, dünnen honigfarbenen Hund. Was ist hier los, was tun die da mit dem Hund? Bis man sich durchgefragt hat mit seinen paar Vokabeln.

Das ist ein Spiel. Sie legen Reste vom Fischmarkt in große Schachteln, dann schauen sie zu, wie streunende Hunde hineinkriechen, machen die Schachteln zu. Sie schauen den Schachteln zu, wie diese über den Platz fetzen. Manchmal lassen sie einen Hund vor Erbarmen wieder raus. Manchmal nicht. Und manchmal kommt die Polizei.

»Das ist ein Spiel«, sagt einer, der nichts damit zu tun hat und trotzdem gern zuschaut. Andere Zuschauer empören sich, andere gehen. So ein Spiel spielen sie hier. Zufällig sind es Franzosen. Dieselbe Sorte Mensch, die es überall gibt. Tierquäler. Einfach Lust am Schmerz von Tieren haben. Ob die sich das bei Menschen auch trauen würden? Die meisten nicht. Aber die meisten Mörder, das wurde untersucht, waren zuerst Tierquäler.

Wie lang ist das denn her?

Nach der Premiere

15.3.1992

Götz George stand leibhaftig und überraschend klein vor der großen Kinowand. Ein Fräulein vom ORF zückte ein großes Mikrofon, wuchtig wie ein Totschläger. Das Mädchen aus dem vorangegangenen Film ließ sich einen enormen Blumenstrauß vor den Latz knallen. Regisseur Helmut Dietl trug, wie überall angekündigt, weiße Klamotten.

In verschwenderischer Anzahl waren Premieren-Promis da. Futter für eine ganze »Seitenblicke«-Woche. Und Journalisten, Journalisten, so weit das Auge reichte. Alle Journalisten lobten den Film (»Schtonk«), was nicht weiter wundernimmt, denn der Film handelt von Journalisten.

Götz George & Co. ergriffen rasch die Flucht. Allein, aber dicht gedrängt naschte das Publikum noch eine Weile an Happen und Getränken.

Kluge Kommentare zischten einem wie Streifschüsse an den Ohren vorbei. Von hinten, von der Seite, von überall. Man konnte von Glück sagen, wenn man nicht in die Debatten verwickelt war. (»Die Szene da, wo die beiden ... fand ich schon sehr an der Grenze« usw.)

Von zwei jungen Damen dem Büffet entgegengeschoben, war ich hilflose Zeugin des folgenden Dialoges: »Also, die Christiane Hörbiger war mir wirklich zu viel.« »Mir auch.« »So ordinär.« »Ja.« »Das ist wirklich nicht mehr lustig.« »Nein, wirklich nicht.« »Vulgär. Und dann das Make-up im Gesicht mit all den Falten.« »Entsetzlich.« »In dem Alter sollte man sich wirklich nicht mehr so zeigen.«

Christiane Hörbiger spielt in dem Film eine späte Blume zum Niederknien und Kaputtlachen. Die zwei Tulpen hinter mir haben es leider nicht kapiert. Boshaft stach ich wenigstens einer von ihnen mit dem Stöckelschuh in die Zehen. Mehr konnte ich im Augenblick nicht tun. Eine Ohrfeige wäre zu auffällig gewesen.

Ehe total am Sand

10. 11. 1992

Letztens, bei dieser unsäglichen Party, auf der zu allem Unheil noch eine aufstreben wollende Künstlerin jeden höflichen Applaus mit einer gnadenlosen Zugabe bedachte, saß dieses Ehepaar, das wir alle kennen, freundlich nebeneinander. Dieser Eindruck täuschte aber sehr; man musste nur genau hinsehen, um zu merken, dass deren Ehe völlig zerrüttet ist.

Sie hatte die Beine damenhaft überkreuzt, aber nicht in seine Richtung. Ihr scheinbar lächelnder Mund log; das sagten ihre Augen. Als die unsagbare Sängerin einen öligen alten Schmachtfetzen vortrug, stierte die Ehefrau ins Nichts. So leere Augen, das gibt's ja nicht. Ihre Hände lagen adrett gefaltet im Schoß; einmal drehte sie melancholisch an ihrem brillantbesetzten Armband. Wahrscheinlich ein Geschenk aus besseren Zeiten; vielleicht die ewig schmerzhafte Morgengabe nach einem Seitensprung. Männer können ja so gemein sein.

Er stand später mit seinen Partyhappen herum und schäkerte aufgekratzt mit der Gastgeberin. Seiner Frau drehte er frech den Rücken zu; dass sie in ein lästiges Gespräch mit einem unerträglichen Reisebüro-Fritzen verwickelt war, das war ihm offensichtlich egal. Einmal kreuzten sich die Blicke des Ehepaares. Da hatte er, das war ganz deutlich, einen verächtlichen Zug um den Mund, und sie senkte traurig den Blick. Weil sie sich ertappt fühlte von anderen Gästen, strahlte sie plötzlich grundlos.

Ein jämmerliches Lügenschauspiel. Anrühren tun die beiden einander schon lange nicht mehr, und im vormals gemeinsamen Schlafzimmer haust jetzt der Hund auf *seiner* Hälfte.

Wissen tut man das natürlich nicht, aber man ahnt es. Diese Ehe ist am Sand.

Und weil die beiden Charles und Di heißen, lassen wir sie natürlich nie aus den Augen.

Kein Outing und keine Tränen

13. 11. 1995

Phettbergs »Nette Leit Show« im Wintersemester. Samstagnacht die Erstausgabe der neuen Staffel. Lieben ihn die Leute noch, oder haben sie schon genug von ihm? Der Saal ist ausverkauft, der Phettberg ein bisschen schüchtern am Anfang. Wie einer, der ein wenig Angst hat vor der neuen Saison im alten Gewand: Bin ich eine Mode im Auslauf, ein Unikum der vergangenen Saison, oder mögen sie mich noch? Sie lieben ihn. Sie lassen ihn aufwärmen in der ersten Runde mit Katzenvater Manfred Deix. Sie mögen es, wenn er mit Chris Lohner delikate Dialoge über undelikate Körpergerüche führt. Chris Lohner schnuppert an Phettberg: Sie stinken ja gar nicht, Süßer, Sie duften wie ein Zitronenbaum.

Zum Finale der liebe Gast aus Linz, von dem man nicht den Namen kennt, nur den Titel seiner Radio-Sendung: die »Technische Rundschau«. Ein Mann, der seit mehr als vierzig Jahren den Leuten die Unbegreiflichkeiten der Technik begreiflich zu machen versucht. Er hat alle Rundfunkreformen überlebt und ist nie in die Gefahr der Quoten-Prostitution geraten.

Er ist einer, den man im neuen Rundfunk-Zeitalter schon für ausgestorben hielt. Er trifft auf einen, den man im Jahrzehnt der glatten, verlogenen Fernsehgesichter für undenkbar hielt und dann vor lauter Verblüffung zum Liebling machte: auf Phettberg eben. Zwei köstliche Gestalten, die zu erörtern versuchen, wie eigentlich ein Flugzeug fliegt und was mit all den Molekülen so passiert, die man ständig ausatmet und von anderen Leuten einatmet. Morgen Abend ist die »Nette Leit Show« als verkürzte Konserve im Fernsehen. Die einzige Talkshow, in der keine Tränen und keine Outings passieren. Sie kommt damit aus, dass Menschen ein bisschen reden miteinander. Absolut sensationell.

So eine schöne Frau

22.3.1996

Sie ist eine von diesen Frauen, von denen man sagte, dass sie zu den schönsten der Welt gehören. Geliebte und Muse bei der Rock'n'Roll-Firma »Rolling Stones«. Das Gesicht eines Jahrzehnts. Der gelebte Exzess, der die Parole der Zeit war. Anders als bei den Schönen von heute, die Karotten knabbern und Mineralwasser trinken und einfach so wahnsinnig gesund und vernünftig sind.

Diese Frau von damals, die das alles überlebte, heißt Marianne Faithfull. Ein paar Menschen werden den Namen noch kennen und ihr Gesicht und ihren Stil noch in Erinnerung haben; ein Stil, der heute wieder Vorbild ist, weil ja gerade die sechziger Jahre in der Mode wiederholt werden.

Mittwochnacht sang Marianne Faithfull im Wiener »Metropol«. Sie sang Lieder von Brecht und Weill, und sie sang diese Lieder so, dass man Gänsehaut hatte. So schön.

Marianne Faithfull trug einen seltsamen Pelz und eine schwarze Bluse und einen schwarzen Samtrock – mit diesen aufspringenden Falten, wie das einmal Mode war. Im Gesicht trug sie die Spuren, die ein gnadenloses Leben eben hinterlässt. Der Rock war eng, so eng, dass der Bauch kein Geheimnis blieb.

Nichts hatte sie zu vertuschen. Nicht in ihren Liedern und nicht in ihren Bewegungen und nicht an ihrem Leib. Das machte sie so schön, dass der Bauch keine Rolle mehr spielte und dass es völlig egal war, ob sie nun alt oder jung oder kaputt oder in Form war.

Wie wenig macht es aus, älter zu werden, wenn es ohne Lüge geschieht. Wie schön, wenn eine Frau so echt sein kann. Wahrscheinlich war nicht einmal die Laufmasche an ihrem schwarzen Strumpf ein Gag. Wahrscheinlich ist sie einfach irgendwo hängengeblieben auf dem Weg zur Bühne.

Er war einmal ein Österreicher

21.1.1999

Da flitzt ein Mann, er schaut recht jung aus, auf Rollerblades dahin. Sonniger Typ. Smartes Lächeln. Schöne Gegend. Kalifornische Leichtigkeit des Seins.

Dann sitzt der Mann bei Ingrid Thurnher im ZiB-2-Studio. Legerer Pulli, milde Gesichtslandschaft. Kecke Zahnlücke, sehr freundlicher Blick. Bevor der Mann eine Antwort gibt, denkt er einen Augenblick länger nach als andere Leute. Dabei denkt dieser Mann schneller und klüger als die meisten, die je in diesem ZiB-Studio saßen. Walter Kohn. Nobelpreisträger. Chemie. Was er weiß, passt in tausend Köpfe nicht hinein. Profitieren kann die ganze Welt von seinen Erkenntnissen.

Walter Kohn, das Genie mit dem saloppen Auftritt eines Golflehrers. Er war einmal ein Österreicher. Das ist lange her. 1938; ganz junger Bursche gewesen. Rettung mit dem letzten Zug in die Freiheit. Alles, was er hatte, hatte er im Kopf. Für die Eltern reichte das Geld nicht mehr, um davonzukommen. Die Eltern kamen um. Wien war für Walter Kohn Ort der Kindheit. Und die schrecklichste, traurigste Stadt der Welt.

Und wie ist das, wenn man an diesen Ort zurückkehrt, fragen sie nun überall den gefeierten Nobelpreisträger. Und seit er Nobelpreisträger ist, ist Österreich gern stolz auf ihn. Obwohl er längst Amerikaner ist.

»Ich komme manchmal nach Wien«, sagte Kohn. Weil er hier eine Schwester hat und ein paar wirkliche Freunde. Nur: Länger als ein, zwei Wochen hält er es dann doch nicht aus. Mehr Wien kann er auch nach sechzig Jahren nicht verkraften.

Sind diese Erinnerungen noch sehr präsent? »Es ist so, als ob alles gestern gewesen wäre«, sagte Kohn in der ZiB 2. Kein Wort des Hasses dazu. Er war einmal ein Österreicher. Er ist froh, dass es ein neues Österreich gibt. Und seine Heimat Amerika.

Barylli, bissi beleidigt

31.3.1999

Barylli bei Barbara Rett. Es hätte so lieb werden können. Aber es kam leider ganz anders. Ganz garstig. Ein richtiges kleines Skandälchen wurde der Auftritt des (premierenfiebergeschüttelten?) Lieblings bei »Treffpunkt Kultur«. Und erst der Abtritt! Zuerst alles wie auf Schienen. Samtforsch in die Kamera schauen (das kann er!), bisschen von der Liebe und den Menschen reden (tut er immer) und von der »Enterotisierung« von weiß Gott was. Anfangs hörte Barbara Rett noch mit richtigen Rehaugen zu. Aber dann zischte es.

Die Frau hat ein bisschen einen Fehler gemacht. Sie lag Barylli einfach nicht zu Füßen. Sie hat ein wenig (eh nicht so fest) an Baryllis neuem Film herumgestochen. Sie ist Barylli und seinem Charme nicht verfallen.

Das hatte er aber schon überhaupt nicht gern. Da hat es sich dann schnell aufgehört mit seinem Charme. Was sie denn gegen viele liebe Kinder habe und gegen bissi grüne Wiese vor dem Häuschen, fragte Barylli Frau Rett. (Hat sie übrigens nie gesagt, dass sie kleine Kinder und grüne Wiesen hasst.) Sie hat nur angedeutet, dass ihr schon einmal ein Film besser gefallen hat als Baryllis »Wer liebt, dem wachsen Flügel«.

Und wer keine Kritik verträgt, der rastet ziemlich leicht aus. Bitterböse, ja richtig gemein wurde Barylli. Augen wie der Hund von Baskerville machte er auf einmal. Nix mehr Honigmund und hauchzarte Weisheiten.

Barbara Rett bekam einen noch längeren Hals und kämpfte um Contenance. Ziemlich tapfer. Und Barylli machte einen Abgang wie eine wütende Leberwurst. Adieu, Gabriel. Und weg war er. Keine Nerven, der Mann. Jedenfalls keine sehr guten. Dass ihn nur nie mehr jemand kritisiert! Er kann's einfach nicht vertragen.

Trauer, schwarzweiß und in Farbe

20.7.1999

Ich war damals acht Jahre alt, ich hatte keine Ahnung, wer die Kennedys sind, und von Amerika wusste ich ungefähr so viel, dass es ein großes Land über einem großen Teich sei, und die Indianer wohnen dort.

Wir hatten natürlich noch keinen Fernseher, aber der Funkberater Lampert hatte viele, und an seinem Schaufenster drückten sich die Leute die Nasen platt. Es war kalt, die Scheiben beschlagen, Bilder ohne Ton, und alle waren wir traurig. Den kleinen Buben, der am Sarg seines Vaters salutierte, hat sich jeder gemerkt – für immer. Und alle, die es sich nur irgendwie leisten konnten, haben sich dann bald einen eigenen Fernseher angeschafft.

Der kleine Bub von damals ist jetzt tot, und wir sind alle verkabelt und vernetzt. Seit John F. Kennedy jun. vermisst wurde, war CNN praktisch 24 Stunden täglich live dabei, wie Amerika betete, bangte, hoffte und am Ende einsah, dass auch alle theoretischen Überlebenschancen verspielt sind.

Stundenlang Hubschrauberflüge über dem Meer, und immer mehr Fernsehleute rund um den Sitz der Kennedys, und bald schon die ersten Nahaufnahmen von der Familie, die mitten in einer Hochzeit drei Todesfälle trafen.

Eine Zeit lang noch hieß es, »John John« *ist* der einzige Sohn des ermordeten Präsidenten, und er *gibt* ein politisches Magazin heraus. Aber dann rutschte das erste »war« und »hatte« heraus, und um alle Bilder woben sich Trauerränder.

Ich bin jetzt 36 Jahre älter als damals bei diesen schwarzweißen Begräbnisbildern nach dem Attentat auf JFK. Ich glaube nicht, dass das Leben eines berühmten Menschen mehr wert ist als das Leben eines armen, namenlosen Schluckers irgendwo auf der Welt. Und trotzdem ist dieser Kennedymythos mit seinen Tragödien etwas, das mir sehr unter die Haut geht.

»Juhnke-Time« für Alkoholiker

»Neue Kronen-Zeitung« vom 20.7.2000

Wie heißt nur schnell diese Bar in Baden, in der Harald Juhnke abstürzte? Der Name liegt mir auf der Zunge, aber lieber schlucke ich noch eine Krot dazu, bevor ich den Namen herauslasse.

Nur keine Werbung machen für diesen Schuppen. Der Mann, der den Schuppen führt, ist ja schon so furchtbar stolz darauf, dass Harald Juhnke genau von seiner Theke aus fast in die Grube gefallen ist. Ein Volltreffer. Für den Wirt.

So eine Reklame hatte der Mann noch nie. Als Juhnke spätnachts in dieser Bar, die er als gesunder Mensch ganz gewiss hätte links liegen lassen, als Juhnke also in dieser Bar seinen lebensgefährlichen Absturz hatte, da hat der Wirt schon stolz mitgezählt, wie ein Ringrichter, bis der Boxer in die Knie geht: ein Whisky und noch ein Whisky und noch einer und dann Wodka ...

Gern erzählte der Wirt dann auch noch, wie das genau war, als sein berühmter, schwer kranker Gast nicht mehr konnte. Lebensgefahr? Der Mann ist ja Wirt und nicht Arzt.

Er hat sich dann auch noch überlegt, wie aus Juhnkes Elend weiteres Kapital zu schlagen wäre. Die dunkle Stunde der Barfliegen um Mitternacht heißt jetzt »Juhnke-Time«. Kein Scherz. Das wird bestimmt viele Alkoholiker und solche, die es noch werden wollen, in diesen Schuppen locken. Prost, allerseits!

P.S.: Harald Juhnke geht es inzwischen schon ein bisschen besser. Er liegt in einer Klinik und muss dort noch eine Weile bleiben. Hoffentlich kommt danach für ihn wieder eine ganz, ganz lange Trockenzeit. Der Sohn sagt: Der Absturz des Vaters habe ihn nicht überrascht. Alkoholkrank bleibt ein Mensch für immer. Das weiß natürlich auch ein Wirt. Daraus kann man durchaus Kapital schlagen – wenn einem nicht graust davor.

Menschen, die bleiben

Ohne Happel nach Nürnberg

»Kronen Zeitung« vom 16. 11. 1992

In der Abendausgabe der »Krone« lebte er noch. Er dürfe seine Therapie nicht unterbrechen, stand auf Seite eins, und dass die österreichische Nationalmannschaft in Nürnberg ohne ihn anzutreten habe. Roter Balken, Rufzeichen. Wichtige Nachricht aus dem Sport.

In der Morgenausgabe auf demselben Platz ein dicker schwarzer Rahmen. Ernst Happel ist tot.

In den letzten Wochen viele Fotos vom sterbenskranken Teamchef und trotzige Interviews gegen den Tod. »Kämpfen, kämpfen«, sagte er, zu seinen Spielern und zu sich. Regie-Anweisungen aus dem Krankenbett, gescheite Frechheiten unter Schmerzen. Die »Bild«-Zeitung betrachtete ihn schon längst als gestorben; er sagte: »Die sollen schreiben, was sie wollen, ich lebe«.

Er hat noch einen Mercedes bestellt und einen großen Urlaub gebucht, wie einer, der dem Tod ein Schnippchen schlägt. Man sah ihn in Sportsendungen motzen, den unvermeidlichen Tschick in der Hand, das Gesicht totenbleich. Jedem anderen hätte man in diesem Zustand nicht einmal mehr den Weg zurück ins Krankenbett zugetraut. Bei Ernst Happel wollten einfach alle glauben, woran er selber glaubte: an das Leben. An den Sieg gegen den Krebs, mit dem man schon fertig wird, wenn man bloß heftig genug dagegen antritt. An die Macht des Willens, die stärker ist als der Tod.

Laut und lang und öffentlich war dieses Sterben. Still und tapfer und ohne Schlagzeilen das Sterben der großen Regisseurin Karin Brandauer. Die Nachricht vom Tod der beiden kam innerhalb weniger Stunden. Es war, als ob alle Hoffnungen sich aufgehört hätten. Aber so darf man nach zwei solchen Leben nicht denken.

Bye, bye, Falco

14. 2. 1998

Ganz plötzlich ist es keine Kunst mehr, dich zu lieben. Alle, die dich jemals stürzen sahen oder sehen wollten, die wollen jetzt auf deinen Schwingen, Falke, mit hinauf. Ins Licht. Ein Tod, der keine Schatten wirft. Dein Tod.

Die Sterne werfen keine Schatten. Der Große Bär, der Große Wagen und jetzt du, da oben. Ein Stern, viel heller als ein Star. Stars verglühen.

Sterne gehen erst in der Nacht auf. Ist der Tod die Nacht? So kann man das nicht sagen, bei dir. Noch als die Sonne schien, war der Tag deine Nacht, und deine Nächte waren doch immer so, dass du gewartet hast, bis es dunkler Morgen wird.

Ob der Tod das Ende ist, wollen alle wissen. Diese Angst vor der Finsternis, die du nie gefürchtet hast. Du bist einfach hineingegangen. Oft.

Du hast die Kälte geliebt – hast du nicht? Diese Kälte, an der falsche Gefühle erfrieren. Falsche Gefühle haben dich eisig gemacht. Falsche Gefühle hast du gehasst, an dir selbst mehr als an den anderen. Du konntest sehr eisig lachen. Über falsche Witwen und falsche Tränen.

Am besten wäre, du wärst einfach noch da. Da ist jetzt, durch deinen Tod, in allen Köpfen der Satz: Das gibts doch nicht. Das gibt's doch nicht. Ein roter Mantel auf einem Sarg, und du liegst drin. Eine alte Nachbarin von dir hat im Fernsehen erzählt, was du für ein Bub warst. Tausend Streiche und immer gelacht, wenn man schimpfte. Der helle, süße, scharfe, kluge Hohn. Wie später dann, als dein Geräusch Musik war, bis nach Amerika.

Du bist nicht James Dean. Kann sein, dass du nur ein paar Gassen weiter wohnst von ihm, da oben. Gute Gegend. Näher bei dir wohnt wahrscheinlich Oskar Werner. Ihm hat man übrigens auch gern und lang zugeschaut, beim Fallen. Und dann, du weißt ja, wurde er ein riesiger Stern. Forever. Bye, bye, Falco.

Letztes Bild von »Frankieboy«

16.5.1998

Was für ein Leben. Die höchsten Gipfel, die tiefsten Löcher. Geboren so arm wie eine Kirchenmaus, gestorben zehn Milliarden schwer. Letzter Gruß von Frank Sinatra: eine Kusshand in den Mittagsnachrichten, in Zeitlupe für die Ewigkeit.

Arm wie die Kirchenmaus, aber alle Kraft der Welt. Als Kind die Gesetze der Straße gelernt. Und wie man manchmal Gesetz einfach Gesetz sein lässt. Mit seinen kongenialen Spezis Dean Martin und Sammy Davis jr. nannten sie ihn »Rattenpack«, die edelsten Ratten, die in Amerika je hausten. Jetzt sind alle drei Ratten tot. Solche kommen nie wieder.

Sinatra, der Letzte aus einer Partie, die eine neue Sorte Adel prägte: von ganz unten ganz hinauf, und immer wieder ganz unten. Der Alkohol. Die Mafia. Die Misserfolge. Die desaströsen Frauengeschichten. Desaströs meistens für die Frauen. Amerikanischer Show-Gott aus der unteren Welt.

»I Did It My Way«, Hymne seines Lebens. Auf der ganzen Welt gespielt und überall kopiert. Meistens schlecht. Selten unpeinlich. »I Did It My Way« klang immer wie ein Abschied. Schon damals, als Sinatra noch Frankieboy war. Bilanz des Lebens mit einer Träne, nach innen geweint.

Und dann der wirkliche Abschied. Ob es für Sinatra wohl noch schwerer war, zu gehen, als für jeden anderen? Kleben die ganz Großen mehr am Leben, bei so viel Geld und Ruhm? Welche Bilder sah und fühlte er in der Stunde des Todes? Glanzlichter aus seinen Sternstunden, verhallenden Jubel, eine längst gestorbene Liebe, die noch ein Wetterleuchten nachschickt? Vielleicht war es nur das Bild eines bettelarmen Buben, der auszog, die ganze Welt zu erobern. Vielleicht sah er diesen ganz kleinen »Frankieboy«, vielleicht an der Hand der Mutter, noch einmal. Das müsste ein schöner Tod gewesen sein.

Schuld war nur der Bossa nova ...

16.2.2001

1963; Erinnerungen in Schwarzweiß. Die meisten Kinder trugen noch handgestrickte Socken, die Strumpfhosen bei der Erstkommunion kratzten und warfen Falten, das Wort »Teenager« klang wie ein einziger Seufzer und ein bisschen verrucht.

Die großen Cousinen kämpften mit ihren Müttern um jeden Millimeter Rocksaum, eine Singleplatte kostete 39 Schilling, und Hausarrest war eine Tragödie. Fernseher hatten die meisten Leute noch keinen; wer einen Plattenspieler hatte, war der König, und wenigstens gab es »Bravo«, die fast verbotene Zeitschrift für junge Leute.

Und einen Hit gab es in diesem 63er Jahr! Wer damals schon einigermaßen den Windeln entwachsen war, wird den Schlager sein Leben lang irgendwo im Hinterkopf haben.

»Schuld war nur der Bossa nova«. Manuela, eine Berliner Göre, wurde über Nacht berühmt damit. Das war ein doppelter Mädchentraum: Erstens klang das nach großer Freiheit und Flucht aus dem Kinderzimmer. Zweitens kam das Lied von einer bettelarmen Fabriksarbeiterin, die über Nacht zum Star wurde. Was wollte man mehr; damals.

»Bravo« brachte dann ganz gewiss auch den »Manuela-Starschnitt« – die Schlagermaus zum Ausschneiden und als Puzzle an die Wand zu kleben. In mancher Dachkammer, unter alten Tapeten, wird noch so eine Manuela picken.

Seit den achtziger Jahren war Manuela dann verschollen und verschwunden. Vorbei, vergessen, passé. Gestern tauchte ihr Name plötzlich wieder im Teletext auf: Manuela ist tot. Mit 57 einem Krebsleiden erlegen. Da reißt's die Teenies von damals. Armes altes Mädchen. Und wie ein süßer Stich ist die Erinnerung. »Bossa nova« im Ohr, aber sonst ist von den Träumen nicht viel geblieben.

Jetzt trägt man sie wieder auf Händen

2.2.2002

Der Weltruhm. Die Krankheiten. Die Abstürze. Und immer wieder ist sie aufgestanden. Viele Leben hatte Hildegard Knef. Gestern Nacht gingen ihre Kräfte zu Ende.

Der Film »Die Sünderin«. Ein paar Augenblicke nackt in einer Hängematte. Vor 51 Jahren. Was für ein Skandal. Was für eine Zeit. Heute überall die nackten, gackernden Hühner. Die große Knef, beinahe gesteinigt für ihre Kunst, damals.

Der Film »Schnee am Kilimandscharo«. Ein Mädchen aus Ulm in Hollywood. Und am Broadway. Und zum »Oscar« hat auch nicht viel gefehlt.

Die Knef, die dann doch auch in der Heimat noch eine Göttin wurde. Die Knef mit dem total zerschnittenen Körper, nach so vielen Operationen. Den Krebs besiegt, und jede Menge andere Niederlagen auch.

So viele Leben hatte sie; auch ein literarisches. »Der geschenkte Gaul« stand in jeder Wohnlandschaft, und wenn es das einzige Buch war, das man im Haus hatte. Die Chansons: so schön, so sinnlich, so lebensklug. »Für mich soll's rote Rosen regnen« (Unheil hatte der Himmel schon genug geschickt.)

Die letzten Jahre müssen sehr qualvoll gewesen sein. Der zerstörte Körper, der immer noch kämpfen musste und wollte. Was war vom Ruhm geblieben? Kaum Geld und ein bisschen Ehre. Nun aber wird man sie feiern. Wieder feiern, die Knef, wie damals, zu ihren ganz großen Zeiten. Sie war ein deutsches Wunder der Nachkriegszeit, sagen die Deutschen. Ihre Filme, ihre Lieder, ihre Bücher können noch einmal Bestseller werden.

Wie schade, dass sie das nicht mehr erlebt. Im Sarg muss sie liegen, dass sie wieder auf Händen getragen wird. Ihren letzten Geburtstag feierte sie abgeschoben im Rollstuhl. Feiern kann man nicht sagen. Man hatte sie schon ziemlich vergessen. Bestimmt kommt sie in ein Ehrengrab.

Die wunderbare graue Maus ist tot

26.9.2004

Man hat von ihr geschwärmt wie von Brigitte Bardot, man meinte aber niemals ihren Schmollmund oder den Busen, sondern das Gemüt und die Sprache. Ein Star mit siebzehn; dünne graue Maus mit einem Buch, das ein Welthit wurde. »Bonjour Tristesse«, eine traurige naive Geschichte über die Farben der Gefühle von hell bis ganz dunkel.

Françoise Sagan, die fünfziger Jahre und das literarische Lebensgefühl, das Mode machte. Ein Gefühl wie immer barfuß gehen. Ein Erfolg, der der jungen Françoise Sagan unglaublich viel Geld und nicht viel Glück brachte. Freundschaft brachte mit den Menschen der Macht und des Geldes und des Ruhmes. Absturz in alle Höllen, die sich ein Schicksal ausdenken kann. Ein später Comeback-Versuch blieb Strohfeuer. Für die Schulden und um gesund zu werden, hat es nicht gereicht. Françoise Sagan: ein Name, der zu vergilben schien wie ihr Leben.

Françoise Sagan, mit 69 Jahren nun an den Folgen ihres frühen Erfolges und an ihrem riskanten Leben gestorben. Die Nachricht hat für eine große Aufmachung nicht mehr gereicht, nur für kleine Notizen. Ein oder zwei Generationen von Lesern werden einen Stich gespürt haben. Als ob ein Stern, der erloschen schien, neu aufleuchten würde.

Erinnerungen an Gefühle und Stimmungen und Sehnsüchte, die sie genauer beschrieb als man sie selber empfinden konnte. Das Phänomen der schönsten, schillerndsten grauen Maus, die in den fünfziger und sechziger Jahren so zart und stark die Worte und die Stimmung traf. Mit ihrem Tod wird sie wieder in Mode kommen.

Schad, dass sie nicht erleben konnte, dass ihre Geschichten bleiben. Der Schmollmund von Brigitte Bardot ist vergänglich. »Bonjour Tristesse« bleibt. Oder »Ein bisschen Sonne im kalten Wasser« und »Lieben Sie Brahms?«. Wie bekannt einem das alles vorkommt, obwohl es vergessen schien.

Ein Freund, ein guter Freund

25.6.2005

Die kurze Meldung am Ende der Nachrichten und der brennende Stich. Rudolf Jusits, 56, großer Menschendarsteller und Regisseur, ist tot. Groß, aber nicht populär wie ein Soap-Star oder eine Skandalnudel. Ein Schauspieler wie aus einer verlorenen Zeit, als es noch kein Fernsehen gab. Seine Arbeit, nicht seinen Namen, haben trotzdem Millionen gekannt: Er hat unvergessliche »Mundl«-Folgen inszeniert.

Aber wenn es nur das gewesen wäre. Rudolf, den ich »Rudilein« nennen durfte – was für ein Mensch! Tausendmal ist ihm ein anderer Mensch wichtiger gewesen als ein Erfolg.

Tausendmal hat er versucht, einem anderen Menschen wieder auf die Füße zu helfen. Dass er selber oft in die Knie ging; mit der Last von anderen.

Ich bin nur eine von vielen, denen er alte Schlager hingeschmettert hat, wenn gar nichts mehr half außer Lachen und Leben. (»Ein Freund, ein guter Freund, das ist das Schönste, was es ...«) Eine von vielen, für die er mehr Kraft aufbrachte als für sich selber.

Das habe ich sonst an keinem Menschen so erlebt. Dass einer andere noch liebt, selbst wenn er sie in der Luft zerreißen möchte. Dass einer so an andere glaubt, an solche, die den Mut und den Glauben an sich schon fast verloren haben.

Ob große Künstler oft sehr kleine Menschen sind, weiß ich nicht. Rudolf Jusits als Mensch hat den Künstler Rudolf Jusits überragt. In der großen, mutigen Kunst, ein Mensch zu sein.

Rudilein, ich muss weinen, während ich dir das schreibe. Eine Wut habe ich, dass ich dich »irgendwann nächste Woche« anrufen wollte. Nächste Woche geht nicht mehr.

Stellvertretend für alle, die dich liebten, ein Gruß von Fritz, Bernhard, Fabian, Moritz, Simon und von mir. Du bleibst bei uns.

Der Herr Schimanko

24. 11. 2005

Frisch eingetroffen aus der Provinz, vor Jahrzehnten; stolz wie Oskar war ich, dass ich die ersten Artikel schreiben durfte. Jede Begegnung eine große Aufregung, und das Gefühl, dass man mir die Landpomeranze hundert Meter gegen den Wind ansieht. Gehört hat man es sowieso.

Die Großstadt ein Labyrinth, der Orientierungssinn reichte nicht viel weiter als in die übernächste Gasse. Man schickte mich, das fand ich kühn, den berühmten Herrn Schimanko zu interviewen. In die berühmte »Eden-Bar«. Möglicherweise hat es schon Leute gegeben, die nach langen Nächten von dort nicht mehr heimgefunden haben, selbst wenn sie echte Wiener waren. Bei mir war das Problem, dass ich nicht hinfand.

»Es tut mir so leid, bitte sagen Sie dem Herrn Schimanko, dass ich mich verlaufen habe und verspäten werde.« Nervöser Anruf aus einer Telefonzelle. – »Ja, wo sind Sie denn?« – »Ungefähr vis-à-vis vom Rathaus.« – »Bleiben Sie, wo Sie sind. Sie werden abgeholt.«

Ein weißer Rolls-Royce kroch heran. Der konnte unmöglich mich meinen. Rolls-Royce ist etwas für Damen, die nicht mit schiefen Absätzen und einer Handtasche wie Zimmer-Küche-Kabinett verwirrt am Randstein stehen.

Es ging die Tür auf, da stand dieser Bulle vor mir. Die Glatze, die ich von Bildern kannte, der Charme, der dem imposanten (um nicht zu sagen: furchterregenden) Ranger doch irgendwie menschliche Züge gab.

»Steigen Sie ein, Gnädigste« ... und wir schnurrten durch die City, vor die Tür der »Eden«. Viel hätte nicht gefehlt, und ich hätte aus dem Auto den Leuten zugewinkt wie eine Prinzessin, so königlich kam ich mir vor. Eh klar, dass ich dann über den Herrn Schimanko einen Lobhudel schrieb, der sicher sehr peinlich war. Ich hoffe, er hat's mir verziehen.

Das Urvieh der Nation

9.7.2007

Mir war nie zum Lachen, wenn ich den *Hias*, das »Urvieh der Nation«, beim Zappen zufällig im Fernsehen traf. Aber sehr viele Leute hat man lachen gehört und gesehen, wenn er seine Grimassen und den Dodl machte. Meine Mama, als sie noch lebte, hat sich den »Musikantenstadl« nicht ungern angeschaut, und ihre Nachbarn auch. Alle hatten sie schon ihre Wehwehchen und ihre Altersmelancholie; habe ich gut verstanden, wenn sie wegen dem *Hias* lachten, jedenfalls viel besser habe ich das verstanden als jeden und jede, die auf Paris Hilton oder so was stehen.

Millionen Menschen hat der vermutlich zum Lachen gebracht, der *Hias*, das kann kein leichter Job gewesen sein. Feinere Leute, die lieber in den höheren Stockwerken lachten, haben auf *so was* heruntergeschaut. Dieser *Dodl*, dieser.

Erich Matthias Mayer hieß er im richtigen Leben. Sein richtiges Leben kann nicht immer ganz lustig gewesen sein. Mit zwölf haben sie ihm alle Zähne ausgeschlagen oder hat er sie aus anderem Grund verloren, es liegen zwei verschiedene Angaben vor; lustig kann es jedenfalls nicht gewesen sein, auf diese Weise das Grimassieren und das Lustigsein lernen zu müssen.

Die letzten Jahre ist mir der *Hias* beim Zappen oder in den Zeitungen nicht mehr untergekommen – »es war still um ihn geworden«, schreibt man dann in den Nachrufen, wenn einer plötzlich nicht nur medial, sondern tatsächlich nicht mehr existiert.

Für heutige Verhältnisse war der Mann ja unglaublich lange im Geschäft. *Still* wird es um »Fernsehstars« inzwischen schon ein paar Wochen, nachdem sie grad »Starmania« oder ein goldenes Fernsehkalb gewonnen haben.

Das »Urvieh der Nation« ist tot; freiwillig aus dem Leben geschieden. »Urvieh der Nation«, das klang wie der Spitzname von einem, der alles aushalten muss und kann. Aber das hat er dann offenbar leider doch nicht mehr ausgehalten. 56 Jahre alt war er.

Wir sind einsam, Chef

18. 6. 2010

Die Sonder-»ZiB« gestern Nachmittag um 14 Uhr 25. Ausschnitte aus einem Interview. Die Stimme des Herausgebers. Seine Bewegungen, wie er das Haus betritt. Wie jeden Tag. Augenblicke, in denen die Nachricht vom Tod wie ausgelöscht ist. Es gibt Menschen, die haben selbst in der Erinnerung mehr Präsenz als viele physisch Anwesende. Es gibt Menschen, die bleiben.

Der »ZiB«-Mann spricht eine erste Würdigung. Dazu die lebendigen Bilder von Hans Dichand. Die Augen. Diese Augen. Ich werde diese Augen nie vergessen. Die klügsten, schnellsten, schlauesten Blicke, die ich je gesehen habe. Lesegeräte des Lebens. Augen, die in ein paar Momenten mehr erzählen, beurteilen, analysieren konnten, als in ein ganzes Buch passt.

Der Moderator spricht, aber ich kann ihm nicht mehr folgen. Wie durch Watte tönt es aus dem Fernseher. Es sind diese Augen, an denen ich hängen bleiben möchte. Und ein sehr sanftes Lächeln, manchmal.

Diese Zeilen zu schreiben: ein irreales Gefühl. Zwanzig Jahre lang fühlte sich die Arbeit so bereichert an, durch die Patronanz des Herausgebers. Etwas wie Einsamkeit kriecht heran. Auch wenn man sich im Dienst und Dialog mit den »Krone«-Lesern weiß Gott nicht einsam fühlen kann.

Es werden viele, viele Menschen sehr traurig sein, mit dieser Ausgabe der »Kronen Zeitung« in der Hand. Es ist die erste »Kronen Zeitung«, die ihr Chef, ihr Herausgeber nicht mehr aufschlagen kann. Es ist ein Gedanke, der nicht in den Kopf will. Ins Herz schon gar nicht.

Es gibt Menschen, die bleiben, auch wenn sie gegangen sind. Adieu, Herr Chefredakteur. Adieu, Herausgeber. Und ein stilles, tiefes Danke für jede Begegnung.

II. Reportagen aus drei Jahrzehnten

Kommt, Kinder. Wir ziehen ins Asyl ...

(Kurier, 18.12.1983)

Familien-Asyl Kastanienallee. Ich erklärte Bernhard und Fabian, dass wir dort nur drei Tage wohnen. Schauen, wie es den armen Leuten geht. Später sagten mir die Kinder, dass sie Angst hatten, im Familienasyl bleiben zu müssen. Eine zwiespältige Erinnerung.

Diese Geschichte passt nicht in die Weihnachtszeit. Denn »das Christkind gehört nur den Tüchtigen!« Sagte ein Graumantel aus der Wiener Kastanienallee. Noble Adresse für ein Obdachlosenasyl. Die Graumäntel sind die kräftig bis bullig gebauten Kommandanten. Sie fahren mit dem Finger über staubige Fenster und untersuchen die Gasherde nach Speiseresten. »Aber sie kommen erst helfen, wenn das Blut schon durch den Türspalt rinnt, bei Familienfehden.« Sagt einer, der sich schon fünf Jahre durchs Asyl schlägt.

Familienherberge. Dort landen die Delogierten. Oder die Sommergäste, die von der Reichsbrücke verscheucht werden. Hunderte Familien haben in den vergangenen Jahren in Wien ihre Bleibe verloren. Keine Schicksale zum Vorzeigen und Mitleid erzeugen. Denn (fast) alle sind selber schuld.

Der Mann mit den verwackelten Tätowierungen zum Beispiel. Ein dünner, kränklicher Twen mit zwei Kindern und einer Frau, die nicht trinkt. »Ein Säufer in der Familie genügt«, sagt sie. Er bringt's schon um neun am Morgen auf 20 Bier. »Hier herinnen musst du saufen, ob du willst oder nicht.«

»Hier herinnen« ist ein Zimmer mit einem verhutschten Doppelbett, einer Waschschüssel auf dem Fernseher, einem Biertisch, an dem gelegentlich eine Ecke frei ist für die Kinder zum Spielen. Manchmal fliegen sie samt den Malstiften ins Eck, wenn »der Alte« Platz braucht. An den Wänden säuberlich geklebte nackte Mädchen und halbnackte Stars; Shakin' Stevens, dem der Vater wahrscheinlich einmal ähnlich gesehen hat. »Ehrlich, ich würde jede Arbeit annehmen, ehrlich.« Jeder Satz fängt an mit »ehrlich«.

»Alte, du bist ja nicht normal«, sagt der Mann; das Kind dämmert gegen Mitternacht bei Neonlicht ein. Schatten wirft nur der Zigarettenqualm. Im Zimmer nebenan prügelt ein Betrunkener seine Frau. Das tut er fast täglich um diese Zeit.

Mich hat man einen Stock höher einquartiert. »Da hast du Glück«, sagt ein Nachbar, »dieses Zimmer haben sie grad frisch gemalt. Früher sind hier die Wanzen im Gänsemarsch spaziert.«

Jeden Frühling wird das ganze Haus ausgeräuchert. Dann sind die Böden übersät mit totem Ungeziefer, und ein paar Wochen lang ist Ruhe.

»Ich habe tagelang mit dem Baby unter der Reichsbrücke geschlafen«, erzählt eine andere Mutter. Ihr Mann wechselte die letzten Zehngroschenstücke zu einem Schilling, um im Klo zu übernachten.

»Du wirst verrückt dabei, und du schlägst auch zu«, sagt der Vater, nicht älter als 23, »du kannst mit deiner Alten nur in die Dusche, wenn du sie haben willst – im Zimmer sperren ja alle Mund und Ohren auf.«

Früher ist es ihm besser gegangen. Er hatte fast eine Schlosserlehre und einen »14.000-Schilling-Job« als Hilfsmonteur. Er machte Kinder und Schulden, bis sich ein Job gar nicht mehr lohnte. »Jetzt haben wir wenigstens 7000 Sozialschillinge im Monat, zahlen nur 500 Miete, und keiner kann was pfänden bei uns.«

Geschenke fallen diesmal aus. Die Frau wünscht sich eine Pelzjacke, »eine aufs Hirn kann sie haben«. Zu Weihnachten fahren sie heim in die Steiermark. »Glaubst du, dass ich mit dem Zug fahre, damit mich das ganze Dorf verspottet?«

Er schlägt die Familie nicht, sagt er immer wieder; einmal, da hatte er genau die richtige Bierzahl intus, »bin ich sogar auf den Nachbarn los, weil dem sein zweijähriges Kind aus Mund und Nase geblutet hat, so hat er zugeschlagen«.

Die Graumäntel prüfen jeden Abend die Gemeinschaftsherde und den Boden, die Klos und die Duschen. Und alle 14 Tage unverhofft die Zimmer. Die Frauen und die Kinder mit den blauen Faustabdrücken im Gesicht und den Löchern in der Seele gehören nicht zum Inspektionsprogramm.

In einem anderen Zimmer türmt sich ein verlottertes Stockbett und unendlich viel kaputter Kram, den die Mutter hortet. Die schulentlassenen Kinder sind arbeitslos. Die Tochter wird bald auf der Straße landen, weil sie Geld braucht für Fetzen und Zigaretten. Zu Silvester müssen alle hier raus, aus dem Asyl – wegen der Schlamperei. Jeder in ein anderes Heim. »Dann häng' ich mich auf«, sagt der Vater.

Sie falten die Hände beim Aufnahmegespräch, sie fragen die technischen Daten der Personen ab, am Nachmittag müssen sie oft in ein Seminar, wahrscheinlich zum Thema Sozialarbeit.

Mir haben sie für ein dahergefrasteltes Schicksal ein Zimmer gegeben. Kinder, die man dabei hat, kriegen nicht einmal ein frommes Wort, sie fallen ins Asyl, und die Tür fällt zu.

Das Herz eines jungen Sozialarbeiters, Bezirksrat Michael Vorlaufer, ist schon lange angerührt von so viel Tristesse. Sein flottes Papier an den Vorsteher des 12. Bezirkes: Das Haus zusperren, die Leute in billigsten Gemeindewohnungen unterbringen, und Sozialbetreuung und Sozialbetreuung.

Da lachen nicht nur die Hühner, sondern auch der Anstaltsdirektor: »Da müssten sie für jede Familie einen eigenen Helfer haben, der müsste mit allen Wassern gewaschen sein und Tag und Nacht im Einsatz.« Ihm sind die Graumäntel ohne Sozialausbildung lieber als »Sozialutopen«: »Diese Kerle haben wenigstens Hausverstand.« Auch spottbillige Gemeindewohnungen nützen nach Ansicht des Hausherrn nichts: »Viele hier haben ja nicht einmal die acht Schilling, die unsere Tagesmiete kostet.«

Das wanzenlose Zimmer hat kein Licht und keine Bettwäsche. Ein Graumantel spendiert eine stinkende Petroleumlampe. Die Hausordnung liest sich wie eine Spottschrift auf die Wirklichkeit. Dicke Mauern dämpfen nächtliche Familienfehden. Nebenan ist laute Liebe. Eine Frau ohne Mann erholt sich im kalten Stiegenhaus von den Kindern.

»Es ist wie ein Wunder«, sagt der Direktor, »wir haben hier auch Kinder, die sogar ins Gymnasium gehen.« Und ein paar Männer und Frauen, die »wirklich tüchtig wären und sich derfangen«. Aber das glaubt kein Arbeitgeber in Wien.

Manche Familie haust hier schon 15 Jahre. Andere pendeln von teuren Satellitensiedlungen immer wieder zurück ins Asyl.

Ein paar schaffen den Weg zurück aus eigener Kraft. Anders geht's eh nicht, auch wenn Sozialromantiker heftig davon träumen.

Alle wollten mit Qualtinger saufen

(Kurier, 8.4.1984)

Schnaps mit Herrn Karl. Kein Mitleid mit Helmut Qualtinger. Als der Riese schon fast zerbrochen war, wurde er noch einmal gigantisch und stark. Ich traf ihn wenige Tage, bevor er wieder in den Ring stieg: auf der Bühne der »Josefstadt«, als Ochs von Lerchenau in Hofmannsthals gesprochenem »Rosenkavalier«.

In den Augen müde Verzweiflung nach einem Probentag. Auf den Lippen ein tröstendes Selbstgespräch über eine Fechtszene. An der Schläfe eine Wunde, die nicht der Degen stach.

Eine Allergie, die aufbrach, in Hainburg. Vom Nebentisch kontrolliert ein unbekannter Voyeur, ob Qualtinger Bier oder Bananenmilch trinkt.

Ein Mensch wie ein Schlachtschiff war er immer, der aus allen Rohren schoss. Heut' hat die Seele Schlagseite und der kolossale Körper sitzt klein und rund am Tisch.

In den fünfziger Jahren ein Feuerwerk aus Blitz und Witz und Geist. Eine Erotik des Kopfes, der die schönsten Frauen verfielen. »Aber nicht dumme Blonde«, sagt er.

Leomare stürzte seinetwegen aus einer Ehe in die andere mit ihm. Für ihn den Journalismus aufzugeben, war ein schöner Tausch. Steigbügelhalterin für ein Genie – sagt sie heute schmerzfrei.

Er war Österreichs Kabarett. Seine Satiren werden jetzt frisch geputzt und wieder aufgelegt.

Heutiges Satirisches macht ihn nicht mehr lustig. »Aller Wahnwitz steht sowieso täglich in den Zeitungen.«

Schreiben, Theater machen und Kabarett hielten ihn auf Dauerflamme. Auf der Bühne konnte er schön sein und hochelegant, und Leomares Freundinnen staunten über das Prickeln in seinen

Liebesszenen. Privat musste sie zaubern und zetern, damit er nicht im Anzug einschlief.

Kinder zu haben war vorsätzliches Glück mit bürgerlichen Kompromissen. 1958 kam der Sohn, und Helmut hielt ihn in den Händen wie Porzellan. Und versuchte, mit brüderlicher Liebe der Vaterpflicht zu entkommen.

»Er tat, was er konnte«, sagt Leomare. Aber wenn er nicht konnte, hätte man neben ihm verhungern können. Geheuchelt hätte er nie. Zugeschlagen auch nicht. Nur vielleicht ein bisschen gewürgt. Heute, wenn er sich erinnert, kreuzen sich die Gedanken und die Antworten erklären Dinge, die aus anderen Gesprächen und Jahrhunderten kommen:

Die schlechteste Vorstellung seines Lebens hat er in Bregenz erlebt; was er schreibt, diktiert er seiner Frau Vera Borek; den Ochs im »Rosenkavalier« hat er schon vor 20 Jahren gesprochen; und die Branche ist durchsetzt von Menschen, die einen fertig machen wollen, was sie aber gar nicht böse meinen. Und früher haben sich Lieben oft nicht erfüllt, doch die heutige Freiheit hat auch keine Qualität.

Nach einem alkoholdurchtränkten Live-Eklat bei Radio Bremen hat man ihn in Deutschland schon vor Jahren für verrückt bis künstlerisch tot erklärt, weil er sagte, dass alle Deutschen Idioten seien. »Schade«, sagt er, »sie haben noch abgedreht, bevor ich es begründen konnte.«

Die Filme, die Platten, die Bücher, die Auftritte haben kein Zweithaus im Burgenland gebracht. Leomare erbte nach dreißig Jahren Ehe die Rechte am »Herrn Karl« und eine kleine Apanage.

Nach zwanzig Jahren Ehe kam Vera Borek. Eine Frau, herausfordernd wie Muhammad Ali. Die ersten Jahre waren ein einziger Boxkampf, an dem Wiens innere Stadt und alle Zeitungen teilnahmen. Leomare schaute aus einer fernen Loge zu. In den Beisln blieben die Ringrichter bis zum frühen Morgen, wenn Qualtinger-Borek angesagt waren. Doch keiner der beiden ging wirklich k. o.

Und heute, wenn sie am Abend eingehängt durch die Gassen gehen, lassen sie die alten Schauplätze ihrer Eskapaden links liegen. Meistens. Zorn und Liebe haben nicht mehr die

Schlagkraft existentieller Verzweiflung. Das Qualtinger-Leben passt schon fast hinein in die gutbürgerliche Geborgenheit der Citywohnung, wo die Schwiegermutter unaufdringlich parat ist, wenn sich jeder für sich allein in eine Premiere verkrallt.

Vera Borek hat die ihre im Schauspielhaus schon hinter sich. Redet mit abweisender, beschützender Gelassenheit über seine Qualen, die ihn Tage vor dem »Rosenkavalier« ins Fieber gebracht haben. Eine grausliche Grippe, die nicht nur mit Spritzen verscheucht wurde. Zwei verlorene Probentage unterbrachen den verbitterten Kampf um Text und Gestaltung der Rolle.

Verwundbar wartet er den Sieg ab. Appetitlos seziert er ein Käsebrot. Stäbchenfinger korrigieren Unkorrektheiten am Sakko und Ungereimtes im Gesicht. Alles Satirische ist wie erloschen.

Und blitzt erschrocken wieder auf bei »Zeit im Bild«. Minister Zilk erklärt gerade die Causa Maazel, der Moderator hat einen deftigen Versprecher. – »Mir wird schlecht von allem, was zu viel ist. Essen, Frauen, Stadtfeste oder Kulturmonomanie.«

Auf den letzten Schritten nach Hause, das Textbuch und die Tageszeitungen unterm Arm, sieht er wieder groß und kraftvoll aus. Aber nicht mehr verschwenderisch potent, sondern still und platonisch. Ängste, die sich früher noch wegschreien und wegtrinken ließen, schleichen nur noch. Siege werden stiller und können kleiner sein als in den Zeiten der sinnlichen Verschwendung. Jetzt ist wichtig, mit Borek zu leben und alles, was sich nicht wegdrücken lässt, zu ertragen. Der Qualtinger, der den Qualtinger ohne Narkose aushalten muss.

Bei den Mostschädeln

(Trend, Nr. 11/1985)

Ich hatte Moritz im Bauch und fuhr ein paar Tage durch Oberösterreich. Beim »Trend« durfte man damals noch aus so etwas eine ganz lange, leise Geschichte machen. Dann lud mich Humbert Fink zum Wettlesen nach Klagenfurt. 150.000 Schilling gewonnen. Ich!

Nirgends in Österreich gibt es so viele Rindviecher wie im Bezirk Grieskirchen, Oberösterreich. Auf 57.000 Leute kommen 68.000 Rinder, 130.000 Schweine und 375 Ziegen. Ein Mensch hat hier im Durchschnitt vier Hühner. Alle zusammen verteilen sich auf 52.000 Hektar fruchtbarem Boden. Für eine Kuh rechnet der Bauer ein halbes Hektar. Darüber sind die Kühe der Gegend sehr glücklich.

Die Menschen hier heißen *Mostschädeln.* Das hören sie gerne; nicht wie die Leute aus dem trüben Linz und dem ausverkauften Salzkammergut, wo man gleich beleidigt ist. Das Land der Mostschädln ist die Region Innviertel/Hausruckwald. Es hat keine scharfen Grenzen, nur Schemen, es fängt landwirtschaftlich nirgends logisch an und hört auf, bevor das Ende zu spüren ist. Es schleicht sich an wie die Nacht, die erst nach den Lichtern von Wels deutlich dunkel wird. An der Landstraße bleiben noch ein paar Dörfer liegen, bis der Asphalt bald glatt ins Düstere sticht und viel zu breit wird für die Nacht rundum. Die Wegweiser lesen sich wie Lockrufe ins Niemandsland, die unsichtbaren Orte fangen an, Gaspoltshofen, Wolfsegg oder Batternbach zu heißen. Es gibt ein Amerika und ein Fucking, die Vipernkapelle und das Zahnwehkreuz.

Das Nichts ist hier überall. Das schöne Nichts, das die Augen und die Seele zur Ruhe bringt. In den Kopf kommt ein Tumult aus unverdauten Reizen. Sie rotieren, bis sie blassgewaschen sind. Ein ganzes Dorf mit einem Namen aus sieben Silben ist schon eingeschlafen, abends um halb elf. Die Nacht ist, wie es sich hier gehört, dunkel und ohne Abendfilm. Sind die alle krank hier? Oder so gesund? Wann kommt endlich Geboltskirchen? Hoffentlich ist der Seiringer-Bauer noch wach!

Geboltskirchen kommt um halb zwölf, und der Seiringer-Bauer sitzt im Wirtshaus. Die Männer an seinem Tisch bleiben in ihren Gesten stecken, wenn zur Geisterstunde noch eine Frauensperson erscheint. Der Seiringer-Bauer weist mit seinem lodengrünen Mercedes den Weg zu seinem Bauernhof.

Es raschelt die Hausmaus in den Rosen. Im Stall rebelliert eine Kuh oder ein Stier; so weit kommt man in der Wienerstadt, dass man Männlein und Weiblein nicht mehr unterscheiden kann. Der Holzweg zum Zimmer knirscht; dazu kommt die Einbildung vom Geruch kuhwarmer Milch. »Das Klo ist im Zimmer«, sagt der Seiringer, »die Dusche auch, und tuan S' recht guat schloafn dann.«

Spinne am Morgen bringt Kummer und Sorgen. Fett, aber friedlich hockt sie auf dem riesigen Rosenkranz über dem Bett. Unter dem Fenster versucht ein deutsches Kind zu singen.

Später sitzt die Brut in der Stube bei »Tom und Jerry«. Es spinnen also doch nicht nur die Kinder von Wien. Die Resi mit dem langen Zopf bringt das Frühstück: goldblonde Semmeln und Speck und Wurst und Käse und Honig und Eier und Marmelade und alles. Es sagt die Bäuerin: »Dann lasst's euch schön schmecken.« Am Nebentisch wünscht jemand Streichkäse.

Die Kühe hängen an der Milchmaschine. Sie heißen Ingeborg und Alma, und eine Walpurga ist dabei. Ein Montafoner Kalb will einen Kinderpullover fressen. Das freut das Kind, und die Mutter sagt: »Du lass mal, du Ochse, du.«

Später will das Kind noch Schweine streicheln. Aber hier ist kein Schwein. Der Seiringer hat sich wie die meisten Bauern der Region spezialisiert. Bei ihm sind es Rindviecher. Und die Feriengäste. Alle haben es gut bei ihm.

Es war nicht klug, sich beim Fremdenverkehrsamt blicken zu lassen. Nicht, dass Geschäftsführer Höchsmann kein netter Mensch wäre. Aber wie sein Titel schon sagt, stört er die Stille und das Nichts mit Geschäftigkeit. Menschen wie ihn gibt es ihn Wien genug.

Man trifft sie im Theater oder im Tennisclub, man begegnet ihnen auf Schritt und Tritt mit ihren Zahlen im Gesicht, ihren Plänen im Kopf und ihren Akten unterm Arm. Wegen ihresgleichen flüchtet man ja eigentlich überhaupt ins Mostviertel.

Höchsmann gibt sich immerhin große Mühe, seine Acts und Facts schonungsvoll zu unterbreiten. Es muss halt sein, beiderseits, denn mit nichts als ein paar fetten Bildern von Natur und Stille traut sich heutzutage kein Mensch mehr heim in die Redaktion. Alsdann:

Lieber Chef, liebe Kollegen!

Die Region Innviertel/Hausruck wurde vor sieben Jahren als Fremdenverkehrsmarkt erfunden, vom damaligen Landesfremdenverkehrsdirektor, einem Vorarlberger, nebstbei. Es gibt dort 16.000 Betten, die jährlich insgesamt 1,5 Millionen Mal beschlafen werden. Das Verhältnis Inlands- und Auslandsgäste ist eins zu eins. Das könnte sich bald ändern, denn die Innviertler planen einen Großangriff auf den Hollandmarkt. 60 Prozent der Gästezimmer laufen unter dem internen Code »Nichtkomfort«, aber es werden emsig Klos und Duschen gebaut. Ein deutliches Winter-Plus bescheren die Engländer, die das Innviertel am liebsten als Package kaufen. Davon können die 252.989 Menschen der Region nicht leben, das wird euch einleuchten. Ihre größten Erwerbsquellen sind Ackerbau und Viehzucht. 6051 landwirtschaftliche Betriebe verteilen sich auf 253.819 Hektar Nutzboden. Die größten Betriebe der Region sind die Austria Metall AG (vormals Vereinigte Metallwerke Ranshofen-Berndorf AG, 4900 Mitarbeiter), der Schärdinger OÖ Molkereiverband reg. Gen.m.b.H., Schärding (1300 Mitarbeiter) und Fischer-Ski in Ried im Innkreis (1000 Mitarbeiter).

Der Fremdenverkehr rund um die Bezirksstädte Braunau, Grieskirchen, Ried und Schärding ist rührend harmlos bis zur Hilflosigkeit. Hier haben sie noch nicht heraus, wie man Gästen das Weiße aus den Augen holt. Sie würden sich schämen, Menschen wie Nummern und Erholungssuchende wie Touristen zu behandeln. Nicht einmal Franking, das Nizza des Mostviertels hat seine vorwiegend deutschen Kunden im Griff. Man versucht, ohne Ketchup auszukommen, und schützt den stillen Moorsee. Der ist übrigens der wärmste Badesee nördlich der Alpen, mit 23 Gard noch im September mild, mit Seerosen paradiesisch schön. Es gibt nur einen Geruch hier, die Mischung aus Erde und Baum und Wasser. Und fast keine Menschen.

Das Dorf Ibm wollte zusammen mit IBM eine geniale Werbekampagne bauen. Zunächst sei alles prächtig angelaufen, sagt der Ibmer Gästechef, sogar bis nach Japan hinunter habe sich das gezogen, aber dann sei doch nichts daraus geworden. Vielleicht sei es besser so, sonst wäre jetzt die ganze Gegend voller Japaner und Chinesen. Und darauf sei man nun wirklich nicht aus.

Die Loren hat hier einen Film gedreht, das benachbarte Ibmer Moor spielte eine Hauptrolle, aber es hat ihm nicht geschadet:

Das Stück Land, das Ewigkeit heißt, ist seit 10.000 Jahren unberührt beblieben. Hier wachsen Orchideen und fleischfressende Pflanzen, es gibt noch alle Vögel von früher und viele Legenden von untreuen Ehefrauen, die im Moor versenkt worden sind. Das Ibmer Moor ist das größte Hochlandmoor Europas, aber kaum einer geht hin. Wir müssen auch schon wieder gehen, denn vor uns liegt die Moststraße. Alsdann, lieber Chef, liebe Kollegen! Mehr ist nicht herauszupressen aus dieser Gegend.

Alphabetisch gesehen beginnt die Moststraße in Ampflwang. Geographisch zieht sie eine Achterbahn durch die ganze Region, 140 Kilometer lang. Sie hat 42 Haltestellen und spornt an zur Sportlichkeit. Wer fünf Etappen schafft, dem heftet der Wirt eine Ehrennadel mit der Aufschrift »Mostschädel« an. Auch Autofahrer sind urkundenberechtigt.

Der Bachleitner-Wirt in Maria Schmolln sitzt trotzdem mausallein vor seinem Krug. Auch in Utzenaich ist weit und breit kein Gast. Waldzell ist Österreichs schönstes Feriendorf. Aber in der »Mostschenke Peter« ist nur die Großmutter. In dieser Gegend geht man nicht am helllichten Tag ins Wirtshaus. Man nimmt den Most mit auf die Felder. Und die Fremden? Und die Deutschen, vor allem? Die Großmutter weiß auch nicht, wo sie sind.

Die Mostschädeln behaupten, dass sie den besten Most im Staate machen. Den Gegenbeweis haben die Kollegen aus dem niederösterreichischen Mostviertel und aus dem Kärnter Lavanttal bis heute nicht erbracht. In Oberösterreich werden jährlich sechs Millionen Liter produziert und auch getrunken. 21 Sorten sind bekannt, Birnen-, Apfel- oder Mischlingsmost die gebräuchlichsten. Etwa 1,4 Millionen Mostbäume beschatten Oberösterreich, ein Baum wirft zwischen 100 und 1000 Kilo Früchte ab. Für 700 Liter Haustrunk braucht der Bauer eine Tonne Obst, den Liter verkauft er für etwa zehn Schilling. Neben Wein und Bier hat der Most noch immer den Geruch eines Arme-Leute-Getränks. Das ist schade für den Most und gut für die Mostschädln, die ihn selber trinken. 2500 Jahre lang hat's der Most nicht geschafft, *in* zu werden. Mit der neuen Mode von ländlicher Kost und Deftigkeit kommt er jetzt ein wenig zu Ehren. Die Hitparade der Modegetränke wird er nie erklimmen.

Er schmeckt nur dem Durstigen. Er ist nicht wie die Camparis und Bacardis und die Fantasy-Drinks, die man gegen Langeweile schlürft. Er ist mit dem Speck verwandt und mit dem Knödel, nicht mit Fast Food oder Filet. Er ist wie das Innviertel, wo es überall nur das Nötige, nirgends das Aufgeblasene gibt. Nur die Wahlkampfplakate auf den weiten, welligen Feldern brechen den optischen Frieden. Im Innviertel und im Hausruckwald ist man hauptsächlich schwarz. Es gibt fast keine Grünen, aber ein hochrotes Braunau. Und eine stumpfe Atmosphäre der Selbstgefälligkeit, die keinen Vergleich mit der Außenwelt duldet.

»Karl Luger ist ein Schlitzohr«, sagen die Leute hier. Aber eins zum Küssen. Er wohnt in Engelhartszell, das ist nicht weit von der Donau, an einem Waldrand. Das Haus ist eine Ruine von einem Sägewerk, die angeschlossene Mühle mahlt nur noch zum Schein. Der Hausherr sortiert Regenwürmer unter einer Brettergalerie; für 50 Schilling lässt er sich in seinen Selbstgesprächen stören und gibt die nächste Vorstellung: Forellenzirkus.

Für 100 Schilling sagt er: Die Menschen aus Wien sind gute Menschen. Der Luger steigt in den Bach zu seinen Forellen, die Niki Lauda, Hansi Müller oder Franz Josef Strauß heißen. Die Forelle, die den Ball trifft, heißt immer Krankl. Der Krebs der einen deutschen Kurgast beißt, bekommt später heimlich etwas Gutes. Bayern ist nah, eine Frau will nur »zwo Mark fuffzig« bezahlen. Auf das hinauf streikt Franz Josef Strauß und Krankl ist sehr unwillig. Der alte Junggeselle Karl und sein Bruder haben sich vom Zirkus ein schönes neues Haus gebaut.

Zur Donau sind es nur noch ein paar Kurven. Die Forelle im nächstbesten Wirtshaus ist gut; man muss ihr nur die Pommes Frittes und die Petersilie und den Paprikafetzen von den Flossen schaufeln. Man liest die Zeitung von gestern, sie ist wie neu. Auf dem Heimweg nach Geboltskirchen sind drei Rehe zu notieren, ein Wiesel und eine schwarze Katze von links. Es ist,

Gott sei Dank, nicht Freitag. Sonne ist und Kukuruz und Weizen. 17 Kilometer lang kommt kein Auto entgegen. Auf einer Wiese steht eine einzelne Kuh.

(...)

In Geboltskirchen: Knödelrollen beim Pichler-Wirt. Sauerkraut mit viel Kümmel. Der Seiringer-Bauer hat heute wieder Ausgang, der Bürgermeister zahlt eine Runde. Die Gegend hier bringt nicht nur die meisten Rindviecher, sondern auch die meisten ledigen Kinder: Bis der Hoferbe alle Geschwister ausgezahlt hat und heiraten darf, geht der erste Nachwuchs schon in die Schule. »Kostverächter waren wir hier nie, das können Sie uns glauben, Fräulein«, sagen die Männer.

Von Wien aus gesehen ist Geboltskirchen eine Spielzeugstadt. 1430 Menschen unter einem viel zu großen Himmel. 110 Bauersleute, davon 60 Vollprofis. Ein ordentlicher Landmann hat hier seine 15 bis 20 Hektar Boden. Alle Frauen und alle Kinder helfen mit, Hab und Gut zu erhalten. Es gibt ein kleines »Spar«-Geschäft, zwei Wirtshäuser und eine Disco. Im Sommer müssen die Bauern seltener auf die Kassa gehen, weil die Bauernhofgäste Geld bringen. Um 90 Schilling pro Tag kann der Städter hier schlafen und frühstücken wie ein Herrgott. Zwei Firmen gibt es auch im Ort; die eine macht Fernsehpatschen und die andere Büstenhalter. Dort verdienen die dazuverdienenden Frauen noch einmal dazu. Davon bauen sie Zimmer aus und kaufen moderne Nachtkästchen für die Fremden. Die Bauern essen in der Küche, in der Stube ist für die Gäste gedeckt. »Man muss den Leuten Familienanschluss bieten«, sagt der Seiringer-Bauer.

Ein Deutscher hat sich zunächst in das Dorf und dann in eine hiesige Frau verliebt. Er kommt von der Firma »Objektive Vermögensberatung« und will jetzt auf 20.000 Quadratmeter 26 Ferienhäuser bauen, das Stück ab 1,3 Millionen Schilling. Im Dorf ist man schon sehr aufgeregt, wie das alles noch werden wird.

Jeden Tag verwischt ein Stück Vergangenheit. Das Zechenwesen der Region, die Wirtshausraufereien und die Rituale der Mädchenwerbung verkommen zu Legenden und zu Werbetexten für Prospekte. Schon fangen manche Leute an, sich für

Bauernhäuser zu schämen, wenn sie nicht schmuck sind. »Ein altes, morsches Sonnentor mache kein gutes Bild«, trauert eine Bäuerin vor sich hin.

Alles, was neu und gut ist für das Land, gibt es alle ungeraden Jahre auf der Rieder Messe. Eine unvorstellbare Million Menschen überflutet dann in zehn Tagen die Bezirksstadt mit ihren 11.000 Einwohnern. Jeder, der kreuchen und fleuchen kann, kommt. Viele bleiben bis fünf Uhr früh im Vergnügungsviertel; dann stellen die Gendarmen professionelle Tölpel an, die aus Versehen die letzten Gläser umschütten. Sperrstund' ist.

Nach Tumeltsham zum Moarzböttinger Wirt wollten wir auch noch, denn er hat im Gault-Millau bessere Kritiken als das Sacher, was noch nicht alles sagen muss. »Bratl-in-der-Rein« hieß sein Geheimnis, bis es samt dem Wirt in die Fernsehküche kam: eine riesige Pfanne mit allen Deftigkeiten des Landes. Man schöpft nicht vom Teller, sondern aus dem vollen Topf. Wir haben es nicht ausprobiert, wir kennen es auch nur vom Fernsehen.

Braunau haben wir auch bleiben lassen. Erstens macht die ununterbrochene Natur rund ums Auto die Augen hundemüde, und außerdem, was soll dort schon sein? Die Stadt kann ja nichts dafür, aber ihr Name wird von allen immer zuletzt und leiser als die anderen ausgesprochen. Aber Schärding! Ganz bunter Barock in Spielzeugfarben und überall Blumen, doch nicht die aufdringlichen Geranien, die anderswo wie Würste an den Fenstern hängen. Der Inn ist eiskalt und reißend und macht die Grenze nach Bayern erfreulich eindeutig. Drüben ist die Fremde, drüben ist Deutschland.

Im Sauwald ruft Otto eins: »Otto zwei, bitte kommen!« Als hätten sie narrische Pilze gefressen, funken sich die Schwammerlagenten neue Fundstellen zu. Die Agenten kommen aus Bayern und Kassel und Essen, auch Wiener sind dabei. Aber was macht das dem Wald hier, er ist groß genug für alle, er ist sehr gesund. In Maria Schmolln macht er eine Luft wie Gold: null Schadstoffe.

Über Attnang-Puchheim ist es zwar ein Umweg nach Wien, aber dafür wird der Abschied ganz schmerzlos. Schon in Vöcklabruck fängt alles wieder an, laut und deutlich zu werden. Die penetranten Reklamen, der Takt der Ampeln und überall Uhren, die stimmen. Die Mostschädln haben es schön: Bei ihnen ist einfach Abend, wenn es dunkel wird. Der Franz Gruber hatte es auch leicht. Es kann doch keine Kunst sein, in dieser Gegend »Stille Nacht« zu schreiben. Oder der Franz Stelzhamer. Angeblich Österreichs größter Mundartdichter, wie immer das gemessen wurde. Er hatte ja nichts, das ihn aufhielt oder abbrachte von seiner Sprache. Ihm konnte doch keiner die Nabelschnur abschneiden zu dem, was man Heimat nennt.

Die Tochter vom Seiringer-Bauer lernt jetzt Englisch. Der Vater sagt: Die Engländer sind stark im Kommen. Man müsse langfristig denken. Wer wisse denn, wie lange das noch gut gehe. Mit den Deutschen und überhaupt.

Peter Handke. Das Wort ist Fleisch geworden

(Kurier, 1985)

Das war kein Interview, eher eine Art Literaturstar-Stalking. Kürzlich saß ich zufällig im »Café de Flore« in Paris neben Peter Handke. Schämte mich unbemerkt für damals. Ein bisschen.

Am Westbahnhof, wo der Transalpin seine Leute ausspuckt, bahnt sich Peter Handke einen lautlosen Weg durch alles Geschnatter. Ihn anzusprechen ist vulgär, aber unvermeidlich. »Ich bin schon viel zu spät da«, sagt er, pünktlich angekommen, fluchtartig. Auf der Rolltreppe verzeiht ein geblitztes Lächeln die Attacke, beim Einsteigen ins Taxi tut es ihm schon wieder leid, sich auf ein unerwünschtes Wiedersehen eingelassen zu haben.

Herr Berger in der gleichnamigen Buchhandlung am Kohlmarkt fletscht am nächsten Tag die Zähne zur Begrüßung: »... und haben wir ihn da, und freuen wir uns in der Stunde der Begegnung ...«

Herr Unseld, Herr über den mächtigen Suhrkamp-Verlag, lobt den Dichter vom Blatt und von Herzen. Er hat Handkes

Erstroman »Die Hornissen« schon vor fast 20 Jahren gegen jede kaufmännische Vernunft verlegt. Heute ist ein Dutzend Handke-Bücher aufgereiht wie das Allerheiligste auf dem Hausaltar; der Dichter hat in der ersten Sitzreihe alle seine Werke vor der Nase, von hinten rückt ihm das Publikum auf den Leib und von vorne die Redner.

Alle Augen und Lippen flehen ihn an, zu lesen, und bezichtigen sich gleichzeitig eines Sakrilegs, als ginge es darum, einen Todkranken in die Schlacht zu schicken. Das Publikum hat noch den scheuen, mähnigen Poeten vor Augen, der in den sechziger Jahren wie Opium über die Literaturkonsumenten kam.

Handke beginnt zu lesen. Gedichte, die der Kärntner Slowene Gustav Janus geschrieben hat. Janus liest slowenisch, Handke das Deutsche, das er daraus übersetzt hat. Handke könnte hier auch die Tagesangebote eines Supermarktes lesen, sie würden zu Literatur gerinnen, denn das Publikum ist unwiderruflich ergriffen. Zum Glück sind Janus-Gedichte schön. Und kurz.

Zur Autogrammstunde kramen die Leute ihre ausgelesenen Handke-Bücher aus den Taschen. Eine Frau schaut verklärt auf die feuchte Signatur im »Kurzen Brief zum langen Abschied«, ein Mann kauft dreimal »Wunschloses Unglück«, zwei Kindergeschichten und einen »Chinese(n) des Schmerzes«. Und die Janus-Gedichte gehen auch gut weg.

»Ich hätte keine 14 Leute dagehabt, nur mit Janus«, freut sich der Buchhändler. Mit Handke kriegt man Platzangst und Atemnot, vor lauter Leuten.

Handke sitzt handfest da, in Bergschuhen, und das Wort ist Fleisch geworden. Er ist gelöst und ansprechbar bis zur Gutmütigkeit, er schreibt Autogramme in nackte Seelen wie ein Popstar auf Gipsfüße.

Der Buchhändler sagt, er hätte gar nicht gedacht, dass der Dichter so sympathisch ist.

Der Dichter regt sich zornig auf, weil er merkt, dass Janus nicht einmal die Zugkarte zu dieser Lesung ersetzt bekommt. Der Kaufmann-Buchhändler versteht die Wirklichkeit nicht mehr – er stellt den Schreibern seine Vorlesebibliothek zur Verfügung, und dann wollen die auch noch Geld dafür. Handke muss für seinen Kollegen streiten wie für einen Staubsaugervertreter, den man ohne Kilometergeld in die Provinz geschickt hat; er selber schreibt den Auftritt von der Steuer ab. Das ist doch nicht nötig, dass sich sein bestes Pferd im Stall und einer seiner besten Kunden streiten, kombiniert Suhrkamp-Chef Unseld später und haut alles auf seine Rechnung.

Im Kaffeehaus nebenan trinkt Handke seinen ersten Wein, tauscht spröde Witzeleien in der Tischgesellschaft aus, liest einen Fanbrief oder zwei, hält knisternde Zwiesprache mit seiner zweisprachigen Kärntner Freundin. Aus dem Mund quellen Sätze, wie sie überall fallen, man könnte sich ärgern, dass man etwas anderes befürchtet hat.

Auf dem Fußmarsch zum jugoslawischen Restaurant »Dubrovnik« hat er plötzlich einen Weißwein in Zeitungspapier unter dem Arm; der Dichterfreund Janus erzählt, dass er bis heute nicht versteht, warum Handke seine Texte übersetzt.

Im Restaurant, bei Weißwein wieder, sagt der ausgesorgte Handke, dass er gerne Kaufmann wäre. Mit lustvoller Gewissenhaftigkeit Geld anlegen für andere Leute. Sein eigenes betreut er sorglos: »Etwas Steuerliches wird mich irgendwann einholen«.

Er fragt, wann das mit dem Skifahren in Österreich einmal aufhören werde und wie es wäre, jetzt, in den Bergschuhen, bei Sinowatz auf dem Opernball vorbeizuschauen.

Er will mit seiner Freundin nicht Slowenisch reden, auch bei Englisch oder Französisch glaubt er, »mein Hirn drehe sich um; es fällt mir schon schwer genug, Deutsches zu sagen«.

»Dallas« ist ihm lieber als »Dynasty«, sagt er unaufgefordert, obwohl er beides nicht so gut kennt; er mag dichterische Friedensveranstaltungen nicht, weil das die reinste Tautologie sei – »wo es doch nichts Friedlicheres gibt als das Schreiben«.

»Du siehst aus wie der Bruder von Udo Jürgens«, sagt er zu Janus, und sie unterhalten sich in tiefer Übereinstimmung und äußerlicher Kratzbürstigkeit über Kärntner-Slowenisches.

Die Freundin, die die Erotik der scheinbaren Entsagung beherrscht, turnt ihn an und lässt ihn unverkrampft sein; ihre herausfordernd eigenartige Schönheit ist so auf ihn gerichtet, dass alle Liebhaber dieser Welt, zusammengeschnürt, kein

Feindbild mehr ergeben. So kann er über die legendenhalber so potenten Italiener flachsen und sich Pedro nennen und Wein nachschenken.

Ein Alter hat er jetzt, mit 41, nur aus allernächster Nähe.

Haardünne Falten wachsen ihm von der Stirn ins Gesicht und kriechen den Hals herauf. Die schmerzhafte Koketterie mit dem Rheuma und mit den Leiden eines Trinkers kommt ihm schon verdaut über die Lippen; die Augen sehen unverletzbar aus – als ob Wahrnehmungen den Umweg über die Seele nicht mehr nötig hätten.

Es ist ihm viel zu blöd, zu beantworten, warum er lieber übersetzt, statt zu schreiben. Das Leben mit seiner 15-jährigen Tochter Amina in Salzburg liefert keine Klatsch- und keine Literaturvorlagen mehr; sein Körper, seine Seele und seine Wirklichkeit harren in Pattstellung zueinander. Dabei sieht er auf eine irritierend gewöhnliche Art glücklich aus.

Später dann in der »Intercontinental«-Bar, nach zehn öffentlich verbrachten Stunden, vom vielen Wein noch immer unbetrunken, erkennt ihn kein Mensch. Nirgends, nicht einmal auf der Straße, hat sich jemand nach ihm umgedreht. Das Wort ist Fleisch geworden und wohnt unkenntlich unter uns. Es ist wie bei einem Filmstar, den man aus der Ferne vergöttert und auf der Straße übersieht.

Ein Gürtel von Marisa Mell

(Wienerin, 1986)

»Den schenk ich dir«, sagte sie. »Ist von einem süßen jungen Liebhaber aus Rom, der kein Geld hatte.« Danke, Marisa Mell. Sie war ein Weltstar. Sie hat sehr bitter sterben müssen.

Frau Mell lasse bitten, sagte die Dame unter dem gläsernen Himmel an der Rezeption des »SAS«-Palais-Hotels. Sie sagte es sehr kühl. Oben, vor Zimmer 504, auf der kornblumenblauen Auslegware, stand noch das Tablett mit den Überresten eines sehr späten Frühstücks. Frau Mell hatte viel bestellt und wenig gegessen und dann reinen Tisch machen wollen.

Drinnen, auf dem Sofa, sitzt Frau Mell und sagt übertriebene Freundlichkeiten. Sie trägt eine schwarze Trikothose, hauteng. Sie lacht tief und unflätig, bis zum Bauch hinunter. Ihre Augen verkriechen sich, so gut sie können, unter den Stirnfransen. In den Sprechpausen macht der Mund müde Halbmonde. Vom Nachttisch schaut Jesus zu uns herüber. Marisa Mell hat ihn immer dabei.

Wir gehen aus heute Abend. Sie macht sich noch zurecht. »Zieh ich den schwarzen Apparat an oder den goldenen? Jesus, bin ich schlecht drauf heute!« Gestern noch eine lange Nacht gehabt mit dem voraussichtlichen Verleger ihrer Memoiren. Heute im Bett geblieben. Jetzt noch schnell Erika Pluhar anrufen: »Schatz, du schreibst mir das Vorwort, jaaaaa?«

Nun ist sie besser drauf. Malt noch den großen Mund aus und macht Augen wie Sophia Loren. Eine Zigarette dazu und ein Bourbon aus der Mini-Bar, zum Anstoßen.

Gestern haben wir uns kennengelernt. Sie sah groß und interessant aus und erzeugte Vibrationen, als sie durch die Hotelhalle stiefelte, das Becken voraus, den Kopf im Nacken, die Lippen aufgestülpt. Alle schauten ihr nach: die Japaner, die Amerikaner und die Ehefrauen. Sie bestellte Champagner, ganz zwanglos. Sie prickelte am ganzen Leib und gurrte beim Lachen.

Meine kritische Distanz zu ihr habe ich nach einer halben Stunde verloren. Weil sie mir so sympathisch war. Nun half auch die Lektüre alter Skandal-Geschichten und das Einholen zynischer bis mitleidiger Kommentare ehemaliger Freunde nichts mehr. »Marisa Mell – ein Pflegefall«, stand im »Kurier«. Oder, zu besseren Zeiten, dass sie Champagner aus Pokalen trank. 20 Jahre lang hieß es »Marisa, der Weltstar«. Die Hinweise auf ihre künstlerische Existenz waren selten, die privaten Mitteilungen ungezählt: »Zigeunerhochzeit mit dem Mann fürs Leben«, »Schluss mit der Karriere – jetzt ein Kind«.

Gestartet war sie wie eine Rakete. Marlies Moitzi kam im Schlepptau ihrer Mutter aus Graz ans Reinhardt-Seminar, war eine talentierte Schönheit und in einer Klasse mit Erika Pluhar, Gertraud Jesserer, Heidelinde Weiß und Senta Berger. Gleich an die »Josefstadt« und dann sofort zum Film. Viel Fließbandware, aber auch Arbeit mit Regisseuren wie Ken Russel und Vincente Minelli.

Ein Leben, das sich dort abspielt, wo die Mutter ihren eigenen Lebenstraum fortträumen kann: in den besten Hotels der Welt. Bei den aufregenden Partys. Im Scheinwerferlicht. Die Mutter meinte es immer gut mit Marlies. Schon im Kindergarten. Sie nähte ihr Pelzmäntel und beschränkte ihr Leben auf das Leben der Tochter. Den Vater gab es nur flüchtig.

Die schauspielerischen Qualitäten von Marisa Mell standen nur selten zur Debatte. Es war die Zeit der plakativen Agenten-, Gauner- und Sex-Komödien: ein bisschen Sonneninsel-Kulisse, ein paar schöne Gesichter.

Lange haben ihr die berühmtesten Männer der Welt und die Reporter aus der Hand gefressen. Alain Delon und Warren Beatty, der Schah von Persien und österreichische Ehrenmänner. In Rom lebte sie in einer dreistöckigen Luxuswohnung auf dem Hügel der Milliardäre, in New York war sie einen Sommer lang das Pussycat der feinen Gesellschaft. Die Juwelen des Schahs hat sie nicht mehr, und die alten Freunde sagen nur noch »Hello, goodbye«.

Schon das Stichwortregister ihrer Memoiren liest sich wie das Drehbuch zu einem Antel-Film: »Meine erste Liebe«, »Gianni Agnelli und die Folgen«, »Die Sterne lügen nicht«, »Rocco, mein liebster Hund«, »Skandale und Skandälchen«, »Überlebensgroß: Curd Jürgens«, »Ganz nah: Helmut Berger«, »Rückblende: Das Märchenkind«, »Mein erster und einziger Ehemann«. Der geht auf Seminar-Zeiten zurück und ist ihr im Verlauf der ersten Erfolge abhanden gekommen.

Ihre Memoiren schreibt sie abwechselnd aus der Perspektive des jungen, unschuldigen Mädchens, dem die weite Welt ein paar Nummern zu groß und verdorben ist, und aus der Sicht der Femme fatale, die Männer wie Delon verrückt machte. Die Sterne und die Kirche sind immer wieder von entscheidendem Einfluss: Manche Episode musste auf Grund des Aszendenten traurig enden, manche aus Gründen einer Kinderbuch-Moral. Die Geschichten lesen sich, als hätte Mutter sie geschrieben.

Als die Mutter vor zwei Jahren starb, hatte Marisa Mell kein Geld und keinen Job. Helmut Berger war auch nicht mehr flüssig, aber er hat ihr irgendwo in Rom, mitten in der Nacht, so viel Geld organisiert, dass sie heim nach Graz konnte. Der ORF gab ihr einen Job in der legendären Produktion »Simsalabimbambum«, sie spielte am »Vienna English Theatre«, litt unsagbar am Tod der Mutter und gab Journalisten Auskunft darüber, dass sie nun auch malen, singen und schreiben werde. Es folgten Vernissagen, zuletzt in der »Shopping City Süd«. Sie ist immer noch gut genug für einen kleinen Rummel – eine Story in »Seitenblicke«, ein bezahltes Interview im Kaufhaus, eine kleine Notiz im »Kurier«.

»Was willst du hören?«, fragt sie spätnachts in der Eden-Bar. Wir sind inzwischen per du, und ich beneide sie um ihren bedingungslosen Optimismus, weiterzumachen. Ein einflussreicher Herr vom ORF hat ihr soeben mit zynischem Charme gesagt, dass sie ziemlich out sei. Ihr haben nicht einmal die Mundwinkel gezuckt, als sie ihn lachend um eine neue Chance bat.

»Ich habe keine Angst«, sagt sie. »Wenn's sein muss, gehe ich noch in den Sozialdienst, obwohl's da nicht einmal Champagner gibt. In ein Spital, ältere Menschen pflegen.« Die Mutter musste auch gepflegt werden, sagt sie. Jetzt weint sie, und wir haben nicht einmal ein Taschentuch.

»Du kannst alles hören«, sagt sie. »Von mir aus auch, dass ich schon mal gegen Geld mit einem ins Bett gegangen bin. Du wirst lachen, es war für einen guten Zweck, irgendwie. Richtig Glück hatte ich sowieso nie, mit den Männern. Mich haben die ja nie ausgehalten. Ich war viel zu stark, zu viel Power, verstehst du? Ich bin wie mein Vater.«

Sie lebt jetzt allein. Noch immer in Rom, nur eine Nummer kleiner als früher. »Keine Sekretärin mehr – wozu brauch' ich das? Keine teuren Fetzen mehr – ist auch egal. Kaum Angebote – aber das halt ich aus.«

Die Italiener mögen sie noch immer, genauso wie sie Anita Eckberg oder Brigitte Bardot mögen. Die gehen mit ihren Diven viel zärtlicher um, wenn die Diven einmal nicht mehr oben sind. Die sind irgendwie dankbar für schöne Erinnerungen. Anders als manche Freunde in Wien. Die können sehr böse und gemein sein, in ihrem Mitleid aus sicherer Distanz.

Marisa möchte sich gerne noch einmal so richtig aufknöpfen. Bei einem Regisseur, der keinen Selbstbetrug und keine Ausreden duldet. Einer wie Fassbinder müsste es sein. Der hat sich ja auch getraut, das 60er-Jahre-Busenwunder Barbara Valentin zu besetzen, und Marisa Mell hätte bestimmt so viel Seele unter der Haut wie Barbara Valentin. Beiden ist ja gemeinsam, dass sie radikal gelebt haben: immer nur im Augenblick.

Wenn Marisa dumm wäre, hätte sie es vielleicht weiter gebracht. Der Traum hätte auch in einer hübschen Villa mit Ehemann oder in der existentiellen Sicherheit einer kleinen Firma enden können. Aber ihren Träumen hat sie länger als einen Augenblick getraut. Sie wusste viel zu genau, dass ihre Wirklichkeit nur eine Attrappe war. Die Mutter wollte das nie so genau wissen. Die Männer erst recht nicht. Sie hat ihnen immer alles recht gemacht. Einem sogar das Kind abgetrieben, das sie eigentlich wollte.

Cover-Fotograf Gerhard Heller findet, dass Marisa Mell ein Gesamtkunstwerk ist. Frau aus einer Zeit, als sich Frauen, und besonders Schauspielerinnen, noch für Illusionen zuständig fühlten. Um ihre Filme geht es dabei gar nicht so sehr, auch wenn beispielsweise »Casanova 70« mit Marcello Mastroianni ein großer Erfolg war. Es geht vielmehr um das Bild einer Frau, das sich zum Inbegriff eines Medienproduktes verselbständigt hat: Jeder kennt ihren Namen, kaum jemand ihre Filme und keiner ihr keineswegs bemitleidenswertes Talent zum Absturz und zum Untergang.

»Go«, sagt sie immer, wenn ihr das Leben ein wenig weh tut, und dann reckt sie den Daumen hoch. Sie mag es nicht, wenn wir so ins Melancholische kommen. »Erklär' mir bloß nicht, wie's mir geht«, sagt sie, »und schreib' keine traurige Oper.«

»Champagner!«, sagt sie, und der Zahnarzt am Nebenhocker überlegt, ob es sich lohnen könnte, sie einzuladen.

Marisa, nun erzähl' mir die Geschichte mit dem Schah, ganz genau. »Was soll ich dir sagen, ich saß in New York, und da trabte ein Typ an, alles sehr wichtig, jemand wolle mich kennenlernen. Das ging wochenlang, mit tollen Geschenken, ich dachte schon, der ist verrückt. Dann haben sie mich irgendwann hingeführt, wie einen Staatsbesuch – als ob mir jemand was tun könnte, dass ich nicht lache! Der Schah war in Ordnung, sage ich nur. Morgengabe? Juwelen. Von Tiffany's? Ich bitte dich, nein, das ist ein Ramschladen. Ja, und später einmal, in Italien, eine Modenschau von Valentino. Ich wurde ausgeladen. Ich rufe den Valentino an und sag: ›Spinnst du?‹ Und weißt du, was dahintersteckte? Farah Diba war angesagt und die hat Valentino jeden Umgang mit mir untersagt. Andernfalls würde sie nie mehr einen Fetzen bei ihm kaufen.«

Morgen fährt sie heim nach Rom. Das Cover-Foto will sie vorher sehen. Es gefällt ihr. »Irgendwie ehrlich, findest du nicht? Und viel Power, keine Frage. Vielleicht lass ich trotzdem demnächst einen Lift machen.«

Im Hotelzimmer noch ein Bourbon zum Anstoßen. »Zieh ich den schwarzen oder den goldenen Apparat an?« Den goldenen, Marisa. Er passt dir.

Über der Sessellehne hängt ein goldener Gürtel. »Wie gefällt dir dieser Apparat? Original Carabiniere-Gürtel, antik. Von einem süßen jungen Liebhaber, der kein Geld hatte. Ich schenk ihn dir. Probier ihn an. Nein, nicht so, das sieht ja krank aus. Ich schenk ihn dir, weil ich dich mag.«

Ich dich auch, Marisa. Und bitte, lass dich nicht liften. Du hast doch ein Gesicht.

»Ist ja gut, Mädchen. Hab' ich gesagt, ich will mein Gesicht verkaufen? Nur ein kleiner Lift, vielleicht. Musst ja nicht gleich depressiv werden wegen jeder Kleinigkeit! Im April komm' ich wieder. Vernissagen, Auftritte vielleicht. Man wird sehen. Power hab' ich noch genug.« Ja, Marisa.

Die Naschmarkt-Arie

(Wienerin, 1986)

Was, das hat es tatsächlich gegeben? Ich finde diese Geschichte über das längst verschwundene »Café Theater an der Wien« und merke, was für ein Geschenk Frau Maria und ihre Gäste waren. Und lustig noch außerdem.

Jeden zweiten Mittwochabend pro Monat ist Frau Maria ganz anders als an den anderen Tagen. Ein unbeschreibliches Rouge kriecht ihr in die Wangen, wie von Chânel und dennoch aus der Haut. Es endet ungefähr dort, wo auch ein Visagist die Grenzen ziehen würde, um die mädchenhaften Backenknochen dieses fein modellierten Gesichts hervorzuheben. Das Rouge der Frau Maria hat einen fransigen Übergang zur Blässe; feine, freigelegte Äste, wie ein Netz von dünnen Nerven.

An solchen Abenden steht Frau Maria unter Hochspannung. Schneller als sonst, und auch ein wenig gebückter, flattert sie mit dem Tablett zu den kleinen, skairoten Logen ihres Lokals. Mit weit entfernten Augen und Ohren nimmt sie Bestellungen auf; zwei Gespritzte und eine Dose Ölsardinen, zum Beispiel. Sie hört das nicht wirklich, ihr Kugelschreiber, der an der Halbschürze angebunden ist, macht seine Notizen selber. Der Kugelschreiber und Frau Maria sind immer dankbar, wenn nicht zu viel auf einmal bestellt wird. Etwa zwei Meter von den Tischen entfernt endet das übermäßig entzückende Lächeln, das Frau Maria immer bei der Arbeit trägt, ganz abrupt. Zurückgekehrt hinter das Buffet, sieht sie sehr streng aus.

In der Fensterloge neben der Musicbox (*rock-ola, Baujahr '59*) sitzt immer Frau Liz. Sie legt Wert darauf, dass ihr appetitliches Dekolleté zur Geltung kommt, aber nur so deutlich, wie es eine anständige Hausfrau an einem besonders frivolen Abend wagen würde. Frau Liz hat Augen wie Christbaumkugeln und immer einen Kussmund und manchmal auch Kundschaft. Ruhige, nette, ältere Herren; Galane eigentlich, die ein launiges Gespräch über Gott und die Welt ebenso zu schätzen wissen wie eine zärtliche Stunde im Séparée nebenan, hinter dem Vorhang.

Frau Liz ist die einzige Dame, die noch anschafft, im »Café Theater an der Wien«. Die anderen sind alle fort; Frau Maria hat ihnen und ihren Zuhältern die Tür gewiesen, weil ihr Geschäft zu bunt wurde. »Wissen Sie«, erzählte Frau Maria einmal in einer Verschnaufpause, »das waren wilde Zeiten, immer hat es Probleme gegeben mit den Damen. Nicht mit den Zuhältern, denn die haben mich respektiert, ja, bei mir hat jeder sein Schießeisen eingepackt, aber draußen, vor der Tür, da war es manchmal schlimm. Das gehörte halt zum Milieu. Aber dass die Damen herinnen geschlagen werden, das habe ich nie erlaubt.«

Frau Liz ist vor vielen Jahren einmal hart attackiert worden und dann viele Jahre nicht mehr gekommen. »Da haben die Damen einen großen Stolz«, sagt Frau Maria, »die gehen dann in ein anderes Lokal.«

Irgendwann stand Frau Liz dann doch wieder da, und seither wohnt sie in der ersten Fensterloge. Niemand, nicht einmal Frau Maria, weiß, wie ihr wirklich zumute ist an manchen Tagen, denn sie lächelt immer. Sie hat ihren Beruf von der Pieke auf gelernt und würde keinem Mann ihre Traurigkeiten zumuten oder unbeteiligte Gäste an anderen Tischen mit einem leeren Blick langweilen. Frau Liz hält sich eisern an die Gesetze des Geschäfts, auch wenn ihre Geschäfte nicht mehr so gut gehen wie vor 20 Jahren.

Die Geschäfte von Frau Maria sind ebenfalls mühsam. An manchen Abenden sind hier nebst ein paar einzeln verstreuten Figuren nur die lauten Stimmen aus dem Schwarzweißfernseher zu Gast. Auf höfliches Bitten hin wird das Gerät leiser gestellt; dann dröhnt aus der Jukebox Mario del Monaco von ganz weit her.

Von außen sieht das »Café Theater an der Wien« immer irgendwie geschlossen aus. Eine Fensterfront mit Vorhängen wie in einem langgedienten Wohnzimmer, ein Rollbalken über der Tür, der niemals ganz offen ist. Die Leuchtschrift, in zügigen 50er-Jahre-Buchstaben über die Fassade montiert, ist nur noch halbseitig in Betrieb. Aber das fällt kaum jemand auf, denn die Millöckergasse am Naschmarkt wird meist nur von Menschen frequentiert, die vor der »Cats«-Vorstellung noch schnell einen Parkplatz suchen.

Früher war das ganz anders. Hoch ging es her bei Frau Maria, der Sekt und die Tränen flossen in Strömen, es wurde geliebt und gelacht. Recht feine Herrschaften waren hier gerne zu Gast, zur Einstimmung auf einen Theaterabend, und viele Männer, die sich bei netten Damen entspannen wollten. Im Gästebuch hat sich prominentes Künstlervolk eingetragen, und in einem ehrfurchtsvoll dekorierten Star-

Corner hängen noch die Karten von Rex Gildo, Brigitte Bardot und Adamo!

Das ganze Etablissement hat den ehrlichen Charme der fünfziger Jahre. Anders als diese Nostalgie-Attrappen von heute, die aus einem blankpolierten Nierentisch und einer aufgemöbelten Jukebox bestehen. Der Altar mit den elektrischen Kerzen und den Kunstblumen ist ein weihevolles Schmuckstück. Die gelb-rosa Kunststoffplatten an der Wand täuschen keinen Stil vor; sie sind einfach noch immer da. Nahtlos ist der Übergang von den fünfziger in die sechziger Jahre spürbar; an einer großen Tafel, die auf das Fernsehen als Attraktion des Lokals verweist. »Bols« und »Campari« müssen hier einmal die Synonyme für gastronomische Trendsetterei bedeutet haben. Den Schinken-Käse-Toast serviert Frau Maria mit neckischem Mayonnaise-und-Ketchup-Dekor, wie auf den Bilden aus alten »Thea«-Kochbüchern, in denen die Frauen dazu angehalten wurden, die Männer mit sauberen, deutschen Dekolletés und phantasievollen Speisegarnituren zu verwöhnen.

Frau Maria spricht gelegentlich davon, dass ihr Etablissement renoviert werden sollte, aber sie meint es glücklicherweise nicht wirklich ernst; auch wäre ein solches Unterfangen zu teuer. Die Zeiten sind schlechter geworden; Frau Liz spürt es auch. Deshalb hat Frau Maria kein Personal mehr, macht sieben Tage in der Woche und 365 Tage im Jahr alles allein; den Schinken-Käse-Toast, das Ölsardinen-Arrangement mit Schwarzbrot und Zitrone, die Putzarbeit und die happenweise Belieferung eines benachbarten Hotels. Jede Nacht geht Frau Maria eine Stunde zu Fuß heim, mit ihrem schwarzen Hund, der sehr arrogant ist, und vielen Arien im Kopf.

Jeden zweiten Mittwoch im Monat wird es spät. Das sind die Abende, an denen das Etablissement der Frau Maria zur Bühne wird. An diesen Abenden führt Frau Hilde Regie. Frau Hilde organisiert die Sängertreffen im »Café Theater an der Wien«, geht von Loge zu Loge mit aufmunternden Worten an die Gäste, reißt den ersten Applaus an für den Heldentenor, der missmutig aufsteht vom Tisch, mit den Augen wie eine Mamba ins Publikum sticht und so plötzlich, beinahe aus dem Hinterhalt, zu singen beginnt, dass alles Getuschel mit einem

Schlag verstummt. Nie lächelt er beim Applaus, auch später nicht, wenn er wie angeklebt den Rest des Abends in Fensterloge drei verbringt.

Frau Maria nimmt keine Notiz von den Darbietungen des Heldentenors. Sie huscht, zusehends hektischer, durchs Lokal, beginnt schon hinter dem Buffet an ihren Haaren zu hantieren und übt den Zorn und die Verzweiflung der Micaela aus »Carmen«, deren Arie sie als Höhepunkt des Abends vorzutragen gedenkt.

»Ich hab' ins Auge, ins dunkle, dir geblickt«, singt der Heldentenor, wovon manchen Gästen ganz zweierlei wird. Frau Hilde, die komödiantisch so Begabte, nimmt dieser plötzlich so schwerblütigen Stimmung im Lokal den heiligen Ernst. In der nächsten Runde steht sie da im mondänen Abendkleid; sie möchte dann nochmals 20 sein, ganz frivol, in akrobatisch hohen Stöckelschuhen. Sie drückt einen netten Buben aus dem Publikum an ihr breites Herz und legt all ihre Sehnsüchte bloß, mit einer Kraft und Ehrlichkeit, die Ehrfurcht vor der Kunst und vor Frau Hilde gebietet.

Die üppigste Schönheit in diesem Ensemble ist Frau Vera. Sie trägt feuerroten Modeschmuck und hat auch privat noch kochendes Blut. »So stell' ich mir die Liebe vor«, singt sie im Duett mit Frau Trixi, ihrer kraftvoll wuchtigen Partnerin. Im »Schwipslied« geht sie so weit, wie es Künstler sonst kaum wagen.

Am Klavier, gleich neben der Tür zu den Séparées, hinter dem Fransenvorhang, sitzt Frau Helene. Sie hat ihr graublondes Haar in 20er-Jahre-Wellen gelegt und trägt das schönste Kleid des Abends: aquamarinblau mit tüllenen Puffärmeln, dazu eine Perlenkette und bandagierte Beine in gewagten Abendschuhen. Ihr Auftritt, zwischen zwei dramatischen Arien, ist ein einziges Schelmenstück: eigene Texte, vorgetragen mit der Weisheit eines alten Indianers und dem Charme eines jungen Mädchens, dem die Liebe nicht die Unschuld stehlen kann.

Die alte Frau Richter wiederum, die mit 86 Jahren ihr zweites Doktorat ansteuert, versprüht nicht Schalk, sondern intellektuellen Optimismus. Kupferrote Pagenfrisur, avantgardistisch lackierte Nägel, eine winzige gebückte Gestalt, die am Billard-

Tisch lehnt und ein Gedicht vorträgt, das sie ihrer Einsamkeit abgetrotzt hat.

Frau Maria nimmt auch davon keine Notiz. Ihre Augen sind jetzt nur noch zwei gefährliche Schlitze, wie bei einem Panther kurz vor dem Sprung. Frau Hilde, die Organisatorin, spürt, wie geladen die Luft schon ist, und kündigt eilfertig und in immer kürzeren Abständen den Star des Abends an. Frau Maria notiert es mit Wohlgefallen, macht aber abwehrende Gesten dabei und streift heftig mit den Händen über ihre Halbschürze.

Kenner der eigentümlichen Gesetze dieses Etablissements nutzen die letzte Chance für doppelte und dreifache Bestellungen, denn nun wird lange nicht mehr ausgeschenkt. Frau Maria verschwindet spurlos; ein, zwei Künstler tragen noch Werke vor, Frau Hilde beginnt nun damit, Applausübungen mit dem Publikum für den bevorstehenden Höhepunkt zu machen.

Dann steht Frau Maria plötzlich im Torbogen vor den Séparées. Das Gesicht hat sie im Stil einer französischen Existentialistin aus der Ära der Juliette Greco zurechtgemacht. Ihr zierlicher Oberkörper ist in schwarze Spitze gehüllt – erotisch, aber keineswegs plump. Von der Gürtellinie abwärts ist sie eine ganz andere Frau: ein Rock, der so rechtschaffen aussieht und so gar nicht glamourös. Alle Charakterzüge der Frau Maria sind in dieses Styling eingebaut: Das Mädchenhafte und das Frivole und das Strenge und das Bürgerliche und die abweisende Kälte einer Frau, die in ihrem Innersten große Operndiva ist – und nicht Wirtin im Naschmarkt-Etablissement mit seinen kaum noch benützten Chambres séparées.

Frau Maria verbeugt sich siegessicher wie die Callas, spreizt ihre Finger in den langen Abendhandschuhen und geht entlang dem plastikpalmenbeschmückten Billardtisch auf und ab. Dann ballt sie die Fäuste, nimmt eine Körperhaltung wie eine Raubkatze an, und eine Miene, die nichts Gutes verheißt. An manchen Abenden tritt sie auf im goldenen Kleid, ein Diadem im Haar, ganz unnahbare Operndiva.

Der erste Ton schneidet wie ein Messer ins Fleisch. Die Arie der Micaela aus Bizets »Carmen« kommt ihr als Urgewalt aus dem Leib. Verzweiflung und Zorn, Leidenschaft und Kälte. Die Ovationen nimmt sie erst skeptisch, dann glücklich entgegen.

Ihr Körper und ihr Gesicht atmen auf, sie leistet sich dann, ganz gegen ihre strengen Gefühle und ihre absolute Leidenschaft für die Oper, ein leichtfertiges Wienerlied.

Der Herr Wolferl ist den ganzen Abend lang ganz unscheinbar an seinem elektrischen Begleitinstrument gestanden. Er hat sich tadeln lassen von Interpretinnen (»Nicht so laut, Wolferl!«) oder als Statist gedient, wenn Frau Vera, die Vollblütige, ein Liebeslied szenarisch illustrieren wollte.

Nun, nach dem offiziellen Teil, ist er dran. »Sunnyboys« singt er – und dass er die Herzen der stolzesten Frauen bricht. Dazu hatte er noch nie Gelegenheit, deshalb singt er es so schön und ist ein paar Augenblicke lang ein echter Herzensbrecher, anders als im Leben, das er als Museumswärter abdient, und als liebenswerter Schluckspecht.

An besonders glücklichen Mittwochabenden, wenn die Herrschaften lange nach Mitternacht ihre Beschwerlichkeiten und ihr Alter noch immer nicht spüren, singt auch der Mann, der aussieht wie Ted Herold. Er trägt einen champagnerfarbenen Anzug, wie man ihn in den goldenen fünfziger Jahren einfach haben musste, um bei den Damen zu reüssieren; mit leicht ausgestellten Hosen und sehr männlichem Schnitt. Der Herr Gottfried beherrscht auch noch jenen Blick, der in Sekundenbruchteilen eine Dame ausziehen kann, ohne dass sie deshalb rot werden muss. Es ist ein ganz kurzes Aufflammen, Entdecken, und ein beinahe gleichzeitiges Versenken ins Herz hinunter, eine so heftige Intimität zwischen Mann und Frau, dass sie den Frauenhelden von heute auch durch minutenlanges Glotzen nicht gelingt.

Ein solcher Seitenblick, geworfen mitten in einer aufwühlenden Zeile aus dem Lied über den Sonnenuntergang von Capri, trifft unausweichlich, auch wenn der Ted Herold aus dem Naschmarkt-Etablissement einen Herzschrittmacher hat und seiner Frau Trixi, die im Publikum sitzt, treu ist bis auf die Knochen.

Frau Maria kredenzt an besonders gelungenen Mittwochabenden den letzten Gästen noch einen grünen Minzlikör. Sie hat wieder ihre Halbschürze an und erzählt im Stehen von der schwierigen Arie aus »Nabucco«, die sie gerade einstudiert, für den nächsten Auftritt. Ganz streng ist sie da mit sich selber, hält sich eisern an ihre festgelegten Probezeiten und an das Gesetz, dass Oper etwas Elitäres bleiben muss. Mit größtem Misstrauen überprüft sie ihre Gesprächspartner, um herauszufinden, ob die wohl in der Lage seien, zwischen Kunst und Spektakel zu unterscheiden. Sie duldet kein Pardon, was ihre alleinige Zuständigkeit in allen Opernfragen betrifft. Tödliche Blitze aus den Augen und ein maskiertes Lächeln sind ihre Antwort auf jedwede anmaßende Bemerkung zu Belangen der Opernkunst.

Frau Hilde sammelt gegen Ende des Abends mit dem Hut freiwillige Spenden für die AKM-Abgaben. Sie ist nun hemmungslos fidel und neigt ein bisschen mehr als sonst dem Gläschen zu. Damit und mit dem Singen besiegt sie ihre Traurigkeit über eine sehr, sehr große Liebe.

Sissi, unser eiskalter Engel

(Wienerin 5/1986)

Wahlkampfreise mit den Waldheims. Es hat mir Angst gemacht, wie stark und stählern und selbstlos Sissi Waldheim war. Und diese Disziplin, dass man auch ein Stück altes, leeres Brot nur vom Tellerchen im Speisezimmer essen darf.

Der Vater muss ein recht fescher Offizier gewesen sein. Ein richtiger Herr. Mit drei Töchtern gesegnet. Ein strammer Bub wäre vermutlich nicht unerwünscht gewesen. Jedenfalls durfte Elisabeth Jus studieren. Charlotte heißen durfte sie nicht. Das hat mit dem Pfarrer zu tun, mit der Taufe. Damals konnte man seine Kinder ja nicht Coca Cola oder Pumuckl nennen, es musste schon ein ordentlicher Heiligenname sein. Mit der Tochter gelang dann ein Kompromiss. Lieselotte-Maria oder so. Aber so weit sind wir noch nicht.

Wir sind erst in Pottendorf, im »Gasthaus Erna«. Dort herrscht große Aufregung, weil der Waldheim mit dem Konvoi da ist. Am Katzentisch sitzen die feschen Buben in den blauen Overalls, sehen ganz draufgängerisch aus, wie ein Fallschirmspringertrupp. Ihr Job ist es, das Paar bei seinen Auftritten in Fußgängerzonen und auf Festplätzen zu umzingeln, mit gezückten Polaroidkameras. Ununterbrochen wird geschossen; jedem Österreicher sein Sofortbild mit Sissi. Die Kerle haben sich ihr Schnitzel fürwahr verdient.

Der Herr Schatzer, auch wenn das Wortspiel ziemlich witzlos ist, ist ein großer Schatz. Ihm verdanke ich, hier live dabei sein zu dürfen. Ihm obliegt das Amt eines Wahlkampf-Pressechefs. Ein stressiger Job, wie man Schatzers flatternden Augen anmerkt.

Ich verdanke dieses Vergnügen auch Herrn Dr. Peter Marboe, dem obersten Wahlkampfleiter, dem Hirn dieser Maschine, die Österreich überrollt. Bis in den letzten Winkel wird gefahren, jawohl. Ich danke ihm, obwohl er mich auf das Schamloseste belogen hat: Nur wegen meiner sanften Stimme am Telefon gestatte er, dass Frau Waldheim noch einmal von der »Wienerin« belagert würde. Ein erstes Interview, zelebriert im Salon der Dame, hätte eigentlich genügen müssen. Uns Unersättlichen war es zu wenig. Aber meine sanfte Stimme ... Marboes Bruder Ernst-Wolfram wäre bestimmt etwas Originelleres eingefallen.

Aber hier werden ja keine Witze gemacht, sondern der mit allen amerikanischen Wassern gewaschene Peter inszeniert in Österreich einen Wahlkampf, wie ihn die sonst etwas patscherten ÖVP-PR-Strategen wohl noch nie erlebt haben.

Das findet auch meine Freundin A., die aus der VP-Zentrale »Kärntner Straße« abkommandiert wurde, um aus der Chronik der laufenden Ereignisse eines Wahlkampftages beinahe stündlich neue Pressemitteilungen durchs Autotelefon zu funken. Im Grunde genommen weiß sie alles schon, bevor wir überhaupt an einem Ort eintreffen, so generalstabsmäßig ist die Tour organisiert. Meine Freundin hat auch seinerzeit die Tour mit Alois Mock mitgemacht. So perfekt war das damals nicht. Auch das Echo des Volkes sei viel größer jetzt.

Wir sitzen also im öden Pottendorf, sie hat ihr Stenogramm auf den Knien und telefoniert in die Zentrale, was Frau Landrat

Prokopp bei der bevorstehenden Waldheim-Kundgebung gesagt haben wird. Oder redet sie von Mödling, wo wir heute früh schon waren. Schwer hektisch, der Job meiner Freundin.

Der Morgen war wunderschön. Ich stand verblüffend pünktlich am Lobkowitzplatz Nummer eins in Wien, City. Die Chauffeure und der Herr Konvoileiter waren schon da; ich konnte sie den ganzen Tag nicht auseinanderhalten, weil sie alle diese österreichische Tracht trugen, Stil: Trauzeuge einer ländlichen Hochzeit.

Mein rosaroter Plüschmantel erschien mir ziemlich deplaziert für die Märzsonne und auch für die korrekt gekleidete Gesellschaft, die es zu begleiten galt. Da traten Sissi und Kurt aus der Tür – sie, Gott sei Dank, ebenfalls in einem Pelzmantel, wenn auch in einem echten. »Guten Morgen«, sagte sie frisch und beinahe fröhlich. Ihr Make-up war ziemlich mutig: kräftiges Rouge, schimmernd-blauer Lidschatten. Zum grünen Mercedes hätte sich ein dumpfes Oliv besser gemacht, aber bitte.

Ankunft Mödling fahrplanmäßig. Am Marktplatz haben sich viele Lodenmenschen versammelt. Die Musik steht schon stramm. Während das erlauchte Paar zum Auftritt schreitet, ertönt die eigens für solche Veranstaltungen komponierte sogenannte »Waldheim-Fanfare«, dann ein paar Takte »New York, New York«, was gar nicht unoriginell klingt, wenn man Sinatras Originalversion kennt, und schließlich ein mehr als schmissiges »Oh, du mein Österreich«.

Spätestens jetzt haben die Waldheims den anwesenden Teil der Menschheit für sich.

»... und wissen Sie, liebe Freunde, was unser Festmenü damals war, bei der Verlobung? Gesottene Erdäpfel und Spinat und sonst nichts ... und so ist es den meisten Österreichern unserer Generation ergangen ... und alte, bittere Zeiten beschwören wir nicht mehr herauf ... jawohl ...« Fetzen von Waldheims Rede verfolgen mich bis in die Metzgerei. Wieso Metzgerei? Ich hatte mich, kulinarisch so animiert, kurz vom Trupp entfernt und mir eine Leberkässemmel genehmigt.

Zurück zum Tatort, am Brunnen vor der Kirche. Menschen umzingeln Sissi. Menschen, die aussehen wie von Deix gezeichnet. Ein Panorama aus österreichischen Gesichtern und

Hüten und Mänteln. Rot um die Augen, rot um die Nasen, sonst lodengrün. Alte Frauen rammen sich die Taschen in die Hüften, für ein Autogramm. Sissi plaudert mit ihnen; zum ersten Mal bemerke ich, dass ihre Stimme ziemlich schrill ist, auch wenn sie leise spricht.

Ein Mädchen, in der gelben Uniformjacke der Wahlkämpferinnen und einer schamlos engen schwarzen Hose, schenkt mir einen Filzstift aus dem Naschkörbchen. Dazu ein Erfrischungstüchlein, von Waldheim gewidmet. Warum eigentlich nicht, der Tag wird bestimmt noch hitzig.

Enthusiasmiert zupft mich eine drollige Dame am Ärmel: »Ist sie nicht schön, ist sie nicht schön?« Ich schaue verdattert auf Frau Sissi, diese österreichische Majestät, dieses Mannequin der kleinen Bürgerlichkeit. Hinter ihrem linken Ohr hat sich eine Haarspange gelöst. Aber sonst hat die Oma schon recht.

Wir satteln die Hühner Richtung Baden. Unterwegs treibe ich denselben Unfug wie Sissi im Wagen hinter uns: Ich verschlinge »Die ganze Woche«.

Auch in Baden zieht Kurt Waldheim eine hübsche Geschichte aus der Schatulle. Hier, irgendwo auf dem Bankerl sowieso, haben sich die zwei seinerzeit verlobt, die Zeiten waren hart, das Menü kenne ich schon: Spinat mit Erdäpfeln.

Sissi ist auch diesmal gerührt beim Zuhören. Senkt die Lider, umklammert den Blumenstrauß, steht da wie ein Einser, 1,76 groß. Kurt Waldheim hat auch Gardemaß. Nur sein Kopf wirkt so klein, das muss am großen Kragen liegen.

Dann bricht Jubel aus. Die Sonne und Sissi erwärmen die Menschen, eine dicke, zahnlose Mutter hält ihr dickes Kind der Königin entgegen. »Schau, komm, Schatzi, die Frau schenkt dir ein Bild und ein Autogramm. Kannst es dem Papa bringen.«

Mir schenken die Helfer wieder Filzstifte und Erfrischungstücher, sodass ich ernsthaft in Erwägung ziehe, mich mit einer Wahlkampfplakette als Mitglied des Konvois kenntlich zu machen. Dies erst recht, als ich, zufällig neben dem Badener Bürgermeister stehend, von Frau Waldheim abermals begrüßt werde. Dabei hätte ich schwören können, dass sie sich meinen hässlichen rosaroten Plüschmantel gemerkt hat.

Wie macht sie das nur, dass sie so strahlend frisch bleibt in diesem hektischen Getue? Ich werde sie beim Mittagessen in Pottendorf nach ihrem Make-up fragen.

Und diese majestätische Contenance. Tapfer erträgt sie österreichischen Mundgeruch und stürmische Verehrung, aufdringliche Begrüßungen und zähes Geplauder. Manche alte Dame fasst sie sogar vertraulich am Arm.

Es scheint gar, sie liebt die Menschen. Die Kinder sowieso. Ein schmutziger kleiner Pülcher möchte ein Foto mit ihr. Nachsichtig lächelt sie, als er in der Nase bohrt, geht sogar mit seinem schäbigen Anorak auf Tuchfühlung. Erst seine Schulkollegen bringen sie aus der Fassung. Sie sieht sich umringt von kleinen Rotznasen, auch türkischen, und alle wollen Fotos. Da beginnt ihr Mund zu zucken, und ihre Augen glänzen eisig; aber die Stimme vibriert nur wenig beim Lügen: »Kinder, wir haben gar keinen Film mehr.«

Was soll sie denn tun? Etwa den Gfrastern eine schmieren? Mir jedenfalls hat Frau Waldheim in diesem Augenblick richtig leidgetan.

In Pottendorf. Wir befinden uns im vermutlich ödesten Nest nach Gramatneusiedl. Wir sitzen im »Gasthaus Erna«. Endlich, endlich darf ich mit ihr reden. Ganz nahe bei ihr sitzen. Sie fordert mich freundlich auf, zu bestellen. Aber in Augenblicken höchster Aufregung bringe ich keinen Bissen hinunter.

Die Zeit nutzen für heftige Fragen. Nun, Frau Doktor, wie war das eigentlich mit dem Silber, Sie wissen, diese Geschichte in New York, da kursiert doch das Gerücht, Sie hätten nach der UNO-Zeit das Silber, also, mitgehen lassen.

Schamlos, schamlos. Schauen Sie, das kann ich gerne aufklären. Ich habe das Silber bei Christie's schätzen lassen und bar bezahlt. Das ist es, das ist alles. Ein Scheck, das kann ich jederzeit vorweisen.

Und die unaussprechlichen Geschichten um die Vergangenheit Ihres Gatten? Sie wissen, was ich meine?

Ja, das ist entsetzlich. Trifft mich schwer. (Senkt den Blick.) Ist eine solche Gemeinheit. Mein Mann, der aus einer solchen Anti-Nazi-Familie kommt. BdM oder Studentenbund, ja, das hat es gegeben. Wir waren ja eine Generation. Damals musste man ja fast beim Studentenbund sein, anders hat man gar nicht ... Ich will gar nicht mehr darüber reden. Mein Mann hat mich oft trösten müssen in letzter Zeit. Es ist so schlimm für mich.

Sissi Waldheim macht Augen wie ein Panzerkreuzer. Schnell ein sanftes Thema.

Die Kinder. Oh ja, ich war eine energische Mutter. Erziehung in Liebe und Strenge und so weiter. Jedenfalls können sich die Kinder sehen lassen: lauter Juristen. Der Sohn ein Banker, die eine Tochter UNO-Protokollchefin in Genf, die Christa derzeit Wahlhelferin.

Sissi und die große Welt. Paris, Kanada, New York. Einen Botschaftshaushalt nach dem anderen aufgestellt. Mit Indira Ghandi privat diniert und den dicken Weibern afrikanischer Diktatoren begegnet. Nancy Reagan aus der Nähe gesehen, große Chefinnen zum Nachtmahl gebeten. Die hat manche Diplomatenfrau ganz schön genervt, erzählt ein Bosnigl, die hat die Frauen immer zum Kochen eingeteilt.

Sissi glättet diesen Einwand mit charmanter Entrüstung.

Ein anderer Kenner des diplomatischen Parketts behauptet, Sissi sei zwar eine formidable Repräsentantin, aber bei Tischgesprächen in heikler Gesellschaft schwitze Kurt Waldheim immer Blut, ob seine Gemahlin ihre weltpolitischen Ansichten im Zaum zu halten vermöge oder nicht.

Eine andere Schnurre ist reinster High-Society-Klatsch: Imelda Marcos habe der Frau Waldheim ihre Gastfreundschaft auf das Nobelste bewiesen, indem sie Muscheln aus einem Museum an einen philippinischen Strand transportieren habe lassen, um dem Waldheimkind Christa eine erfolgreiche Schatzsuche zu simulieren. Eine noble Geste, fürwahr, doch die Zeit in Pottendorf ist zu knapp, um auf derlei Kleinigkeiten einzugehen.

Reden wir lieber von Sissis Schönheitsgeheimnis. Nun, es handelt sich beim Make-up um einen Hauch des amerikanischen Produkts »Moondrops«, vorzugsweise kombiniert mit etwas Make-up von Rubinstein. Unter den Düften gibt Sissi meist einer Note von Hermès den Vorzug, unter den Figaros einem gewissen »Salon Rachle«. (Hoffentlich schreibt man ihn so.)

Bei der Garderobe buhlen zwei bis drei Schneider um die

Gunst der Lady, hin und wieder gibt sie einer Création von Adlmüller nach, aber bitte, nur aus der Boutique. Überhaupt ist sie ziemlich sparsam. Die 180-Quadratmeter-Wohnung hinter der Oper räumt sie allein mit einer Bedienerin zusammen; eine Köchin kommt nur gelegentlich ins Haus. Sissi Waldheim ist der Finanzminister der Familie – wissen Sie, mein Mann weiß ja nicht einmal, wie man einen Scheck ausfüllt.

Je länger ich mit der Dame zu plaudern das Vergnügen habe, umso mehr ergreift mich Ehrfurcht. Und außerdem ist höchste Vorsicht geboten, denn möglicherweise schreibe ich hier über die nächste Frau Bundespräsident. Heikel, sehr heikel.

Doch selbst wenn mich nach der Wahl der Teufel holt, schlüpft mir jetzt eine Behauptung vom Papier: Diese Frau ist ein Chef. Eher lasse ich mir einreden, sie habe während der Nazizeit 20 Juden unter der Matratze versteckt, als dass ich von diesem Eindruck loskomme.

Dabei befinde ich mich in höchster Beweisnot. Frau Waldheim versichert glaubhaft, sie habe seinerzeit dem Kurt die Dissertation getippt, sich nur um den Haushalt gekümmert, ein duldsames Leben aus dem Koffer geführt. Schön und gut. Doch die Lust auf das höchste Amt im Staate leuchtet ihr viel mehr aus den Augen als dem manchmal etwas müde wirkenden Kurt. Ihr Einsatz im Wahlkampf erinnert an Nancy Reagan. Auch die Werbung ist schwer auf First Lady abgestimmt. Autogrammkarten ohne Sissi bleiben unterwegs körbeweise liegen. Genug Beobachter können bezeugen, wie Sissi ihren Kurt in familiär-privaten Gesprächen trimmt, berät, aufheizt. Wie sie blitzschnell reagiert, wenn bei offiziellen Anlässen die beste Position für die Fotografen zu erfassen ist. Und scheinbar immer im Hintergrund bleibt. Was auch sehr strapaziös sein kann. Für den angetriebenen Herrn.

Moral und Ethik seien wieder schwer gefragt, sagt Sissi Waldheim fast schwermütig. Ihr Mann sagt es auch, und ein paar hundert Lodenhüte nicken ihm zu. Lauter Leute, die kaum mehr in Versuchung kommen.

Nein, sagt Sissi. Auch die Jugend wolle mehr Moral. Sie habe 42 Jahre eine Ehe geführt, treu wie Gold. Beiderseits. Da ließe sich die Hand ins Feuer legen. Wird schon sein.

Männer, die Sissi seit vielen Jahren von diplomatischen Treffs kennen, behaupten jedenfalls, bei ihr sei man nie auf zweideutige Gedanken gekommen. Sie verleite nicht zum Flirten. Sie sei wie eine Domina, aber ohne Appeal. Nur zäh, stark, dominant eben. Auf ihr Dekolleté schiele man eher aus Höflichkeit. Dazu passt, dass sie Wagner-Opern liebt. Aber auch das nicht abgöttisch.

Von Wagner vielleicht doch noch ein klitzekleiner Schlenker ins Dritte Reich. Da beginnen die Augen zu stechen wie Stahlstifte. Dann senken sich die Lider, zum Schnitzel hinunter: In so schmutzigen Zeiten falle es schwer, ein guter Christ zu bleiben. Aber man tue, was man könne.

Ein klirrendes Lachen über die Kunst, First Lady zu sein. Das nun habe sie wirklich lang genug geübt. Ganze Haushalte aus dem Hütchen gezaubert. Mitgereist ist immer nur das Schlafzimmer. Inzwischen dürften es zwei sein. Das wiederum ist nur eine Vermutung. Denn Mylady plaudert niemals von der Bettkante.

So vergeht unser Interview mit Smalltalk, den sie steuert wie ein Kapitän. Es taucht eine vage Vision auf, wie das sein muss, wenn sie auf diplomatischem Damenparkett agiert. Grad, dass sie sich noch die Namen ihrer besten Freundinnen abbetteln lässt: Lilo Schönherr, Irene Blumenthal und eine gewisse Moise. Fragen wir die lieber nichts über Sissi. Die reden doch bestimmt nur Salondeutsch.

Wie halten Madame es mit der Kunst? Man gehe gern in die Josefstadt. Das letzte Stück ist so auf die Schnelle nicht erinnerlich. Es gebe jedenfalls ein befreundetes Theater-Ehepaar, das die Waldheims immer wieder in die Loge locke.

Womit Herr Schatzer auch schon wieder zum Aufbruch bläst. Wir besuchen eine Pottendorfer Textilfirma. Die Belegschaft ist schon weg. Ein paar Bürodamen wissen nicht, wie ihnen geschieht ob des hohen Besuches. Sissi nestelt geschickt an einem Textilmuster, um ein gutes Wort nicht verlegen. Das hat ja nun wirklich Stil: Die Waldheims sind da, aber keiner geht hin, und sie bleibt souverän wie bei einem Auftritt im »Madison Square Garden«. Der Abschied ist kurz und schmerzlos.

Auf einem Pottendorfer Platz spielt die Musik das Medley aus »New York« und Alpensound. Es gibt wieder Narzissen, diesmal mit hässlichen Nelken angereichert. Es gibt Sissi für alle, und keine Bühne ist ihr zum Glänzen zu klein. Österreich oder das, was man hier davon sieht, beginnt wehzutun. Sind wir nur noch eine Karikatur?

In rasanter Fahrt nach Bruck an der Leitha. Über Funk wird der Konvoi minutiös avisiert. Im Veranstaltungssaal brodle bereits das Volk, meldet Ö1. Der Conferencier, ansonsten für eine Moderevue im Einsatz, halte das Publikum schwer auf Trab. Der könne den Waldheim bis zu einer Stunde ersetzen, notfalls, sagt der Konvoileiter. Der Waldheim-Film, Spielzeit 16 Minuten, laufe bereits. Countdown: noch sieben Minuten. Beim Ausblenden muss der Leibhaftige in den Saal treten.

Den Blue-Boys habe ich beim vorletzten Bummel ein paar Polaroids abgeknöpft. Einfach so Szenen: Sissi und die Menschen. Ein Schnappschuss fällt mir im Auto aus dem Mäppchen. Die Dame von der ÖVP-Presse ist ganz aus dem Häuschen: Was willst du mit solchen Meuchelbildern? Her damit, und hat sie schon.

Meine Beste, echauffiere dich nicht. Wir haben die Frau Doktor doch schon abfotografiert. Gerhard Heller wird ja wohl gut genug sein; er ist immerhin unser Titelblatt-Fotograf. Diese Polaroids brauche ich doch nur als visuelle Gedächtnisstütze. Aber die sind doch so hässlich, sagt die Kollegin. Hoffentlich beginnt sie nicht zu weinen. – Aus reiner Freundschaft gibt sie die Bilder zurück. Aus reiner Freundschaft veröffentlichen wir keines davon.

Stimmung im Brucker Saal: kurz vor dem Siedepunkt. Es riecht nach Österreich und nach Vergangenheit. Waldheims Sätze über die Zukunft hören sich an wie Skurrilitäten. Und Herr Schatzer sieht plötzlich aus wie ein Oberförster. Aber das ist lieb gemeint.

Sissi sieht noch immer so taufrisch aus wie am Morgen, bei der Abfahrt. Zäh strafft sie ein Lächeln, das direkt aus dem Kopf kommt. Die Lippen bewegen sich maschinell. Der Körper geschmeidig.

Die goldene Uhr fällt mir ein, das letzte Geschenk von Kurt, wie sie sagte. Sie wusste nicht mehr, ob zu Weihnachten oder zum Geburtstag. Vielleicht hat sie gar keine Lust, geliebt zu werden, reime ich hausbacken. Da blitzt gerade wieder ein eisklares Lächeln von ihr ins Herz einer pummeligen Pensionistin. Will sie doch geliebt werden?

Ja, aber ganz Österreich muss es sein.

Hätte ihr zum Abschied noch gerne das Pfötchen gereicht. Aber draußen wartete schon ein ÖVP-Chauffeur wienwärts. Sissi Waldheim zog noch weiter ins Burgenland. Schaute in jede Ecke Österreichs. Wie ein eiskalter Engel, dem die Lodenmäntel zufliegen.

Der rote Heinzi Marecek

(Die ganze Woche, 27. 10. 1988)

Warum ist der Heinz Marecek eigentlich so, wie er ist? Schaut euch seine Kindheit an. Schmäh-Schule und politische Theater-Akademie auf Zimmer/Küche/Kabinett.

Daheim am Mittagstisch wurde manchmal gelacht, dass den Mareceks »die Salatblätter fast schon bei der Nase herausgekommen sind«. Man praktizierte recht saftigen Humor, den die Mutter mit feinstgeschliffenen Pointen zu veredeln verstand. Köstliches Boulevardtheater, hausgemacht. Die Dialoge schrieb der alltägliche Wahnsinn; taktlos, aber heftig und schön.

Es wurde freilich, wie es sich für kraftvolle Komödien gehört, nicht nur gelacht, sondern auch getobt. Meistens war es der Vater, der zuerst auf dem Kronleuchter saß. Die Gründe: selten triftig, meistens nichtig.

Als Bühnenbild stellen wir uns eine Wohnküche in den fünfziger Jahren vor. In einem Mietkoloss mit 60 Parteien, kein Flecken grün. Mutter Marecek rührt im Kochtopf, Vater Marecek philosophiert, Heinz Marecek und der jüngere Bruder machen Hausaufgaben, oder Unfug, je nachdem. Ein Wort gibt das andere, und vier Individualisten kleben auf engstem Raum beisammen. Da kann es schon vorkommen, dass die Untertassen einmal tief fliegen. Aber schon einen Augenblick später wird wieder geküsst.

Das Aufbrausende, sagt Heinz Marecek heute, habe er am Vater nicht übermäßig geschätzt. Manchmal auch gefürchtet, obwohl die Turbulenzen immer im Guten ausklangen. Aber genau dieses Aufbrausende habe er eine Zeit lang selber praktiziert. Die Kräche in den frühen Jahren von Mareceks erster Ehe mit Julia Migenes sind Legende. Expressionistisches Ehetheater, qualitativ hochwertig.

Heinz Marecek wurde 1945 in den sozialen gesellschaftlichen Optimismus einer tiefroten Familie hineingeboren. Die Eltern blutjung, der Vater ein Mann, dem der Krieg die Ausbildung zum Drogisten und die besten Jahre verpatzt hatte. Einen halben Fuß abgefroren in Russland. Dann der bescheidene Start ins Leben als Bürohilfskraft einer Versicherung. Die kleine Wohnung im 7. Bezirk, ohne Bad, aber mit einem Turnverein im Haus. Dort trat man samstagabends im Gänsemarsch zum Duschen an.

Sozialismus, sagt Heinz Marecek, war Charaktersache. Durchaus verbunden mit kleinen Träumen von Wohlstand, in erster Linie aber einfach eine Sehnsucht nach Chancengleichheit. Eine politische Haltung, die niemals die Heimat von pfiffigen Börsenspekulanten hätte sein können. Sozialismus hieß: viel Sport und Maiaufmarsch mit rot-weiß-rotem Krepp-Papier und mit Politikern, die nicht mit Wagen vorfuhren.

Mit Bildung hatte Sozialismus viel zu tun, mit Büchern, die Augen, Herzen und Hirn aufmachten. Der Vater war bei sämtlichen Buchgemeinschaften, bei denen ein Mensch sein konnte. Heinz Marecek hat auch Bücher gefressen, aber nie, um zu fliehen. Im Zweifelsfall ist ein Stück Leben schon schöner als ein gutes Gedicht.

Jedes Wochenende trabten die Mareceks ins Grüne. Grinzing, Mauer, Hütteldorf. An Villen vorbei in die Natur. Das gibt es also auch, dachte Heinz, so schöne Häuser mit Bäumen. Wehleidige Gedanken waren das nie. Nur so eine Idee, dass noch mehr drin sein könnte im Leben als die kleine Wohnung und ein neues Gwand zu Ostern.

Der zweitgrößte sozialistische Wunschtraum neben Chancengleichheit, nämlich eine Gemeindewohnung, erfüllte sich im Jahr 1959. Ein Badezimmer! Ein *Wohnzimmer*! Das Wohnen in demselben musste eigens erlernt werden, so sehr hatte sich die Enge der Wohnküche mit ihren optimalen Konditionen zu Tamtam und Zärtlichkeit manifestiert. Jedenfalls: Ein Zipfel vom Glück war erreicht. An die butterbestrichenen *Schinken*semmeln, die beim Schulfreund daheim selbst an ganz gewöhnlichen Nachmittagen aufgetischt wurden, reichte auch die neue Gemeindewohnung nicht hin. Und ein Auto hatte den Stellenwert der kompletten Unmöglichkeit.

Die Sommer verlebte man im Mühlviertel. Sauerstoff tanken für die Stadt, Bauernleben als Gastspiel. Einmal hat Heinz Marecek den großen Wassertankwagen ausrinnen lassen, den die Leute mühsam gefüllt hatten. Nur um zu sehen, wie das ist, wenn die Fontäne kommt. Zum Glück hat er dann, auch ohne Schläge, begriffen, dass dieser Streich ziemlich trottelhaft war.

Wenn sich Heinz Marecek in die Kindheit zurückfühlt, bleibt er oft mitten in den Sätzen stehen. So, als würde er sich einem Geheimnis nähern, das nie zu lösen ist. Es passiert auch, dass er stumm lächelt, weil ihm die Tochter einfällt, drei Jahre alt. Die soll es, so besessen sind ja Eltern schlechthin, besser haben. Das bedeutet: auf dem Land leben. Und Platz haben. 300 Quadratmeter, so geschickt verteilt, dass nicht gleich die Tassen fliegen müssen, wenn es überschüssige Emotionen zwischen ihm und Ehefrau Golin gibt.

Das Thema »Theater als Beruf« hat sich nach dieser Kindheit eher beiläufig ergeben. Kein theatralisches Schlüsselerlebnis, von einem Napoleon-Auftritt als Sechsjähriger abgesehen. Nach Schuljahren, die »nicht unneurotisch« verliefen, trabte er zur Aufnahmeprüfung ans Reinhardt-Seminar. Und kam durch. Mit hochgezogenen Brauen nahmen manche Lehrer zur Kenntnis, dass hier viel überschüssige, verwertbare Kraft vorhanden war.

»Es gibt ja überhaupt nur zwei Möglichkeiten für das Theater«, sagt Heinz Marecek spätnachts im Bierlokal, nach einer ausverkauften Vorstellung in den Kammerspielen (»Ein seltsames Paar«): »Entweder diesen ganzen Schwall von Emotionen, der sich über das Leben hinaus irgendwo abladen muss. Oder die Insuffizienz der Gefühle.«

Auf Deutsch gesagt: Die großen Schauspieler von melodramatischem Geblüt, die so oft beleidigt aussehen. Weil ihnen das Leben geschmacklos vorkommt, die Kunst hingegen edel.

Vulkanische Ausbrüche von der Dimension der Wohnküche finden nun nicht mehr statt. Weder im Leben noch auf der Bühne. Das ist abgelebt und erledigt, sagt er. Klingt fast ein bisschen traurig.

Mitten in diesen Gedanken hinein dreht ein, man möchte sagen, völlig vertrotteltes Barmädchen widerwärtigste Discomusik bis an die Schmerzgrenze auf.

Plötzlich sind wir wieder in der Wohnküche aus den fünfziger Jahren. Heinz Marecek pickt auf dem Kronleuchter vor heiligem Zorn über diese tönende Idiotie. Zu lärmen beginnt er sogar, und alsbald hat der Spuk ein Ende. So kurz und heftig müssen die Gewitter damals gewesen sein.

Auch eine Zärtlichkeit von vormaliger Qualität taucht an diesem Abend auf: Dichter-Maler Joe Berger kommt mit seiner Sarah und vier ausgerollten Bildern (Ikonen!). Heinz Marecek verliebt sich in das Gesamtkunstwerk auf den ersten Blick. Und sagt beim schelmischen, freundschaftlichen Sonderangebot des Joe Berger: »Nein, das ist zu wenig. Die Bilder sind so schön, ich muss mehr bezahlen«. Joe Berger ist gerührt und hört nicht mehr den schönsten Satz, den es zum Thema der ersten Jahre gibt: »Die Kindheit ist ein Kübel, den man sich überstülpt und dessen Inhalt ein Leben lang herunterrinnt.« – »Kennst du das nicht?«, fragt Heinz Marecek. »Ist von Heimito von Doderer.«

Und was Heinz noch sagt, außerdem: Der Bruder über den wir fünf Stunden lang nicht geredet haben, ist »eigentlich der begabtere Schauspieler. Aber, schade, er hat 30 andere Berufe probiert.«

Ein Katzenpeter namens Patzak

(Die ganze Woche, 3.11.1988)

Den Kottan hat sich Peter Patzak aus dem eigenen Vater zusammengeschnitzt. Schön schräg, diese Familie. Wenn der Papa sogar ausziehen muss, wegen einer Katz'.

Im neuen Film »Killing Blue« bricht alles wieder aus: der kluge Schwachsinn, der Leben rettet. »Diese Geschichte«, sagt er, »wird allen wohltun, die immer schon wussten, dass ich eine Schraube locker habe. Also: Auf die Welt gekommen bin ich im Luftschutzkeller, Jänner '45, und das Erste, was ich erwisch', ist ein Bombensplitter im Hirn. Den haben sie mir mit der Hand herausgezogen, einfach so. Drei Jahre lang ist kein einziges Haar auf meinem Schädel gewachsen.« Das Schlimmste stand zu befürchten. Die Mutter war froh, dass der Schaden nicht gröber war.

Das Licht der Welt, könnte man sagen, hat P.P. erst drei Monate nach der Geburt erblickt. Da haben sie ihn zum ersten Mal aus dem Keller hinausgetragen. Muss grad Frühling gewesen sein, inzwischen.

Die Mutter konnte vor lauter Bombenschock nicht stillen. Da schickte der Himmel, oder wer auch immer sich zuständig fühlte, eine Ziege. Genauer: Der Vater hatte das völlig vereinsamte Muttertier irgendwo im Überschwemmungsgebiet der Donau angetroffen, ist dann täglich über Brückenpfeiler zum Melken geturnt. Kein einziges Mal hat er die Milch für das Peterle verschüttet, sodass das Peterle im Luftschutzkeller und trotz akutem Dachschaden recht gut gedieh. Was aus dem Ziegenpeter noch einmal werden würde, wollte sich damals keiner träumen lassen.

Vieles im Leben verdankt der aberwitzige »Kottan«-Regisseur seiner guten Kinderstube. Die war in einem Gemeindebau der Wiener Brigittenau, und die Panzerknacker und die Halbseidenen sind dort ein- und ausgegangen. Ehe sie geschockt unsere Familienzeitung aus der Hand legen, liebe Leserin und lieber Leser, sei Ihnen gesagt: Vater Patzak, heute 85, war und ist kein Ede Unterwelt, sondern langgedienter Kieberer, dies aber freilich von der feinsten Sorte. Der »Ur-Kottan«, wie sein Sohn, der Ziegenpeter, heute noch respektvoll anmerkt.

Der hat seinen Zweitgeborenen schon von Kindesbeinen an in die übelst beleumundeten Lokale mitgenommen. In diesem Klima lernte Peter, dicke Luft zu riechen und mit Bedrohungen aller Art verhältnismäßig gescheit umzugehen. Wenn er zum Beispiel durch die gemeingefährliche Lower East Side in New York schlendert, dann weiß er, dass man schlafende Hunde nicht wecken und Ängste nicht mit Django-Allüren vertuschen soll.

Sich selbst beschützen, mit einer Ironie, die auch an Schwachsinn grenzen darf, ist die Überlebensformel. Mit dieser Qualität hat er gerade seinen Titelhelden im neuen Film »Killing blue« ausgestattet. Armin Mueller-Stahl spielt ihn. Leben kann dergestalt nur Peter Patzak.

Da sitzt er im Blauen Salon des Sacher, lässt einen seidenen Strick als angedeutete Krawatte um den Hals baumeln, hat die Hand nach einer grüseligen Operation eingebunden, hat Schmerzen wie ein Hund, kann aber kein Pulver nehmen, »weil man davon verblödet«, kennt sich hinten und vorne nicht mehr aus vor Terminen, ja, und das Beste: Es ist ihm auch noch wohl dabei.

Im Koffer findet sich nichts von all dem, was er eigentlich mitbringen wollte an Unterlagen. Vier Spulen laufen nun zugleich ab im Kopf. Das Ergebnis ist ein Gesicht, das von stumpfer Leere auf eine vierdimensionale Landschaft umspringen kann.

Am Nebentisch sitzt ein mächtiger Filmproduzent, Carl Spiehs, und sieht ganz ohnmächtig aus. Gegen diese selbstgenügsame, nur zufällig verkäufliche Blödsinnigkeit des Peter Patzak haben die Regeln der Kunst und des Geschäftes keine verlässliche Chance.

In der Brigittenau haben, logo, auch andere Dinge stattgefunden als der retrospektiv so kreuzfidele Kottanschmäh. Angst, ganz ohne rettende Ironie, gab es. Nicht vor dem Teppichklopfer der schönen Mutter (den hat er immer rechtzeitig versteckt) – mehr vor den Schlägereien in wüsten Bandenkriegen.

Die Chefs waren Zwillingsbrüder namens »Sonne« und »Mond«, Patzak selber nur Capo einer Untergruppe.

»Sonne« und »Mond« ist er später auf den Kriminalseiten der Tageszeitungen wiederbegegnet. Ja, und einmal haben sie ihn so richtig zusammengeschlagen. Das musste sein. Ins Männerklo des damals steilsten Wirtshauses von der ganzen Brigittenau haben sie ihn eingetaucht. Dann hat er einen Fetzen im Männerklo eingetaucht und denselben den Kerlen ins Gesicht gedrückt. Mit eingeschlagenem Kiefer hat er sich im Krankenhaus wiedergefunden. Der Vater saß am Bett und sagte: »Mehr Vitamine musst du essen.«

Den Vater und die Mutter möchte er endlich, endlich vor der Kamera einfach reden lassen. Er weiß nichts von ihnen, nur die biografischen Stationen ihres Lebens, die Summe ihrer Gefühle kennt er nicht. Aber »dazu komme ich nie«, denn für die wichtigsten und zärtlichsten Sachen der Welt fehlen einem ja immer der Mut und die Geduld.

Ein halbes Jahr ist er als Kind mit einem Herzklappenfehler im Wilhelminenspital gelegen. Der Schock, der damit verbunden ist: dass die Füße sehr gewachsen sind in der Zeit und dass die Mutter versprach, ihn mit neuen Schuhen abzuholen. »In sechs Tagen, ihr werdet schon sehen, geh ich mit neuen Schuhen hier hinaus«, trumpfte er auf im Krankenzimmer. Dann kam die Mutter; sie hatte die alten Schuhe vorne aufgeschnitten, um den Zehen Platz zu machen. Oh, Blamage, verdammte.

An spezielle Wickel der Eltern oder an erotische Komponenten zu Hause erinnert sich P. P. nicht. Einmal ist der Vater ausgezogen, aber wegen dem Ziegenpeter. Weil er eine Katze heimbrachte. – Davor hatte er schon einen Hamster angeschleppt, und der Vater musste seine geliebte Thermosflasche zertrümmern, weil das Tier nicht mehr herausgefunden hat. Und wegen einem solchen Findeltier kam der schöne Kachelofen unter den Vorschlaghammer, denn anders wäre das Kätzlein, das sich verkrochen hatte, nicht mehr zu retten gewesen. »Die Katze oder ich«, sprach also Vater Patzak. »Die Katze«, sagte Peter. Bald resignierte der Vater und kehrte heim.

»Ein wahnsinnig schönes Thema, die Kindheit«, sagt Peter Patzak und nestelt schon am Lederkoffer, zum Aufbruch genötigt. »Ein irrsinnig fleißiges Kind war ich, habe Kohlen geschleppt im ganzen Revier und immer gewerkt. Vielleicht hab ich davon jetzt die verkrüppelten Hände.«

Zum Abschied ein Bild, wie er, als Filmregisseur, in seine eigene Kindheit einsteigen würde: »Ich sitze neben einem Filmprojektor und schau mir was an in Schwarzweiß. Auf dem Heimweg komm ich am Fenster einer ebenerdigen Wohnung vorbei, sehe einen nackten Mann mit zwei angezogenen Frauen sich amüsieren; leicht angetrunken, aber irgendwie keusch. Ich lächle.«

Ein Lächeln, das klingen müsste wie von einem Buben, der pfeifend allein durch den Wald geht und sich nicht zu fürchten traut. Intime Interpretationen stehen nur seiner Frau zu. Sie liebt ihn, und sie ist Psychologin.

Weltschmerz mit Peter Alexander

(Kurier, Freizeit-Magazin, 17. 11. 1990)

Am 24. November 1990 sollte es im Fernsehen die Super-Ultra-Peter-Alexander-Show aus Deutschland geben. Rund zwei Wochen vorher trafen wir uns beim Heurigen. Er hatte eine Riesenwut auf Atomkraft, Fischsterben und falsche Hunde. Er hatte noch keine Ahnung von den Dramen seines Lebens. Er hatte noch »Schnurrdiburr«.

Draußen klebt der Dreck am Laub, ist die Luft ranzig, schleppen blasse Kinder ihre Schultaschen heim. Drinnen, im Séparée vom Schreiberhaus, sitzen Daddy und Schnurrdiburr, und Daddy sieht alles andere als glücklich aus. Wie lang wird die Welt noch stehen, ist die Frage, Gorbi weiß es nicht, Vranz weiß es nicht, und Peter Alexander ist auch ratlos.

Und grantig, zornig. Der Welt geht die Luft aus, die Erde ist bankrott, und die letzten Kröten in der Au müssen freigekauft werden wie politische Geiseln. Stocksauer ist Peter Alexander, auf die Industrie, die gewissenlose, und außerdem ist er verkühlt.

Hilde Alexander ist resolut. Sieht viel jünger aus als auf Fotos, weil auf Fotos sieht man ja nicht ihre rasanten Bewegungen und hört nicht, na klar, ihre unverbrauchten Sätze. Auf Fotos sehen Falten immer nur wie Falten aus.

Die Umwelt, darüber ist man sich gleich einig, ist am Verrecken. Unklar bleibt, warum Brunnenvergifter aus der Industrie und die Lahmärsche in der Politik nicht einmal an ihren eigenen Enkelkindern irgendwas begreifen. Menschliche Idiotie? Größenwahn? Peter Alexander fallen die guten alten Dinosaurier ein; so mächtig, so stark, und dann einfach ausgelöscht, und er hält es nicht für ausgeschlossen, dass es mit uns auch noch so weit kommen wird. Schöner Mist, in den wir da hineinmarschieren am hellen Nachmittag; da mag das Schweinsbratl nicht mehr so recht schmecken und da hat der millionenfach bewährte Unterhalter plötzlich ein Gesicht wie ein Charakterdarsteller.

Peter Alexander, das muss man wissen, ist ein Krebs, und als solcher immer in Gefahr, mit dem Leben und der Welt viel Hader zu haben. Hilde hingegen, die Muntere, bekennt, ein Fisch zu sein, von gutmütiger Wesensart also. »Es gibt aber nicht nur Friedfische, sondern auch Piranhas«, sagt Peter, und aus dem Nichts heraus vollzieht sich somit ein zärtlicher, kleiner Ehe-Sketch, und er, der eben noch so düster dreinsah, lacht endlich, wiewohl wir beim Thema bleiben wollen und wissen, dass es nichts zu lachen gibt (Umwelt).

Vor 38 Jahren gab es noch, in jeder Hinsicht, unkeusche Unschuld. Man hatte Hunger im Bauch, aber auch andere prickelnde Gefühle; das große Gulasch zum Gnadenpreis von einem kleinen, kredenzt im »Rauchfangkehrer«, bleibt unvergesslich, und die Frauen waren noch »geheimnisvolle, erotische Wesen, die man erst knacken musste«, erinnert sich Peter mit einem ziemlich eindeutigen Blick an Hilde.

Hilde ihrerseits erinnert sich daran, immer schon gewusst zu haben, dass der Taumel der Lüste in etwa die Sache von einem Jahr nur sein kann. »Eineinhalb«, sagt Peter mit der Treue des lebenslänglich Verliebten. »Danach aber, also von mir aus nach eineinhalb Jahren, kommt das Aufwachen respektive die Wirklichkeit«, sagt Hilde. Wir kommen somit zu sprechen auf ausgefallene Formen des Umweltschutzes: Dass man also, beispielsweise, nicht kreuz und quer durch die Gelegenheiten huren sollte, sondern treu und sauber bleiben. Was nützt die Mülltrennung im Kolonia-Kübel, wenn jede zweite Ehe zum Wegschmeißen ist?

»Glauben Sie bloß nicht, dass bei uns nie die Fetzen geflogen sind«, sagt Hilde. Wenn zwei beisammen sind, versteht es sich doch von selbst, dass der eine den anderen manchmal an die Wand picken möchte. Ja, da hätten sie und er doch schon oft das Handtuch werfen müssen. »Die Zeit ist so unerotisch geworden«, klagt Peter. Ellenbogensex und kurzatmige, unreife Partnerschaften. Die Altersgenossen von Alexander-Tochter Susi: Als Jungdreißigerinnen schon geschieden oder lebensmüde arrangiert in würdelosen Eheverträgen. »Susi denkt«, sagt Hilde, »sehr kritisch übers Kinderkriegen und die Ehe nach. Sich einlassen drauf? Auf die Zukunft bauen in einer Welt, die bald eine einzige Müllhalde sein wird?«

Susi wurde, wir wollen das schnell wieder vergessen, vor ein paar Jahren an den Haaren über die Titelseiten geschleift, wegen einer fürwahr alltäglichen Drogengeschichte, die nun buchstäblich Schnee von gestern ist. Susi hat nur leider Pech, die Tochter von Peter Alexander zu sein, sonst hätte kein Hahn danach gekräht. Aber schon in der kleinsten Erinnerung daran kommt traurige Wut auf, bei Daddy, und das ist wirklich das Letzte, was wir haben möchten.

Nur das gehört dringend noch auf den Tisch: Dass Hilde Alexander damals zu einem deutschen Chefredakteur sagte: »Sie Schweinehund, in Ihren Kreisen saugt man das Koks à la carte von Biedermeierschälchen, und *Sie* wollen unsere Tochter durch den Dreck ziehen, Sie Schweinehund!« Hat sie gesagt. Man mag sie gleich noch mehr, wenn man das weiß.

Vor 38 Jahren hatten Hilde und Peter ja keine Ahnung, was an Erfolg und Wickeln noch auf sie zukommen würde. Von einem fröhlichen Leben geträumt, drei Jahre auf einen Opel gespart und sich dann gewundert, als mit Peter die Post abging.

Wie frisches Quellwasser perlten seine Lieder aus allen Ingelen-Radios. Und in seinen Filmen fuhr immer ein einsames, kleines Automobil durch den heilen Tann und dann der Sonne entgegen. Die Vespas, die Käfer und die jungen Frauen – alle waren sie schön und unschuldig, und kein Mensch hätte je gedacht, was aus ihnen noch werden könnte.

Nein, sagt Peter, mit all dem Mist von heute habe er nicht im Traum gerechnet. Die Kinder und die Karriere wuchsen in allem Anstand heran, die Ehe blieb unbefleckt von Affären und die Flüsse sahen so aus, als ob man ewig fischen könnte in ihnen. Wenn Peter heute seine Angel zum Beispiel unterhalb der Pölsmündung in die Mur hängt, dann beißen nicht einmal mehr die Ratten an, weil die sind auch schon ertrunken in der Kloake. So schaut's aus.

Und wer ist schuld an allem? Ja, die Industrie. Und wir? Und Sie, Herr Alexander, was haben Sie falsch gemacht? Und wann sind Sie aufgewacht?

Peter hat es, samt Hilde, immer nur gut gemeint, und die Millionen Menschen, die seine Lieder liebten, auch. Die meisten hatten noch hundsgemeine Erinnerungen an den Krieg in den Knochen, sie suchten die Idylle und das kleine Glück. Aufbau und Vollbeschäftigung, wer hätte sich etwas Unanständiges dabei gedacht. Die Flüsse begannen ja nicht von einem Tag auf den anderen zu stinken, und der Boden ging nicht von heute auf morgen kaputt. Mit den Kindern war es ähnlich: Viele Eltern merkten viel zu spät, was aus ihnen geworden war. Einsame Geschöpfe, sitzengelassen auf dem Geld der Alten. – »Peter«, sagt Hilde, »ist immer ein strenger Vater gewesen.« Hilde hat sogar manchmal Zigaretten gepafft, um im Kreis ihrer Teenagertochter cool und easy dazustehen. Der Michael, inzwischen Banker, herzensgut, verheiratet und Vater von zwei Kindern, hat seine frühen Eroberungen der Mutter vorgestellt und nicht dem Vater, dem kritischen. Schönheit vergeht, Dummheit bleibt – mehr hat sich Hilde nie eingemischt. Heute ist er mit einer bezaubernden, gescheiten Frau verheiratet. Heute kommen sie alle miteinander sehr gut aus, und dass alles ziemlich gut gegangen sei, muss viel mit der Kraft von Hilde zu tun haben und mit Peters andächtigem Glauben ans Gute.

Das Aufwachen ist ihm dennoch in keiner Hinsicht erspart geblieben. Was die Umwelt betrifft, die allgemeine, so sind ihm die Lichter ganz plötzlich vor zirka zehn Jahren aufgegangen. Ein jäher Zorn sei ihm eingeschossen – die Ölpest, das Ozonloch, die sterbenden Delphine, die erstickenden Wälder, die toten Flüsse. Und was macht ein ohnmächtiger Mensch wie du und ich oder Peter, wenn er plötzlich dasteht und die Welt aufhalten möchte und nicht kann?

Peter hat nachzudenken begonnen, und heimlich zu spenden, und Lieder zu schreiben und seine Idylle zu riskieren. Er will nicht mit verbundenen Augen von den blühenden Bäumen singen, und er will es den Politikern und den Industriechefs richtig hineinsagen, mit der ganzen Kraft und Glaubwürdigkeit eines Idols, das in Jahrzehnten keinen einzigen Kratzer abbekommen hat. Er ist ja der Unterhaltungsprofi in deutschsprachigen Landen schlechthin, und in seiner Hosentasche hat ein ganzes Dutzend Pop-Fuzzis Platz.

Sein Appell im Fernsehen, die Au und das Land nicht verrecken zu lassen, hat sogar die Schnulzen-abstinente »AZ« tief im Herzen gerührt (»Danke, Peter«); ein triviales Gemüt wie unsereins sowieso.

Peter redet nicht sehr gern, und viel weniger als Hilde. Aber er muss jetzt, da ihm das Messer in der Hosentasche aufgegangen ist, auch den Mund aufmachen.

Ihm, dem man immer das Heitere glaubte, wird man auch glauben, dass wir auf dem Pulverfass sitzen. »Übermorgen können wir schon hin sein, weil ein Atomkraftwerk in die Luft geht«, sagt Hilde. Da haben wir es, und da sitzen wir trotzdem noch auf unseren Hinterteilen, statt ... ja, was eigentlich, zu tun.

Jedenfalls sagt Peter, jetzt bloß nicht aufhören, sondern richtig Gas geben. Allen die Hölle heiß machen, aber wie. Wahrscheinlich wird die Natur noch etliche scharfe Warnschüsse abgeben müssen, ehe die Umkehr stattfindet. Da ein kleiner AKW-Zwischenfall, dort ein Smogalarm, hier ein totes Stück Land – wird das genügen?

Hilde tut dem Peter auch in der Umweltfrage gut. Die Kraft ist bei ihr immer größer als die Verzweiflung, und mit falscher

Romantik hat sie nichts am Hut. Der gutmütige Fisch wir zum Piranha, wenn er was zu kämpfen hat. Da geht auch der Krebs aufs Ganze. Die Verkühlung scheint wie weggeflogen. Der Humor kommt zurück, den man ja gerade in schlechten Zeiten nicht verlieren soll. Die Welt steht noch, immerhin, und der Kampf beginnt erst. Es gilt kein Heucheln und kein Zähneknirschen.

»Ich bin nicht abgenutzt als Revoluzzer«, sagt Peter. Und dass er auf die Barrikaden will.

Zum Abschied wenden wir uns noch kurz den kleinen Sorgen des Daseins zu.

Dass Hilde und Peter seit zehn Jahren *ihr* Haus in Wien suchen und nicht finden. Dass sie überall auf der Welt eingeladen wären, aber nicht hingehen, weil er daheim bleiben möchte.

Dass sie überhaupt noch nie Urlaub hatten und sich schon langsam leidtäten, hätten sie Zeit dazu. Und dass der Job, der größte Unterhalter zu sein, auch nicht die leichteste aller Hacken ist.

Dann gehen sie, beide im Trenchcoat, ums Eck heim miteinander. Dunkel ist es inzwischen geworden; man sieht den Dreck auf den Bäumen nicht mehr.

Der Besuch des alten Herrn

(Kurier, Freizeit-Magazin, 22. 11. 1990)

Dieser Abend regt mich noch heute auf: der große Friedrich Dürrenmatt und die kleinen Gemeinheiten einer feinen Gesellschaft. Aber, was reg ich mich auf. Dürrenmatts Werke überleben das alles.

In die Wand gemeißelt irgendein Geschwätz von Menschlichkeit. Am Eingang lächerlich kostümierte Gummiknüppel-Polizei; Spalier stehend für die Schweizermacher und ihre gutversorgten, ins Ausgedinge der Erotik verfrachteten Frauen. Es schneit bis zur Tür des Duttweiler-Institutes herein, und drinnen ist es auch kalt, vom selbstgefälligen Dasein einer geladenen Clique, die nun als Gastgeschenk an ihren lovely Václav Havel das Raubtier Friedrich Dürrenmatt aus dem Bau lassen wird.

Der Präsident bekommt den Duttweiler-Preis, 100.000 Franken aus der Kassa für die guten Taten, gespendet vom mächtigen Migros-Konzern, der seinem legendären Gründervater ein Denkmal als nobler Förderer setzen möchte.

Eigentlich preiswert, die Gala am Zürichsee. Die Brötchen kommen aus der Migros-Küche, und die 100.000 Franken werden sich schon bezahlt machen, wenn Václav Superstar eine Party mit der Migros schmeißt.

Dürrenmatt sieht miserabel aus an diesem Abend. Hat uralte Kinderaugen und noch 21 Tage zu leben. Aber, wer hätte das gedacht: Bei der Migros-Party mit Havel, als er ans Mikrophon trat, wollte das Gemurmel im Publikum nicht verebben, bis er dann endlich zu Wort kam. Gestoppte 17 Minuten lang.

»Ich bin gerne Schweizer, weil die Schweiz etwas Groteskes hat: Dieser Versuch, ewig neutral zu bleiben, erinnert an eine Jungfrau, die in einem Puff zwar Geld verdient, aber keusch bleiben will.«

Man kannte diese Haltung von ihm, hatte ihm auch oftmals schon gestattet, ins eigene Nest zu scheißen, aber musste es denn heute schon wieder sein, heute, bei dieser Schweizer Party mit Havel? Dürrenmatt spricht, und schon nach zwei Minuten beginnen knöcherne Damen ohne Alter an ihren kolossalen goldenen Ketten herumzuzurren, treten von einem Jourdan-Schuh auf den anderen. Die Männer, an Fadesse aus vielen Vorstandssitzungen gewöhnt, stehen nur matt und stumm herum.

Die Rede lässt sich recht harmlos an. »... besiegte der Aargauer Rudolf von Habsburg ... bei Dürnkrut ... Rückkehr ins Heimatland ... 1798 die Entstehung der neuen Eidgenossenschaft ... 1918 die moderne Tschechoslowakei ...« Fetzen, erinnerlich aus dem Geschichtsbuch, mit Stichworten, an denen sich das Publikum schläfrig entlangbalancieren kann. Bis dann, ganz hinterlistig aufgebaut, Dürrenmatt auf die Gefangenschaft zu sprechen kommt. Auf die Schweiz, dieses Gefängnis, in dem die Menschen Gefangene und Wärter zugleich sind. Und wenn sie einen Gott haben, dann ist es das Bankgeheimnis. Die Freiheit der Schweiz darf sich nicht selbstgefällig mit der Freiheit der Tschechen auf eine Stufe reihen – das ließ Dürrenmatt mehr als anklingen. Und dass es sehr unanständig ist, sich als Land der Banken mit einem echten Helden um 100.000 Franken verbrüdern zu wollen. Sinngemäß.

Mehr hat es nicht gebraucht an diesem Abend, in Rüschlikon bei Zürich. 17 Minuten Dürrenmatt für eine Klientel, die ihren Dichter immer an der langen Kette knurren ließ. Die Banker und Politiker und die Chemiekonzern-Vertreter, all diese Schweizermacher also, haben Dürrenmatt mit bitterer Häme belegt. Haben, ein halbes Roastbeef-Canapé zwischen den Zähnen, den Verrückten verhöhnt, der nun »endgültig senil und blödsinnig« werde. Und dass er aussehe wie ein Zombie.

Das stimmte sogar, an diesem Abend. Später, noch müder, hat er noch schrecklicher ausgesehen. Bei der Party im Keller des Zürcher Schauspielhauses, wo Direktor Achim Benning, verschwitzt und verzückt, Havel hochleben ließ. Wo die jungen Schönen Samba tanzten oder so etwas Ähnliches, weil die Revolution so chic ist, wenn sie persönlich gastiert. Friedrich Dürrenmatt ist einige Stunden lang in diesem Keller herumgeschlichen. Havel hat ihn nicht von der Seite weichen lassen, hat immer ein bisschen aufgepasst, wenn ihn Menschen abdrängen wollten. Menschen, die in Havels Nähe wollten, wenn der Dichter-Präsident schon einmal da ist, zum Grüezisagen.

Dürrenmatt hätte sich leicht zur Seite schieben lassen, an diesem Abend; seine Worte freilich nicht. Nie mehr. Sie sind die Bisse eines Raubtiers, machen bleibende Narben, und Marcel Reich-Ranicki hat sich vor diesem Raubtier tief verbeugt.

Diese Bisse des Raubtiers, das er auch selbst immer blieb in schweizerischen Gefängnissen bis an die Grenze der Selbstbestrafung, waren an diesem Abend kaum spürbar. Das Wort des Dichters zählt nicht, wenn alle bar bezahlt haben. Sie haben gelacht über ihn, an diesem Abend. Der Chemiekonzern-Vertreter mit seinem vom langen Lügen stumpfen Gesicht; der

Banker, der seine Seele schon lange im Tresor liegen hat; der Politiker, dem die kleinen Ärgernisse mit einem bissigen alten Dichter eine Erfrischung sind.

Dürrenmatt hat ihnen allen an diesem Abend lang und genau zugeschaut. Hat viel geschwiegen nach der Rede und den Hut aufgesetzt, lang vor dem Gehen schon.

Er hat sich die Falschheiten noch einmal schön ins Gesicht sagen lassen. Wie spannend seine Rede gewesen sei und was für einen tollen Hund man habe an ihm. Und hinter ihm, beim Buffet, sind sie schön wieder hergefallen über ihn mit Häme und Hohn.

Die Frau hat ihn auch beschützt an diesem Abend; nicht nur Havel. Zu schön für ihn ist sie, hätte man denken können, und dass sie so eine eigentümliche Geschäftigkeit an sich hat wie die meisten Frauen bedeutender Männer. Sie war seine zweite Frau, seit sechs Jahren, nach einer ersten Ehe, mit drei Kindern. Wahrscheinlich hat er es sich noch einmal schön und anders machen wollen; das Leben und die Liebe.

Spätnachts dann hat sie ihn am Arm genommen, ist mit ihm über die vielen Treppen hinauf, hinaus aus dem Theater gestapft. – Unten an der Tür, als das Taxi nicht kam und nicht kam, im scheinbar hübsch verschneiten Zürich, hat sie, die Frau, noch heftig mit dem tschechischen Kanzler, Fürst Karl Johannes Schwarzenberg, geplaudert. Man müsse und werde sich bald sehen, hat man gesagt und andere Sachen, die man halt so redet.

Er ist die ganz Zeit fast stumm dabeigestanden, das aufgedunsene Gesicht mit einem Schal verbunden, der Hut darauf, die Hände im Sack. Durch die starke Brille haben seine Augen noch starrer ausgesehen, das verschneite Neonlicht hat seine Haut schrecklich verfärbt. Er wollte eigentlich noch auf Weltreise gehen, um allem bevorstehenden Trara zum 70. Geburtstag zu entgehen.

Jetzt ist er überhaupt ganz abgehauen. Aus dem Schweizer Gefängnis, aus der Welt.

Seine Erben haben nichts zu lachen. Das Raubtier hat ziemlich harte und hundsgemeine Wahrheiten hinterlassen.

So ist das Leben, Kindchen

(Kurier, Freizeit-Magazin, 1. 12. 1990)

Eigentlich wollte ich der wunderbaren Maria Schell nicht beim Altwerden zuschauen. Aber sie war dann eh so trotzig-glücklich wie ein Kind, in dieser Nacht.

Fünf hübsche, schwule Franzosen haben ein französisches Lokal in München, und Maria Schell ist ihr Lieblingsgast, und sie bezahlt per Monatsrechnung und spricht ihr schönes Französisch wie von der Leinwand herunter. Die Monatsrechnung ist hoch, heut ein paar gute Freunde und morgen eine Tafel für 14 Leute, aber bitte nicht den Tisch neben dem Klo, Chéri.

Maria Schell ist hier ganz Frau von nebenan; die Haare fallen, wie sie wollen, die Zettelwirtschaft breitet sich rund um die Knoblauchnudeln aus, der junge Wein ist süffig, und die Zeiten sind auch schon schlechter gewesen.

Eine Fröhlichkeit wie unter Pfarrerstöchtern. Auch Immy Schell, die Schwester, ist heute dabei; sie spielt Marias Ärztin in der Serie »Eine glückliche Familie«, und sie war auch im Leben schon oft Schwester und Doktor zugleich. In der Serie wird Maria noch tragisch enden, da kommt noch ein dicker Hund auf uns zu in dieser scheinbar so fröhlichen Vorabend-Idylle. »Mach dir nichts draus, Kindchen«, sagt Maria, »so ist das Leben.« Die wirklich fetten Tränen hat sie immer privat geweint, und auch heute Abend wird es noch Wehmut geben, allerdings bei Immy, draußen vor der Tür auf dem Trottoir, wenn die Erinnerung an ihren Mann Walter Kohut, den großen Schauspieler, wieder zu bluten beginnt.

Wir latschen zum Auto, sentimental und ein wenig müde, und was auf dem nassen Asphalt matt und rhythmisch aufschlägt, sind doch tatsächlich Marias filigrane Hauspatschen, sie kann froh sein, dass sie sich keinen Haxen mehr bricht in dieser Nacht.

Die Masseuse, Jessas, ja, die hat sie jetzt versetzt, fällt ihr ein, das kommt immer wieder vor, dass sie zu spät kommt, jetzt ist sie schon 64 und weiß immer noch nicht, woran das liegt. Aber ihr verzeihen sowieso alle immer alles.

Still und einsam ist es jetzt, spätabends, bei ihr daheim. Ein Engel aus Stein steht, beleuchtet, mit dem Rücken zum Salon im Garten; ein Spielzeug vom Enkelkind ist auf dem weißen Teppich liegen geblieben, die Kerzen auf dem großen Holztisch sind niedergebrannt. Nachmittags noch jonglierte das blonde Enkelkind mit kostbaren Vasen, saß die dekorative Tochter Marie Theres so schön und blass auf dem Sessel, hing der Dichter Franz Xaver Kroetz matt in den Sofakissen. Maria war der Mittelpunkt, in einem bodenlangen, hauchdünnen Etwas, vielleicht aus Chiffon. Eine Diva, wie man sie haben will: klirrend und lachend und schwebend, zugleich aber auch zum Angreifen. Der Schwiegersohn, der Kroetz, sah alt aus neben ihr, so müde vom Leben oder vielleicht auch nur von einem Familiensonntag, wie sie den meisten nicht erspart bleiben.

»Kindchen«, sagte Maria und schälte ihre Memoiren aus dem Zellophan, »Sie gehen jetzt speisen zu meinen süßen Franzosen, und dort lesen Sie das Buch da, und dann reden wir – schreiben Sie das auf, Kindchen – über Tempolimit, meine Pläne und das Thema Abtreibung. So viel schon jetzt: Die Väter sollten da nicht ganz ausgeklammert werden, finden Sie nicht auch?«

Das Buch heißt »Die Kostbarkeit des Augenblicks« und ist, ganz im Ernst, erfreulich amüsanter als die meisten Promi-Bios, ja lehrreich sogar – zwischen den Zeilen zumindest:

Wir haben das Gritli vor uns, das in der Schweiz mit aller Macht zum Theater wollte, nachdem es die Lehre bei einem sexualnarrischen Sexual-Therapeuten gerade noch im letzten rettenden Moment abgebrochen hatte. Das Gritli sieht aus wie ein wunderschönes Heidi, aber sexy, und es kam so schnell zum Film und zum nächsten und zum übernächsten, dass man sich fragen muss, wie hat es seine Haut so lange halbwegs heil gehalten.

Der Dichtervater und die Schauspielermutter konnten stolz sein: Das Gritli wurde ein Weltstar, als Maria, und aus Max wurde auch eine Koryphäe, als Maximilian. Der ist heute so eine Art Clan-Chef, wird schon gut sein so und geht uns außerdem nichts an.

Fast ein halbes Jahrhundert dreht Maria jetzt schon, und sie dreht noch immer und mit Besessenheit. Dazwischen all die großen und auch die paar kleineren Lieben, zwei ganz und gar nicht undramatische Ehen und zwei Kinder, und kein Mensch weiß, wie sich das alles ausgehen kann in einem einzigen Leben. Sie schreibt recht mutig, wie das alles war, von der Rettung des vollgepumpten Sohnes in letzter Minute bis zu manchem Scherbenhaufen in Sachen Liebe.

Bei Seite 165, grad an der schönen Stelle, wo sie ihren Veit Relin einen »alten Krautkopf« nennt, flutet sie leibhaftig zum schönen Franzosen-Lokal herein. Hat mit Immy die Mutti im Spital besucht, die ist 85 und zum Glück sehr zäh. Der Tod hat keinen Zutritt an diesem Abend, laute Emsigkeit soll alles vertreiben, was traurig macht. Auf kleinen Zetteln notiert sie dauernd Gedankenblitze und Termine; fraglich ist, ob sie die Zettel jemals wiederfinden wird. Gemeinsame Filmpläne mit der Tochter beschäftigen Maria, Marie Theres reife gut heran. Ein einziger Reifungsprozess auch die Ehe mit dem Dichter, vielleicht wird irgendwann Freundschaft daraus. »No, schlecht?«

Sohn Oliver sei nun auch aus viel Grobem heraus. Ein kluger, musischer Sohn mit Narben aus einer Kindheit, die bei aller Mutterliebe recht mühsam war.

Das Thema Tempolimit passte uns jetzt doch nicht mehr so gut rein, bei der Abtreibung kommen wir auf keinen grünen Zweig, so lassen wir das. Und jetzt, beim jungen Beaujolais, wieder die alten Liebschaften und den Dieter Borsche oder den O. W. Fischer (»Haben die beiden nun miteinander oder nicht«) auszugraben – »ja, Kindchen, wer will denn das noch lesen?«

Aber Veit Relin wäre schon noch ein paar Ansagen wert, wie das wirklich ist, wenn man einen so lange und so heavy geliebt hat, und dann wird diese leidenschaftslose Freundschaft daraus, innig für ewig, aber ohne Fleisch. Tut es saumäßig weh? Nein, nicht dieses Mal, und außerdem ist seit einigen Jahren bei Maria eine andere Geschichte im Busch, aber dieses Geheimnis kommt ihr nicht so schnell unter die Leute.

Später, daheim, ausgestreckt und die Strümpfe nur schlampig an den Füßen, erzählt sie weiter. Es ist noch kühler Champagner vom Frühstück da, der gehört vernichtet. Da ließe sich jetzt gut Doktor spielen in indiskreten Seelenblicken, dass die fröhliche Diva vielleicht von lebenslänglicher Traurigkeit ist oder dass es Wunden gibt, die wie innere Blutungen sind.

Ein bisschen davon möchte sie schon preisgeben im nächsten Buch, sind ja schon wieder fünf Jahre gelebt worden seit dem letzten.

Überhaupt schützt die ununterbrochene Geschäftigkeit noch immer am besten vor Abstürzen.

Morgen werden wieder alle möglichen Kindchen bei Laune zu halten sein, wird die Masseuse Hand an sie legen und wird vielleicht Max von irgendwo in der Welt anrufen. Über den lässt sie nichts kommen, da kann man bohren, wie man will. Gegen Immy ist sowieso nichts einzuwenden. Herzensschwester.

Und was ist ihr geblieben, dieser Frau mit sieben Leben und 64 Jahren? Ein paar Filme, die das Jahrtausend überdauern werden, ein paar Menschen und Geld genug. Und dieses Geld will sie keineswegs geizig verschimmeln lassen, wenn ein geliebter Mensch davon braucht.

Die Szene »badende Diva im Whirlpool« ist uns entgangen, weil ja die Masseuse versetzt wurde. Maria Schell hätte ohne Weiteres geduldet, einen fremden Menschen am Beckenrand zu haben, und dass sie nicht mehr aussieht wie 17 wäre ihr völlig egal gewesen.

So zeigt sie jetzt halt nur ihr Gesicht, und darin steht, dass es eine Heidenarbeit sein muss, all die Filme und die Lieben zu überstehen.

Und wenn spätnachts die Sätze und die Stimmung schon etwas morbide werden, darf nichts darüber hinwegtäuschen, dass Maria Schell im Leben und im Film ein unschlagbarer Profi ist. Der vielleicht in die Knie geht, aber nicht zu Boden.

Mehr Kinder hätte sie gern gehabt, sagt sie vor dem Einschlafen. Aber es war schon schmerzhaft genug, diese beiden so oft allein zu lassen. Dafür haben sie jetzt eine Mutter wie ein Kraftwerk, und das kann man eh immer brauchen.

Der Kroetz, der Dichter, hat sich wohl auch nie träumen lassen, was für eine Schwiegermutter ihm zufallen würde. Er sieht, neben ihr, jedenfalls matt und knittrig aus.

Nicht für 100.000 Schilling

(Kronen Zeitung, 16.7.1995)

Alle Zeitungen müssten zensuriert werden. Es könnte ja ein Frosch drin sein. Phobie heisst, wenn du um kein Geld der Welt auch nur ein Foto von einer Krot anschaust.

Die nette Dame wird in letzter Zeit öfters auf der Straße angesprochen. »Ich hab' Sie im Fernsehen bei ›Schiejok‹ gesehen«, sagen die Leute. Und dass ihnen der Auftritt der netten Dame so gut gefallen habe. Und ob denn das alles wirklich wahr sei. Das mit den Fröschen.

Ja, es ist wahr. Hedwig Luksch, 61, Hausfrau, Mutter eines Sohnes, Frau eines Komponisten, der etliche Heurigen-Hits geschrieben hat, manche Lieder mit seiner Frau gemeinsam, Hedwig Luksch, diese nette Dame mit dem liebenswürdigen Lächeln einer guten Fee, hat eine Frosch-Phobie. Und eine wegen Kröten. Sonst ist sie völlig gesund. In jeder Hinsicht.

Die Phobie ist eine Krankheit, mit der Hedwig Luksch schon seit Jahrzehnten lebt. Darüber können manche Menschen unglaublich lachen. Hedwig Luksch selber auch. Aber nur, solange kein Frosch in der Nähe ist.

Das ist ja nicht schlimm, sagen die Leute. Wenn man wie Sie, Frau Luksch, mitten in der Stadt wohnt, in Wien, im vierten Stock eines gepflegten Hauses. Frösche, denken die Leute, gibt es dort eh nicht. Und auch keine Kröten. Wie sollen die so hoch hinaufkommen. Wenn man eine Frosch-Phobie hat, wenn man an dieser krankhaften Angst leidet, dann sind die Frösche leider überall. Sie glotzen aus Zeitungen heraus, sie tauchen plötzlich im Fernsehen auf, oder sie sitzen im Stofftierregal eines Kindes, das einem das schöne Zimmer zeigen will.

»Ja«, sagt Frau Luksch. »Es geht bei mir leider nicht nur um die lebenden Frösche. Es reicht mir, wenn in einem Schwimmbad jemand einen aufgeblasenen Schwimmfrosch hat. Dann bin ich erledigt. Dann renne ich davon. Schreiend.«

Es gibt jede Menge Menschen, die an Phobien und Ängsten leiden. Die einen fürchten sich vor dem Fliegen, halten das

Gefühl nicht aus, keinen Boden unter den Füßen zu haben. »Ich war gerade auf Urlaub in Schladming«, erzählt Hedwig Luksch. »Dort habe ich Arnold Schwarzeneggers Mutter Aurelia kennengelernt. Eine sehr nette Dame übrigens. Sie kennt die Angst. Vor dem Fliegen. Sie braucht immer Schlaftabletten auf dem Weg über den Atlantik.«

Flugangst, wie sie die berühmte alte Schwarzeneggerin empfindet, kann man wenigstens noch irgendwie verstehen. Oder die Angst vor Gewittern, die bei manchen Menschen so weit geht, dass die sich schon im Winter vor dem Sommer fürchten. Die man festhalten oder sogar küssen muss, wenn es kracht. Das gibt es alles.

Aber Frösche, Kröten, die Ungeheuer sind? Vielleicht sogar der Wetter-Quaxi aus dem Fernsehen ein schreckliches Monster? »Ja, der auch«, sagt Frau Luksch. »Der Quaxi mag der netteste Typ der Welt sein. Für mich ist er ein Albtraum.«

Ein Albtraum, der vor etwa einem halben Jahrhundert begann. In der ländlichen Idylle, in der Hedwig Luksch zu einer sehr schlechten Zeit aufgewachsen ist. Kindheit im Krieg, kein Honiglecken. Das wissen auch die jüngeren Menschen. Wenigstens aus dem Geschichtebuch oder aus den Weltnachrichten.

Hedwig Luksch liebte die Natur. Sprang wie die anderen Kinder über Stock und Stein, spielte all diese Spiele, für die man kein Spielzeug von Legoland braucht.

Einmal, an diesem wunderschönen kleinen Bach, wurde ein ziemlich hässliches Spiel gespielt. Die Buben machten Mutproben. Wollten die Mädchen erschrecken. Einer war besonders mutig. Hat er bestimmt gedacht. Er biss einem Frosch den Kopf ab. Und warf den Rest des zuckenden, schleimigen Körpers der kleinen Hedwig auf den Rücken. Hedwig Luksch kann die Geschichte ganz gelassen erzählen. Gesprochene Frösche tun ihr nicht weh. Über Frösche zu reden, das ist immer auch ein bisschen eine Therapie. »Damals hat alles begonnen«, sagt Hedwig Luksch. Der Albtraum, der sie ein Leben lang begleiten wird.

Die Frösche und die Kröten wurden zu den allerschlimmsten Feinden. Nein, sie hasst die Frösche und Kröten nicht einmal. Sie gönnt jedem Geschöpf das Leben. Nur bitte, bitte nicht in ihrer Nähe. Abends, im Dorf, war es immer besonders schlimm. Es gab keine Straßenbeleuchtung. Es gab nur die hungrigen Frösche und Kröten in der Dunkelheit, die wie die schrecklichsten Monster den Weg säumten. Nein, Frösche können keine Menschen fressen. Das weiß Hedwig Luksch selber auch. Aber an ihnen vorbeigehen zu müssen, in der Dunkelheit, in dieser Angst, dass ein Frosch vor die Füße springt, das ist das Kabinett des Grauens. Als ob man nachts an Mördern und Monstern vorbeimüsse.

Der Mann und der Sohn haben Hedwigs Phobie immer rücksichtsvoll behandelt. Heute noch schneidet der Sohn, dem es übrigens mit Spinnen ähnlich geht wie der Mutter mit den Fröschen, alle Frösche und Kröten aus den Zeitungen aus. Nur einmal, da legte der Ehemann einen ausgeschnittenen Frosch auf die Küchenkredenz. Da war es natürlich vorbei.

Obwohl Hedwig Luksch so gelassen über ihre großen Angstgegner reden kann, muss aus der Zeitung nicht nur der Frosch, sondern auch der Text entfernt werden. Das Wort »Frosch« ganz plötzlich zu lesen, ist ein Schock.

Ärztliche Hilfe hat bisher nicht funktioniert. Einmal hat ihr ein Therapeut erklärt, wie man sich wenigstens entspannen kann. Und einer sagte, die Frösche seien nicht böse und nicht gefährlich. Als ob Hedwig Luksch das nicht selber wüsste! Es nützt nur nichts. Im Fernsehen wollte Schiejok seinem ungewöhnlichen Gast ein großes, weißes Kuvert übergeben, mit einem sehr sanften Foto von einem Frosch drin. Frosch light, sozusagen, einer von der freundlichen Sorte.

»Nein, nein, niemals«, sagte Hedwig Luksch. Nicht einmal das Kuvert wagte sie zu berühren. Um keinen Preis der Welt würde sie das tun. Wenn Hedwig Luksch diese Geschichte liest, wird sie nicht erschrecken. Wir hatten ein langes, schönes Gespräch, über Ängste und Frösche und auch darüber, dass es sogar Menschen mit einer Steckdosen-Phobie gibt. Auch nicht einfach. Wir haben sogar gelacht über die Frösche, denn Hedwig Luksch kann sich, wenn keine Frösche mithören, amüsieren über ihren Albtraum. Auf die 36 Frösche, die in diesem Text vorkommen, ist sie vorbereitet.

Und die vorliegende Sonntags-»Krone« soll sie bedenkenlos in die Hand nehmen. Frau Luksch zuliebe ist die ganze Zeitung absolut froschfrei.

Geiselbergstraße

(Kronen Zeitung, 23. 7. 1995)

Ich weiß nicht, was aus diesen Menschen und diesem Haus geworden ist. Aber ich weiß noch, wie ich mich geschämt habe, später, bei mir daheim, in meiner Gemütlichkeit.

Nachts ist es praktisch so, dass die Tankwagen und die frisierten Manta-Schüsseln beim linken Fenster hereindonnern und beim rechten wieder hinaus. Die Bremsen quietschen an den Bettrand heran. Die Kopfkissen riechen nach Benzin. Die Vorhänge haben einen giftigen grauen Schleier. Draußen ist Nacht und Nebel, und herinnen staut sich der bleierne Dreck der Südost-Tangente in zwei kleinen Zimmern. Die Südost-Tangente ist Österreichs verkehrsstärkste Route. *Strada infernale*, an deren Saum kein Gras mehr wächst. In der kleinen Wohnung im ersten Stock der Simmeringer Geiselbergstraße Nummer 14 verrecken alle Blumen. Die Kinder kennen vom Himmel nur einen stinkenden, silbernen Streifen am Horizont.

Susanne Sailer ist die Familienmutter. Einmal hat ein Arzt Susanne Sailer gefragt, ob sie Depressionen habe. »Nein«, habe sie gesagt, »aber vielleicht kämen *Sie* in den Guglhupf, wenn Sie hier hausen müssten.«

Die Familienverhältnisse von Susanne Sailer sind schön, aber kompliziert. Sie hat drei nette Töchter; 17, 15, 9. Der Ehemann und Vater ist abhanden gekommen; ziemlich blitzartig und unter Hinterlassung einer Mietsschuld von knapp 50.000 Schilling. Eine schöne Gemeindewohnung hatten sie, und dass der Mann im Zinsbüchl immer die Kraxen des Hausmeisters nachgemacht hatte, das bemerkte Susanne Sailer erst, als der Exekutor vor der Tür stand. Alimente? Ungern. Am liebsten gar nicht.

Susanne Sailer zog mit ihren drei Mädchen in die Geiselbergstraße 14. Zwei Zimmer zur Tangente, ein fensterloses Küchen-Kabinett. 50 Quadratmeter. Damals war man nur zu viert.

Es ist die Wohnung der Mutter. Die Mutter musste, weil sie an Asthma nicht sterben wollte, ausziehen. Claudia, die mittlere Tochter, hätte auch beinahe gehen müssen. Schon als kleines Kind. Spastische Bronchitis, sagten die Ärzte. Und dass man dieses Kind doch nicht in einer solchen Gifthütte halten könne.

Susanne Sailer ist in diesem Haus aufgewachsen. Vor 35 Jahren in das, was sie noch immer ihre Simmeringer Heimat nennt, hineingeboren. Dort, wo jetzt die Südost-Tangente wie eine böse Schlange vorbeizieht, waren damals schöne Wiesen und Abenteuergstätten. Es blühte der Flieder, es schmeckte alles saftig und grün. Es war, sagt Susanne Sailer, einfach »wunderherrlich«. Bis zum Juli 1977, als die Bulldozer kamen, als die Autobahn kam. Das Haus selbst kann froh sein, dass es noch nicht zusammengefallen ist. 150 Jahre und morsch bis ins Mark. Von der Decke fallen dir die Dekorkassetten mitten auf den Schädel, wenn ein schwerer Brummer vorbeirast. Aus dem Boden quellen unerklärliche, ölige Flecken. Die elektrischen Leitungen hat Susanne Sailer auf eigene Kosten saniert. Weil schon die Funken aus den Wänden sprühten. Sogar Wasser hat sie jetzt.

Die Familienverhältnisse sind inzwischen komplizierter geworden: Es gibt einen Lebenspartner, der arbeitet bei der Post, sammelt Schieberkappen und liebt Irland. Die 17-jährige Tochter hat auch schon eine Tochter, die 50 Quadratmeter Simmering sind enger als eng geworden. Nicht, dass die Tochter keinen Ehemann hätte. Aber der bekommt ja auch keine Gemeindewohnung für die kleine Familie.

Freitagabend im Wohnschlafzimmer; die Hitze hat die beiden Hunde des Hauses schon fast erschlagen. Zuerst ist der Lärm von der Tangente ein ohrenbetäubender Radau. Dann, schon nach einer halben Stunde, klingt alles nur noch, als würde ein Schwarm Wespen durch den Schädel surren. »Das ist der Gewöhnungseffekt«, sagt Susanne Sailer. Und dass sich in dieser Wohnung eigentlich immer nur zwei Fragen stellen: ob man im eigenen Dunst ersticken will oder wahnsinnig werden vom Tangenten-Sound bei offenem Fenster. Fenster, an denen man sich fühlt wie mit der Nase in einem Auspuff. Alle Anträge auf eine menschenwürdige Wohnung für eine Mutter mit drei Töchtern und einer Enkelin wurden abgeschmettert.

Wahrscheinlich ist das rechtlich sogar astrein. Würde man sie sonst verdunsten lassen in diesem Loch?

Susanne Sailer arbeitet in einer Bäckerei am Viktor-Adler-Markt. Dort, wo Haiders Volksreden besonders gut zünden.

In den Parkanlagen der Gemeindebauten am anderen Ufer der Tangente dürfen ihre Kinder nicht spielen. Dort verlangt die Spielplatz-Mafia 20 Schilling für einmal Rutschen, alternativ dazu gibt es eine Kopfnuss. Die Wegwerfspritzen von armen Junkies liegen herum. Und ein paar Wohnungen stehen frei; für Notfälle!

»Am Laaerberg«, sagt Susanne Sailer, »steht schon seit zwei Jahren ein winziges Reihenhaus der Gemeinde leer.« In dieses kleine Haus träumt sie sich manchmal hinein. Oder sie sagt sich: »Stell dir vor, es gäbe eine einzige menschenwürdige Gemeindewohnung in Wien, vielleicht einen Hausmeisterposten, und ich bekäme den!«

Die Tochter mit der Tochter könnte dann die Matura machen. Die mittlere könnte plötzlich wieder richtig atmen. Für die kleine wäre es sowieso Weihnachten. Und die Enkelin, dieses Baby, das ein Glück hat, dass es so robust ist, würde mehr zu sehen bekommen beim Aufwachen als einen dreckigen silbernen Streifen am Horizont.

Im Erdgeschoß ist das lustige Wirtshaus »Zum Geiereck«. Das Haustor ist Tag und Nacht offen; jeder kann herein. Nachts trauen sich die Kinder nicht ohne die Mutter auf das Gemeinschaftsklo am anderen Ende des Gangs. Alle Briefkästen sind aufgeschlitzt; die Fenster bleiben fünf Zentimeter offen, wenn sie geschlossen sind.

Herr Bürgermeister von Wien, für alle Wiener: Natürlich können Sie nicht jedem Wiener seine Traumwohnung bieten und eine goldene Uhr dazu. Vielleicht können Sie Frau Sailer trotzdem helfen.

Begegnung der dritten Art

(Kronen Zeitung, 29.10.1995)

Die Außerirdischen gibt es. Doch, echt. Ein Interview, als würden dir die Untertassen vom Mars um die Ohren fliegen.

Die schwarzen Würfel waren so groß wie Häuser und hatten orange, grüne und blaue Lichter. Das sah schön aus, aber auch gespenstisch, doch es war nicht so, dass sich Karin Fahrnberger wirklich bedroht fühlte. Die Würfel drehten sich um die eigene Achse, zogen lautlos über den Himmel und verschwanden dorthin, wo das Land ist, das niemand kennt: die Unendlichkeit.

Karin Fahrnberger war ein kleines Mädchen damals; oft habe sich das geheimnisvolle Schauspiel wiederholt, erzählt sie, und wenn die Mutter und die Schwester all das nicht auch mit eigenen Augen gesehen hätten und noch heute bezeugen könnten – »Ich weiß nicht, ich würde das alles vielleicht selbst nicht glauben«, sagt die Frau aus St. Pölten, die immer wieder Erlebnisse der dritten Art hat. Auch die Oma sei damals dabei gewesen, wenn die schwarzen Würfel mit den bunten Lichtern über Traisen flogen. Die Oma jedoch, die habe immer gesagt: »Nicht hinschauen! Nicht hinschauen! Das ist alles von den Russen.«

Einmal, das weiß Karin Fahrnberger noch genau, ist ein schwarzer Würfel gefallen. Vom Himmel herunter auf das Ackerland. Am nächsten Morgen sah man die monströsen Spuren des Flugobjektes in verbrannter Erde, und die Oma dachte, es sei schon wieder Krieg.

Die Familie wanderte aus nach Kanada, doch auch in der kanadischen Wildnis ließen außerirdische Mächte alsbald von sich wissen, dass es sie gibt, sagt Karin Fahrnberger. Am Horizont, am Himmel, und nachts, wenn die junge Frau Erlebnisse hatte, die sich als Träume nicht mehr erklären ließen. Da gab es die Geschichte mit dem Verehrer, dem das Auto streikte, und als er Karin schließlich heimbrachte, fehlten den beiden unerklärliche vier Stunden, doch Karins Eltern fanden, dass die fehlende Zeit mit sehr natürlichen Vorgängen zu erklären sei. Für Karin ist es so: Es waren die Außerirdischen. Die kommen immer wieder. Auch heute noch. Sie ist inzwischen wieder in St. Pölten daheim, hat eine Tochter aus erster Ehe und einen Lebensgefährten, der als Kriminalbeamter gewohnt ist, unglaubliche Geschichten aufgetischt zu bekommen. »Das Beste ist, du gehst schnurstracks zum nächsten Psychiater«, sagte Rudi, als Karin ihm von nächtlichen Konfrontationen mit Außerirdischen berichtete, von unerklärlichen Wunden und Narben und davon, dass immer wieder zwei Einstiche sichtbar werden; wie von Schlangenbissen. Ein Zeichen, das sich übrigens in den Aufzeichnungen über derartige Erlebnisse weltweit findet. In den Träumen von Karin Fahrnberger werden die Außerirdischen sehr konkret. Geschöpfe aus unbekannten Galaxien; Männer, die keine Menschen sind, in schwarzen Fräcken, ein außerirdischer Meister, der ihr von Traum zu Traum neue Aufgaben zu lösen gibt. Das Leben von Karin ist wie ein Science-Fiction-Roman in aufregenden Fortsetzungen. Morgens ist sie immer hundemüde von den Ritten durch das All.

Sogar die elfjährige Tochter war schon Zeugin seltsamer Vorkommnisse: »Da sitzen wir im Wohnzimmer und spielen Karten. Jemand öffnet die Wohnungstür; ich dachte, es ist Rudi, der vom Dienst heimkommt ...« Von wegen Rudi! Eine Figur aus dem Reich des Schattens ist es, die sich umtut, die Angst macht und durch geschlossene Türen und Fenster wieder verschwindet; im Guten, ohne Schaden anzurichten.

Der Magnetismus, den Karin Fahrnberger auf die Außerirdischen auszuwirken scheint, macht sich auch im Alltag immer wieder seltsam bemerkbar. Fernseher und Staubsauger gehen kaputt in ihrer Nähe; einmal sagte sogar ein Mechaniker, er könne sich die Schäden absolut nicht erklären, da gehe es mit seltsamen Dingen zu.

Karin Fahrnberger ist Projektleiterin einer Reinigungsfirma, hat eigentlich studieren wollen, ist eine kluge, eloquente Gesprächspartnerin und hat, wie man so sagt, alle Tassen im Schrank; doch wegen der fliegenden Untertassen ist selbst der Lebensgefährte, nun ja, ziemlich irritiert. »Ich habe mich selber schon manchmal gefragt, ob ich vielleicht einfach verrückt bin«, sagt sie. »Ein anderer glaubt halt, er sei Napoleon, und ich habe Begegnungen mit Außerirdischen.« Und Zigaretten, die sie anschaut, beginnen manchmal zu hüpfen und zu tanzen.

Nach der Schiejok-Sendung gab mir, die außer E.T. noch nie einen Außerirdischen gesehen hatte, ein UFO-Freund ein Dokumentationsvideo zur Ansicht. Das Ding spielte verrückt: Spulte sich selber vor und zurück, wie es wollte, und spielte weiter, als ich schon *Aus! Schluss!* gedrückt hatte.

Vielleicht hatte ich die Gestalten aus anderen Welten zu wenig ernst genommen. Man weiß ja wirklich nicht, was zwischen Himmel und Erde alles möglich ist. Sicherheitshalber beschloss ich, mich über die schwarzen Würfel und die grünen Männchen auf keinen Fall lustig zu machen. Egal, ob es sie gibt oder nicht. »Wenn die wollen«, sagt Karin, »können die auch sehr ungemütlich werden.«

Das mit dem rätselhaften Video ließ mir keine Ruhe. Vielleicht war es ja nicht die UFO-Dokumentation, die durchdrehte, sondern mein Videorecorder. Wer Kinder hat, weiß, wie leicht man glauben kann, dass man spinnt: Bei einem Freund zum Beispiel drehte der Videorecorder auch durch. Die Kinder hatten ihm ein Nutellabrot hineingeschoben.

Ich spielte die Kassette noch einmal; in einem befreundeten kinderlosen Haushalt. Die Kassette machte ständig das Gegenteil von dem, was ihr die Fernbedienung anschaffte. Pardauz! Pardauz! Vorsichtig, als wäre es ein Stück von einem anderen Stern, nahm ich die durchgeknallte Kassette heraus. Wenn sie jetzt auch noch zu tanzen beginnen würde, dann wüsste ich endgültig Bescheid. Das Ding ist nun, ganz, ganz fest zugeklebt, auf dem Postweg nach St. Pölten zu Karin Fahrnberger. Bin schon gespannt, ob die Frau mit dem Draht zu den Außerirdischen noch intensivere Erfahrungen machen wird mit dem obskuren Objekt.

Schwarze, rotierende Würfel mit intergalaktischen Lichteffekten hat sie in den letzten Jahren nicht mehr gesehen. Der Himmel über St. Pölten ist derzeit ruhig, doch jederzeit, sagt Karin, können die Geschöpfe aus dem All wieder da sein. Raum und Zeit, diese unlösbaren Geheimnisse des Universums, sind so oder so nicht zu knacken, meint die Frau, die mit Außerirdischen im Bunde steht – »egal, ob nun ich verrückt bin oder die anderen«.

Schlafes Bruder.
Und Tschüs, Robert Schneider!

(Kronen Zeitung, 6. 1. 1998)

Wie habe ich dieses Buch und seinen Autor geliebt. Aber nach dieser Geschichte sagte er: Dein Platz in meinem Herzen ist gelöscht.

Auf einmal hat Meschach, dieser verschwiegene Weiler hinter der Schlucht über dem Rheintal, ein mondänes Hallenbad. Es gehört Robert Schneider, der es in seinem lila Bauernhaus so anlegte, dass er beim Kraulen mit dem Horizont der Schweizer Berge verschwimmt und dabei in großen, ja gigantischen Gefühlen baden kann.

Ihm gehört auch die knallrote Corvette, die er gelegentlich wie ein Spielzeugauto nach Dornbirn ausführt, sowie der fette BMW irgendwas, mit eierschalenfarbenem Lederinterieur und einem Satelliten-Navigationssystem, das vollautomatisch von Meschach zum Beispiel nach Monte Carlo findet und dem Piloten unterwegs auch noch gut zuredet.

Aus dem ausgehöhlten Dach des Elternhauses hat Robert Schneider einen Schreibhimmel gemacht, mit Fensterfronten direkt zum »Großen Wagen« hinauf und hinüber zum Sandkastenfriedhof, wo die Adoptiveltern begraben sind. Er selber möchte die ewige Ruh im eigenen Park finden, dessen Gestaltung er gerade plant und wo dereinst seine Romanfiguren als Skulpturen den Dichter beweinen können. Zwei Helden sind schon in Arbeit: Elias, der geniale Schmerzensmann aus »Schlafes Bruder«, und die »Luftgängerin«, der Erdenengel Maudi Lathur, der gerade dabei ist, Robert Schneider das Genick zu brechen; zumindest lesen sich die Kritiken zum neuen gleichnamigen Roman so.

Robert Schneider hat das kommen sehen. Im Altweibersommer, als wir gemeinsam durch das Alemannische fuhren im fetten BMW, hat er sich schon die Verrisse ausgemalt, hat wie im Rausch einer schrillen Symphonie alle Gemeinheiten, die sein Buch treffen würden, am Steuer gestikulierend vorgetragen.

»Ich stehe darüber«, rief er aus, »denn ich stehe zu meinem Baby!«, und ich sagte: »Mein Gott, Robert, ist doch alles o.k., wenn du uns nur nicht in den nächsten Baum donnerst vor lauter Euphorie.«

So reich und noch reicher, wie er jetzt ist, wollte Robert immer werden, 1,3 Millionen Mal »Schlafes Bruder« verkauft – da wäre sich neben der lila Festung in Meschach auch noch das Haus in Italien ausgegangen, das er dann doch nicht kaufte, oder, was er auch schon plante, eine Art Stiftung für arme Dichter.

Mit überlauten Posaunen hat Robert Schneider der Welt die Geburt seines Erdenengels verkündet. »Die Luftgängerin«, rief er, würde die Welt oder wenigstens die ganze Literatur verändern, seine ganze geniale Kraft liege darin, und er rief es so laut und inbrünstig, dass selbst sein Verleger einsah, dass viele Millionen Schilling das Mindeste sind, was man dafür im Voraus herüberzureichen hat. Auf einer weiten alemannischen Bündt, einem der Schauplätze des neuen Romans, übergab Robert dann dem Verleger in einem knallblauen Schmuckkarton den Text; ein paar handverlesene Freunde waren dabei, und Udo Jürgens. Nur Roberts geliebter Engel fehlte; Pascale, die Schöne, die ihn verließ, als der Erfolg kam und der »Die Luftgängerin« voll melancholischem Pathos gewidmet ist. Einmal, letzten Herbst, als Robert, der den Alkohol hasst, aber oft wie stockbetrunken in seiner Selbstherrlichkeit schwelgt – an so einem Abend also konnte ich nicht mehr und flehte ihn an, aufzuhören mit seiner besessenen Liebe zum Buch und seinem Größenwahn. Er nahm es, wie alle Besessenen, ohne Irritation hin. Sein Lebensmensch, der bedächtige Bergpfarrer Ernst Ritter, war auch dabei; er schwieg besorgt.

Robert Schneider hob bald danach ab, um den Winter in New York zu verbringen, wo er sich in einer kühlen Loft an sein drittes Buch machte, um die »Rheintal-Trilogie« endlich abschließen zu können. Eine alemannische Auswanderergeschichte, deren Hauptfigur dann auch als Skulptur in den Park kommt.

In New York gewöhnte sich Robert, der auf manchen Bildern aussieht wie der Bruder von Schubert, eine schwarze

Tarnkappe an. Aus Europa flogen ihm die Reporter der feinsten Zeitschriften nach – »stern«, »Spiegel«, »Focus«. Als läge er mit der »Luftgängerin« im Wochenbett, posierte er; das Baby ununterbrochen küssend und kosend. Inzwischen sind alle Prophezeiungen des Dichters eingetroffen. Die Kritiker zerreißen die »Luftgängerin« in der Luft; nie habe man einen solchen Dreck gelesen, heißt es. Und mit drei Vierteln von Vorarlberg, seiner geliebten Schmerzensheimat, ist Robert inzwischen auch zerstritten.

Robert zu hassen ist eine Art Sport geworden. Er selbst ist der größte Förderer dieses Sportes; ewig auf der Suche nach der sogenannten großen Liebe, vor der er sich zugleich mit infantilem, ekelhaftem Trotz so fürchtet. Die Demütigungen dieser Kindheit, als Adoptivsohn rechtschaffener Leute ohne echte Liebe, sind der Stachel im Fleisch. Allen Leuten springt er immer mit dem nackten Hintern ins Gesicht. Damit sie nur ja rasch merken, dass man einen wie ihn nicht lieben kann.

Mit der »Luftgängerin« hat er es fast geschafft. Sie prügeln ihn fast kaputt in den Kritiken, und er selbst hat sie alle gerufen. Noch nie hat ein angeblich so miserables Buch so ein gewaltiges Medienecho gefunden. Wie in einer gigantischen Sado-Maso-Inszenierung, in der der Meschacher Regie führt und über jede Ohrfeige höhnisch lacht wie Rumpelstilzchen. Auf einem turmhohen Millionenberg lacht es sich naturgemäß besonders fröhlich. »Oh, Baby«, sagt er immer, wenn von irgendwo wieder eine linke Gerade kommt, die er selber provozierte, oh, Baby, ist das Leben nicht spannend und schön.

Oh, Robert. »Die Luftgängerin« ist eh dein größter Wurf; alles ist so gekommen, wie du wolltest, und die Gage und die Watschen sind vom Feinsten. Oh, Baby, komm bitte trotzdem nur einmal wieder kurz auf den Teppich zurück, die Luftgängerin fliegt jetzt von selber. Gehen wir Käsknöpfle essen in dieses Gasthaus in Meschach, von dessen Wirtin du damals die kleine weiße Katze adoptiert hast, die man dir später tot vor die Haustür legte: Weil manche Menschen dich ja so hassen, dass sie der Katze den Hals umdrehen müssen, wenn sie dich nicht kriegen.

Als das Mädchen Natascha verschwand

(Kronen Zeitung, 8.3.1998)

In der riesigen Wohnsiedlung war alles grau und grob wie sonst.
Nur dass ein Kind verschwunden war. Acht Jahre später ist das Kind zurückgekommen, und die Welt schrie: Dieses Schicksal gehört jetzt UNS! Diese Natascha Kampusch!

Als Natascha vergangenen Montagmorgen nach einem kleinen Streit mit der Mutter die Wohnung auf der 38er-Stiege verlassen hatte, passierte sie einen schäbigen Durchgang und querte dann das betonumgebene Grünareal, wo unter aufblühendem Gebüsch noch der Müll des letzten Winters liegt. Pizza-Schachteln, Plastikflaschen und Nylonsäcke mit weggeworfenen Windeln, da und dort ein alter Socken, ausgegessene Tomatenfisch-Dosen.

Ein zerbrochener Spiegel.

Natascha wird dann in die überdachte Einkaufspassage getreten sein; an einem klobigen, taubenverdreckten modernen Kunstwerk vorbei, das man sich trister nicht denken kann.

Die Einkaufspassage ist zugig und kalt wie eine Bahnhofshalle, nur dass hier niemals ein Zug ankommt oder abfährt, sodass die paar Bänke und der verlassene Imbissstand ganz trostlos dastehen.

Ein schöner, bunter Fleck ist das Papier- und Spielwarengeschäft. Dort hat Natascha manchmal eingekauft. Ein aufgewecktes Mädchen, das sich durchzusetzen weiß, sagt eine Frau. Sich durchzusetzen müssen Kinder früh lernen, in der Rennbahnweg-Siedlung. Zehntausend Menschen in zusammengewürfelten Hochbauten; der größte Gemeindebau Europas. Was haben sich die Architekten damals gedacht? Wo wohnen sie selber? Im Wirtshaus neben dem Spielwarengeschäft ist träger Nachmittagsbetrieb. Bier und Gespritzte und ein paar Menschen, die einander von chronischen Nöten und vom ungerechten Leben erzählen. Die meisten kennen Natascha. Es müsste doch irgendeine Spur geben, sagt jemand. Ein anderer hat in einem deutschen Fernsehprogramm diese Sendung über verschwundene Menschen gesehen. Man glaube gar nicht, wie viele Menschen einfach verschwinden. Spurlos. Natascha war ein sehr resolutes Kind, sagt eine Frau. Als ihr bewusst wird, dass sie von Natascha spricht wie von jemandem, den es nicht mehr gibt, schweigt sie erschrocken. Man soll die Hoffnung nie aufgeben, sagt die Tischnachbarin, und glaubt es selber kaum.

Im Spielwarengeschäft, dessen Schaufenster neben der Eingangstür mit den frommen Utensilien zur bevorstehenden Erstkommunion dekoriert ist, taucht alle paar Minuten ein Kind auf und fragt nach diesem Jojo-Spielzeug, das leider vergriffen ist. Dünne Kinder mit blassen Gesichtern und mollige Kinder wie Natascha. Kinder, denen man ansieht, dass sie schon allerhand erleben mussten. Auch fröhliche Kinder.

Die Wohnanlage, sagt die Dame im Spielwarengeschäft, ist zu Unrecht verrufen. Zehntausend Menschen – da sei es doch logisch, dass das eine oder andere Individuum manchmal Scherereien mache. Aber sie, die Dame, fürchte sich eher, wenn sie nachts durch die helle laute Innenstadt gehe als auf dem dunklen Heimweg.

Das Bild von Natascha hängt alle paar Meter irgendwo. Zwischen den Sonderangeboten des Supermarktes, neben dem Bäcker und auf nacktem Beton und an diesem verlassenen Imbissstand. Dort hängt über Nataschas Bild noch ein gelber Zettel: Kinderjause zum Sonderpreis. Natascha schaut her, der Anblick ist beklemmend.

In der Dämmerung, als die Lichter schon angegangen sind und der Himmel noch nicht erloschen, treibt es die Bewohner der Rennbahnweg-Siedlung heim in die Wohnungen. Manche Mütter haben ihre Kinder an der Hand, manche Kinder drücken sich noch zwischen den Betontürmen herum, schaufeln Süßigkeiten in die kleinen Münder, balgen und spielen. Eine Mutter schreit ihr jüngstes Kind an; die drei größeren haben traurige Gesichter, die Mutter ist noch sehr jung, aber ganz fertig.

Auf den Baucontainer, an dem Natascha am Montag noch vorbeigegangen ist, hat jemand eine Vermisstenmeldung geschrieben: »Kind fort, Natascha«. Um eine Ecke flitzen drei Kinder auf Rollerskates; ein Mädchen ist dabei, das im Halbdunkel aussieht wie Natascha; die gleiche Frisur, das kecke Gesicht. Zwei Menschen drehen sich nach dem Mädchen um; einer ruft: »Natascha«, aber ganz leise und so, als würde er mitten im Namen begreifen, dass dies nicht Natascha ist.

Aus dem Gasthaus kommt schon abendliches Gelächter. Man hat aufgehört, über Natascha zu reden. Man hat ihr unbekanntes Schicksal scheinbar hingenommen.

In Nataschas Wohnung brennt Licht. Mit Einkaufstaschen schwer beladene Menschen gehen zur 38er-Stiege. In Nataschas Wohnung sitzt jetzt vielleicht die Mutter und sieht es draußen dunkel werden.

Ein Kamerateam stürmt auf das Wachzimmer Rennbahnweg zu. Nataschas Vater ist eben angekommen. Sein Gesicht ist so zerstört von schlaflosem Leid. Ein Freund kümmert sich um ihn. Der Schmerz und die Angst des Vaters: unerträglicher Anblick. Menschen, die vorbeigehen, senken den Kopf.

Der erschöpfte Mann bewegt sich und spricht schnell wie in Trance. Es ist die Hoffnung, die ihn auf den Beinen hält. Diese Hoffnung, die sich an diesem Abend wieder nicht erfüllt hat. Diese Hoffnung, über die jetzt wieder eine Nacht hereinbricht.

Da ist wieder dieses Mädchen auf den Rollerskates, das aussieht wie Natascha. In der Dunkelheit verschwindet das Mädchen. In der ganzen Rennbahnweg-Siedlung werden alle Kinder bald in den Betten sein. Manche traurig, weil sie es nicht so gut getroffen haben im Leben, manche glücklich beschützt. Nur Natascha fehlt, und einer Mutter und einem Vater steht eine grausame Nacht bevor. Wenn der Tag kommt, werden sie ein wenig Hoffnung schöpfen. Jeden Tag ein bisschen weniger.

Ihr lieben deutschen Freunde!

(Kronen Zeitung, 28.2.1999)

Das war nur ein Brief. Mit hunderten Briefen als Antwort. Inzwischen ist die Tourismus-Idylle wieder intakt. Nicht?

Ihr lieben deutschen Freunde,
das Unglück von Galtür geht Euch genauso viel an wie die Einheimischen. Es hat alle gemeinsam getroffen. Aber dann haben einige von Euch, in manchen Medien, so unglaublich kalt und gemein gerichtet. Ihr habt die Toten beleidigt und die Lebenden, die bis zum Umfallen nichts als helfen wollten. Ihr wart nicht fähig zu einer Umarmung im Leid. Ihr habt noch hingetreten. Ihr habt den Tod jenen Menschen in die Schuhe geschoben, die seit Jahrhunderten gegen diesen weißen Tod kämpfen müssen. »Die Alpen-Abzocker.« Das tut weh. Den Menschen, die dort immer schon gelebt haben. Und vielen, vielen Deutschen, die Freunde geblieben sind in einem großen, gemeinsamen Schmerz.

Freitagabend habe ich lang mit dem Pfarrer von Galtür geredet. Den hat man die letzten Tage jedes Mal geholt, wenn man nichts mehr tun konnte. Dauernd ging das Telefon; schon wieder ein Toter ausgegraben. Luis, du musst kommen, zum Versehen.

Im ganzen Elend dort, sagt der Pfarrer, hat er viel, viel mehr Mut als Verzweiflung erfahren. Dänen, Deutsche, Schweizer, Paznauner, sie haben alle nur eins im Sinn gehabt: helfen, helfen, helfen. Aber das, liebe deutsche Freunde, wisst Ihr eh aus dem Fernsehen: wie dort gegraben wurde Tag und Nacht, mit bloßen Händen die erste Nacht. Ihr habt das nicht live gesehen, weil das Tal war ja zu.

Den Abschied der Eltern von ihren toten Kindern Freitagfrüh habt Ihr auch nicht gesehen. Das sind sowieso Bilder, die niemanden etwas angehen. Der Pfarrer hat nur erzählt, wie tief berührt er von diesen Eltern war, die er zu den toten Kindern begleitete. Wie gefasst die waren, als sie vor ihren toten Kindern knieten. Die Alpin-Gendarmen haben ihnen die Hände gedrückt. Es war ein Schmerz, der nicht mehr auszudrücken war. Eben unsagbar. Die Eltern waren so gefasst. Und Ihr tobt so herum, in der »Bild«-Zeitung, aus kalter Distanz.

Später war der Pfarrer bei dieser Frau mit den vier Kindern, der die Lawine den Mann mitgerissen hat. Vor drei Monaten hat der Pfarrer dieser Frau die sechsjährige Nadine begraben müssen, die an einer schweren Krankheit gestorben war. Sie hat den Vater zu sich geholt, hat ihn bei sich haben wollen, versuchte der Pfarrer zu trösten. Euch von der »Bild«-Zeitung wäre vielleicht etwas Besseres eingefallen. Aus der Ferne.

»Wut auf die Alpen-Abzocker« habt Ihr geschrieben. Als ob die Menschen von Galtür und überhaupt alle im ganzen Ski-Land ihre Gäste nur abstieren möchten, um den Preis des Todes. Dieser Tiefschlag hat gesessen. Das ist genau das, was man Menschen im größten Leid noch ins Gesicht schleudern muss, um sie völlig fertigzumachen. Volltreffer.

Vielleicht habt Ihr es gar nicht so gemein gemeint; vielleicht habt Ihr einfach nur keine Ahnung. Von den Bergen, den Menschen, dem Leben dort. Diese Walsersiedlungen wie Galtür eben oder das benachbarte Montafon. Vor sechs-, siebenhundert Jahren haben die Walser diese entlegenen Regionen besiedelt – ein unvorstellbarer Kampf ums Überleben. Katastrophen, Kälte, Einsamkeit. Und immer wieder von vorne angefangen.

Mit dem Nachbarbürgermeister von Galtür, Heinrich Sandrell aus Gaschurn, ein langes Gespräch. Der hat jetzt auch schon ein Handy, stand gerade auf zweitausend Meter oben am Vermuntstausee; zum ersten Mal nach dem großen Schnee schien die Sonne. Er war als einer der Ersten im Unglücksort. Nicht, weil er Tote schauen wollte und Elend. Hat nur den Stauseewärter in einer waghalsigen Aktion per Militärhubschrauber evakuieren lassen, und das ging nur noch via Galtür, weil das Montafon war ja selber zu. Mausallein war der Stauseewärter da oben gewesen, links und rechts donnerten die Lawinen hinunter, unten im Tal sind die Frau und die Kinder vor Angst fast umgekommen.

Der Heinrich Sandrell ist sonst ein höchst gesprächiger Geselle, aber von Galtür erzählt er nicht viel. Halt, wie unglaublich gefasst die Leute dort gewesen seien, und gegraben haben sie bis zum Umfallen. In Gaschurn am Silvestertag 1974 war das auch nicht anders gewesen, beim großen Lawinenunglück.

Der Lawinenbrief von 1689 ist der früheste Report des Grauens. 120 Tote, 119 Häuser weg. 1830 Bäume geknickt. 357 Stück Vieh verloren. »Ein solcher niemalen erdenklicher

Schnee gefallen ... augenblicklich haben die herabfallenden Schnee-Leuen alles, was sie angetroffen, in Lüften weggeführt ... diejenigen, die gerettet, bekannten einhellig, dass sie, wären sie zugrunde gegangen, ihnen nicht einmal die Zeit vergönnt gewesen wäre, einen einzigen Seufzer zu Gott zu tun.« Damals haben die Walser nur Gott gefürchtet. Heute können sie auch von der »Bild«-Zeitung und RTL vernichtet werden.

Gerhard Walter, Tourismus-Chef in Galtür, ist auf ein grausames Medien-Gemetzel gefasst.

Den Watschentanz der letzten Tage hat er kaum mitbekommen: Es gab keine Zeitungen und keine Zeit für so was. Und solange das letzte Opfer nicht gefunden war, dieses Kind, interessierte ihn auch keine Zukunft. 700 Menschen, die alle vom Tourismus leben. Müssen.

»Wir können hier keine Fabriken bauen, und wir haben keinen Stronach-Onkel aus Amerika. Wir sind nicht Alpen-Disney. Das ist unsere Heimat hier, wir haben sie nicht verkauft.« Heinrich Sandrell ist wütend und traurig. »Mein Gott«, sagt er, »glaubt denn jemand, dass wir Bergler unser eigenes Leben aufs Spiel setzen wollen und das Leben der Gäste?«

Wie Ihr die Berge liebt, Ihr lieben deutschen Freunde. Diese Paradiese in Weiß und den Hüttenzauber. Eine leichtsinnige Liebe manchmal; wenn Ihr nicht glauben wollt, dass die Sperrgebiete Todeszonen sind. Wie oft haben Retter einen von Euch unter Lebensgefahr herausgeholt. Weil Ihr nicht begriffen hattet, welches Unheil lauert, in diesem scheinbar unschuldigen Schnee.

Skifahren ist jetzt gratis, in Ischgl; darüber empört Ihr Euch sehr. Vielleicht habt Ihr recht. Voller Wintertrubel neben dem großen Grab. Ein schauerliches Szenario. Ein trauriger Existenzkampf.

Gestern habt Ihr Euch noch darüber aufgeregt, dass man Euch nicht filmen ließ am Unglücksort. Was hättet Ihr denn wollen, dort, mit Euren Kameras? Den Leuten beim Helfen im Weg stehen? Auf die Toten treten?

Galtür ist so ein ehrliches Dorf. Nicht diese schrille Sause, wie viele von Euch sie sommers auf Mallorca so lieben. Sause ist eher noch nebenan in Ischgl; dort hat man sich schon viel mehr angepasst an diese »volle Action«, die vielen von Euch so gefällt. Galtür hat sich eher leise gehalten und familiär, langsam alles aufgebaut, und jetzt ist alles zerstört.

Die Trauer um die Toten, Einheimische und Gäste, Kinder und Alte, habt Ihr missachtet mit Euren Unterstellungen. Den Helfern und Rettern noch ins Gesicht gespuckt. Das Bild vom Pfarrer mit den Eltern, die vor ihren toten Kindern knien: Wie viel wäre es Euch wert gewesen?

Lawinen, furchtbare Lawinen, gab es schon immer. Die vielen Toten 1954 in Blons. Hemmungslose Alpen-Abzocker? Gottes Strafe?

»Ehrlichkeit, ja, das ist wichtig«, sagt Heinrich Sandrell. Man kann es Euch, die Ihr die Heimat der Walser und die Berge überhaupt so liebt, gar nicht oft genug sagen: Das alles ist nicht Disney-World. Alles Menschenmögliche wurde getan. Haut nun nicht auch noch auf diese Menschen ein. In Galtür haben sich viele Stammgäste gemeldet; Beileid und Trost. Und dass sie wiederkommen werden. Deutsche. Deutsche wie Ihr.

Den Pfarrer von Galtür haben sie zum letzten Opfer gerufen, ein Kind aus Deutschland. »Allen Schock und alle Trauer werden wir erst in den nächsten Tagen richtig spüren«, sagt Gerhard Walter. Wir hatten dazu keine Zeit.

Die Sonne ist wieder aufgegangen über den Bergen. Ihr, Freunde aus Deutschland, werdet wieder zu Abertausenden kommen und die Berge und die Menschen, die Ihr so urig findet, umarmen. Eine Umarmung im Leid? Viele Umarmungen im Leid. Nur nicht von Euch. Das Unglück hat Euch und die Einheimischen getroffen. Warum schiebt Ihr jetzt das Unglück jenen in die Schuhe, die selber zerstört sind?

Nur zwanzig Zentimeter bis zu Robbie Williams

(Kronen Zeitung, 10.4.2003)

Vera Russwurm hat einen ewigen Bonus bei mir. Ich verdanke ihr, dass ich Robbie Williams in den Nacken küssen durfte. Beinahe.

Intimbeleuchtung im kleinen Fernsehstudio des ORF. Brav wie Pensionatsmädchen haben wir Platz genommen. Eine falsche Bewegung, hatten sie gesagt, und man fliegt raus (die Bodyguards). Das möchte man nicht.

Zweite Reihe fußfrei habe ich erwischt, neben einem Zwei-Meter-Mann. Der wird mir später, in Ekstase, fast die Hand ins Gesicht klatschen beim Klatschen. Und den Blickkontakt blockieren, zu Robbie. Links von mir eine unterkühlte Blonde. Das Styling geht in Richtung Rachel Hunter. Sie hat einen Plan: Robbie voll erwischen.

Wenn er dann kommt, sagt vorn auf der kleinen Bühne der Einpeitscher, dann klatschen wir *so* und werfen die Hände *so*. Regieanweisungen, wie wenn der Nikolaus in den Kindergarten kommt.

Da ist schon die Band. Und dann ist Robbie da. Überall steht, er sei einen Meter und fünfundachtzig. Kann nicht stimmen. Da ist er: nicht grad groß, grauer Anzug, kein Tusch, kein Licht; fast hätten wir ihn übersehen. Das ist ja Wahnsinn. Kommt einfach so herein.

Er ist der absolute Meister in der Musik und beim Sexappeal momentan. War einmal ein kleiner *Take That*-Boy, dann hat es ihn irrsinnig hinuntergezogen mit Alkohol und allem Elend, das dazugehört. Als er wieder da war, nämlich voll da, hatte er plötzlich drei Generationen Fans. Die Kleinen und die aus der Boygroup-Zeit und alle Mütter von denen. Swing! Da sind wir wieder aufgewacht. Wie Teenager.

Ich weiß noch, wie das so in meiner inneren Weiberrunde war. Zuerst sagte man: »Gar nicht übel, der Bursche. Wer ist das eigentlich? Früher *Take That*? Nie gehört.« Dann hieß es: »Der ist eigentlich ziemlich super.« Und dann gab es kein Halten mehr. Wir, vierzig sehr plus, schämten uns nicht, für Robbie zu schwärmen. Die altersmäßig dazu passenden Männer griffen sich an die Köpfe.

Zurück ins Studio. Live. Das ist ja unpackbar, da steht echt Robbie Williams. Zwei, drei Meter vor uns. Die erotische Duftmarke würde für 40.000 Frauen reichen. Und wir hier fast allein mit ihm.

»Feel«. Sicher schon gehört, den Song. Den spielen sie überall hinauf und hinunter. Bitte, vor uns steht Robbie zum Greifen nahe und singt. Wird er eine von uns angreifen?

Jetzt müsste ein Kreischen und Wippen sein, dass die Wände wackeln. Wir sind aber noch immer auf »Mädchenpensionat« geschaltet. Wenn er das nur verstehen würde: Wir sind fertig. Erstarrt. Unfähig zu kreischen. Bestimmt denkt Robbie jetzt, dass wir die trübsten Tassen der Welt sind. Die jungen und die späten Mädchen von Wien.

Bitte, was ist jetzt los. Er geht zwei Schritte und greift sich ein Mädchen. Die Schrillste hat er ausgesucht. Die mit dem grünen Nixen-Netzwerk um die sehr stattlichen Hüften. Was macht er da? Er küsst sie. Tsss.

Zwei Reihen weiter die nächste knusprige Beute für das Tier. Ein Drücken und ein Grapschen ist das. »You have wonderful breasts«, sagt Robbie. Wird man gleich den Sanitäter brauchen? Nein, die junge Frau sinkt nur beglückt in sich zusammen. Er hat ihr vor seinem Abgang ein Geschenk in den Schoß gelegt. Es ist eine Sachertorte. Das war jetzt aber nicht wirklich originell. Autogramm ist auch keines drauf.

Robbie singt jetzt schon das dritte Lied, endlich das große Erwachen im Publikum. Wir kriegen langsam mit, dass das alles echt wahr ist. Oh my god, ist das super. Nun drückt man ihm noch einen *AMADEUS* in die Hand. Kommt dann im Fernsehen, im Mai. Aber »Vera« kommt schon heute. Drei Lieder, die Küsse, das war noch nicht alles. Robbie verschwindet und wird gleich wiederkommen.

Zuerst noch Seitenwechsel im Publikum. Schön brav bitte, nicht drängen. Wieder zweite Reihe, diesmal einen Randsitz erwischt. Das erhöht die Chancen, von Robbie geküsst zu werden, ungemein. Ich hätte es verdient. Ich bin das älteste Mädchen hier.

Nach grauem Anzug und Fastenzeitchristus-T-Shirt trägt Robbie nun einen halsfernen Pullover. Natürlich trägt er auch Hosen, obwohl er seine Songs sonst im Studio ganz gern nackt einspielt. Na ja, alles kann man nicht haben hier.

Jetzt wird's brenzlig. Robbie pirscht sich nah heran. Ich glaube, wir hatten schon Blickkontakt. Jetzt keinen Genierer haben, auch wenn die Kameras dabei sind. Diese Chance kommt nie wieder. Und sie ist schon wieder vorbei.

Robbie hat das Mädchen genau vor mir gemeint. Was hat die eigentlich, was ich nicht habe? Sie knutschen. Robbie nur zwanzig Zentimeter von mir entfernt. Allerdings mit dem Rücken. Jetzt könnte ich ihn in den nackten Nacken küssen. Wenn ich mich trauen täte.

Noch einmal »Feel«. Mitsingen, hatte es geheißen. Schon peinlich. Und dann macht Vera, was ein paar Millionen so gerne möchten. Einfach auf Robbie zugehen. Dann das Interview. Es ist nonverbal, aber es spricht Bände. Fast zerquetscht hat Robbie Vera. Und fast getanzt mit ihr. Und er hat Vera so was von abgeküsst. Da wär man schon sehr gern Vera gewesen. Einmal im Leben.

Schwupp, und weg ist er. Jetzt, da wir endlich fähig wären zu kreischen. Das Mädchen mit der Sachertorte sitzt noch immer da und kann's nicht packen: »Er hat mich auf den Busen geküsst ...« An die Sachertorte und den Busen darf jetzt bestimmt lange kein anderer mehr heran. Ach ja, und die kühle Blonde mit der Rachel-Hunter-Maske: Die hat er nicht einmal angeschaut. Leute, das war alles unvorstellbar super. Robbie, we love you, und tschüs.

Hundert Mädchen und ein paar Boys bei Robbie. Der Küniglberg glich einer Festung, als wäre der Papst zu Gast. Auf einmal Robbie zum Anfassen. Klar, da verlierst du die Fassung. Sogar unser aller »Vera« verlor das Gleichgewicht.

Der tote Papst im Petersdom

(Kronen Zeitung 8., 9. u. 10. 4. 2005)

Plötzlich rissen sie Fenster auf im Vatikan. SANTO SUBITO! Johannes Paul II. lag aufgebahrt im Petersdom. Ich sah einen Körper. Aber der Papst selber war schon im Himmel.

8. April 2005. Alle Wege führen zu Karol Wojtyla. Die Züge nach Rom sind Pilgerzüge. »Was haben Sie für ein Glück, dass Sie noch Tickets ergattert haben«, sagt die Bahnschalterfrau.

Über Zürich, via Bologna: alle Wege führen nach Rom. Und die vielen Flieger.

Das Schweizer Fernsehen geistert durch den Zug, es wird bizarr: Mehr und mehr Journalisten treffen aufeinander, die einander interviewen wollen. Die Ernte der Reporter ist mager. Es gibt nur sieben Menschen im Zug, die echte Pilger sind.

Die anderen: Dienstreisende in Sachen Papst-Begräbnis. Menschen, die blöde oder kühle Antworten geben: »Habe mit dem Papst nichts am Hut.« »Rom-Reise ist Shopping-Trip.« Das Schweizer Fernsehen hat jetzt nur noch Stunden Zeit, eine bessere Geschichte zu finden. Lasst ihr uns eh in Ruhe? Bitte! Danke.

Sieben echte Pilger und wir. Ich mache keine Dienstreise. Es ist ein Geschenk, an diesen Tagen Pilger sein zu dürfen. Einen Glauben wieder spüren zu lernen, für den man ein Herz wie ein Kind braucht.

Zwei Kinder, Jugendliche muss man sagen, habe ich mitgenommen. Doppelte Strategie: Ich wünsche ihnen, dass sie Kraft für ihr Leben schöpfen aus der Magie des Glaubens. Diese Generation, die sogar Gefühle fast nur noch aus dem Fernseher kennt. Und für mich: hilfreiche Assistenten, ungeniert im Umgang mit der Technik und den Tücken der Großstadt.

Keine Panik. Massen, babylonisches Sprachengewirr, Schlafsack-Pilger, alte Menschen, Babys, Büßer, Blinde, Bedürftige. Lachen, Handy-Klingeltöne, Anzug oder Jeans, leichte Sommerkleider und schwere Kutten. Die Kopftücher, die Baseballkappen. Singen, küssen, tanzen, beten, einander halten oder meditieren. Alles. Nur streiten nicht. Vier Millionen Römer, vier Millionen Gäste. Im Fernsehen sagen sie: Chaos und Wahnwitz. Aber die sind nur mit den gierigen Kameras unterwegs, nicht mit dem Rosenkranz.

Wir haben, gewissermaßen, den Koffer aus dem fahrenden Taxi ins Hotelzimmer geworfen; weiter, so schnell es nur geht: andocken an die Pilgerschlange. Ein schöner Satz aus der »Bild«-Zeitung: »Gott kennt keine Presseausweise.« Lieber anstehen unter Hunderttausenden als in der Medienstelle des Heiligen Stuhls.

Die Stadt hat aufgehört, ungeduldig zu sein. Schon auf dem Bahnhof Termini; das schlimmste Chaos war prophezeit worden und ist nicht eingetroffen. Über dem Tiber dann – Gefühle, die nicht fromm sein müssen, sondern einfach ehrlich dem charismatischen Papst zugewandt; über dem Tiber gen Vatikan geht nichts mehr und geht plötzlich alles: Der Weg ist das Ziel.

Wir werden, voraussichtlich, den toten Papst nicht mehr sehen können, aber niemand kehrt um, keiner will überholen, drängeln wie beim »Billa«, eine heilige Geduld ist das. Dazu die erfrischende, heilige Ungeduld vieler polnischer Pilger: Es geht ihnen gern das Herz über. Es sind noch Tausende aus der Heimat des Papstes unterwegs, in der Hoffnung, wenigstens bis zum Begräbnis in Rom zu sein.

»Es ist aber auch eine große Geschäftemacherei«, sagt das glaubenskritische Kind. 250 Millionen Euro wird die Stadt Rom an diesem Weltereignis verdienen, oder mehr? Ist der Papst ein Popstar? Ja. Sind die Leute, die Rosenkränze und Papp-Papstteller verkaufen, gern auch zu überhöhten Preisen, sind das Wegelagerer? Vielleicht. Manche. Aber: Ich möchte auch einen Rosenkranz aus Rom.

Eine kleine Reisegruppe aus Oberösterreich macht sich akustisch erkenntlich. Sie haben sich für eine kurze Rast aus der Reihe geklinkt. Sie haben die erworbenen Pretiosen auf dem Tisch eines Eissalons ausgebreitet. Ziemlich sicher die kitschigsten Papst-Gedenkartikel, die kurzfristig – ich sage die pietätlosen Worte – auf den Markt geworfen wurden. Ich schäme mich für meine überheblichen Gedanken über den Geschmack anderer Leute, während ich sehe, wie glücklich die Gruppe mit den Tellern ist. Woher nehme ich die Frechheit, den unschuldigen Glauben anderer Leute herabzuwürdigen? Ein Vaterunser beten, das wird mir guttun, so oder so. Wie weit haben wir es gebracht, in den ersten vier Stunden? Mein größerer Jugendlicher hat ein Gerät, mit dem man alles messen kann. Keinen Kilometer haben wir geschafft. Aber, seltsam: Die Füße tun umso weniger weh, je länger das Warten und Stehen dauert.

Die lächerlichen Fragen, was man anziehen sollte Richtung Vatikan und wie man sich vor Taschendieben schützt, haben sich erübrigt. Ich kann mir nicht mehr vorstellen, dass mich einer übers Ohr haut in Rom oder dass es einen Dresscode für den Abschied gibt. Die Stadt trägt nicht Nepp und nicht düstere Trauer. Sie ist, wie der Papst war: heiter und gelassen im Sturm.

Mein Handy gebe ich etappenweise einem Assistenten. »Wenn die Redaktion anruft, sag, dass ich gerade still sein will. Oder bete.« Müsste man sich genieren? Für Menschen beten, denen es besser gehen könnte, so Gott will und so Wojtyla es hört. An richtige Wunder zu glauben fällt mir schwer. Zu viele Wissenschaftsdokumentationen gesehen und zu viele Illusionen verloren. Trotzdem. Vielleicht?

Das hier ist ein Wunder: Wie der tote Papst Millionen Menschen bewegt, berührt, *besinnt.* Wir werden den toten Papst nicht sehen; voraussichtlich. Wie Hunderttausende andere auch nicht. Aber keiner wird diese Stadt verlassen, ohne den Papst gespürt zu haben. Ihr werdet das in eurem Leben nie mehr vergessen, sage ich zu meinen Jugendlichen. Ihr werdet diesen Papst in euren Herzen tragen. Jedenfalls glaube ich das.

9. April 2005. Es ist die Via della Conciliazione im Vatikan, an deren Ende sich der Petersplatz öffnen wird. Die späte Sonne, erst links von der Kuppel, ist nun bis in deren Mitte gewandert. Das letzte Licht des letzten Tages vor der Beisetzung des Papstes. Noch etwa hundert Meter durch den Schlauch dieser Gasse, 340 Meter wären es dann noch zum Portal der Basilika.

Die vierte Stunde des Wartens, etwa jede Viertelstunde ein paar Schritte, ein Schub vorwärts. »Aqua, aqua«: Wasserflaschen werfen sie in die Menge, jeder, der eine fängt, gibt sie zuerst einem anderen. Mit der Dämmerung schwindet die Hoffnung, den toten Papst noch zu sehen. Es ist schon halb sieben. Auf Video-Wänden der aufgebahrte Leichnam. Um acht Uhr werden sie ihn holen. 400 Meter werden wir in dieser Zeit niemals schaffen. Es gibt keine Überholspur und keine Ellenbogen, wie sonst im Leben.

Jemand weint; gleich weinen viele, ansteckend ist das. Da gehen an der Fassade rechts im obersten Geschoß die Fenster auf. Nein, sie fliegen auf. Junge Priester, mit Besen als Werkzeug, rollen ein Transparent über die Vatikan-Front: Man soll Papst Johannes Paul II. heilig sprechen. Sofort! Bravo! Jubel und Klatschen. Bravo. Zwischen himmelhoch und betrübt.

Wenige Meter hinter uns haben sie den Strom abgeschnitten. Blitzschnell ist das gegangen. Barrieren mitten durch die Menge, schon sind die Putzautos da. Rechts auf der Medientribüne werfen die Fernsehtechniker Planen über ihre Geräte. Als ob nichts mehr zu erwarten wäre.

»Nimm deinen Bruder auf die Schultern, für einen Panoramablick«, sage ich zu dem Jugendlichen. Längst ist es so, dass sie ihre Mutter im Schlepptau haben, nicht umgekehrt. Auf keinem Popkonzert der Welt könnten so viele Jugendliche sein wie hier. Rucksäcke, Schlafsäcke, Handys, Kameras. Mit der erstarrten Frömmigkeit eigener Jugenderinnerungen hat das nichts mehr zu tun.

»Du wirst es nicht glauben«, sagt der Jugendliche auf den Schultern seines Bruders, »es ist nicht mehr weit. Zwei Barrieren noch. Es schaut nicht so aus, dass sie uns vor der Nase zusperren.«

Es ist halb neun. Es wird halb zehn. Die Stufen zur Basilika. Scharfkantige Pflastersteine unter den nackten Füßen. Ob man das darf, barfuß in die Basilika, die kaputten Schuhe an den Rucksack gebunden? Andere haben Klappstühle, Schlafsäcke, Rollkoffer, Kleinkinder, Fahnen und Kameras, Kameras, Kameras in der Hand.

Mein Gott, da liegt der Papst. Der tote Papst. Rechtsherum oder linksherum, die Ordner lassen jeden selber entscheiden. Linksherum! Sein Angesicht im Tod. Es ist eine Hingebung. Es hat Ewigkeit. Es ist ein losgelassenes Gesicht, und wenn der Tod eine Farbe hat, dann ist es: Grau, mit grünlichen Schatten. Das Licht in der Basilika ist ehrlich, mystisch. Ich werde mir kein Foto merken vom toten Papst, sondern nur diesen Augenblick. Ich möchte lernen, etwas weniger Angst vor dem Tod zu haben.

Avanti, avanti, innehalten ist erst im Nebentrakt gestattet. Das Weihwasser nehmen; es sind nur noch wenige Tropfen im großen Steinbecken. Auf die Knie gehen für ein paar innige Gedanken. Das Gefühl, dass man sich von Gott das Leben wünschen darf.

Draußen. Wie Woodstock. Menschengelage im Vatikan und in den Adern zur Stadt Rom hinein. Über Menschen hinwegbalancieren; sie werden den Morgen erwarten, in Schlafsäcken oder nur mit einer Decke in dieser sehr kühlen Nacht. Ihnen gehören die Gassen und Gärten. Sakrale Musik – sie klingt wie Pop – vom Petersplatz herübergeweht, mit Gelächter und Andacht gemischt, über den Menschenteppich, über den Tiber, in die Welt.

Der Morgen danach ist anders. Als hätte niemand geschlafen, als hätte man diese Nacht ausgelassen. Rom hat sich verdoppelt; mindestens. Und alles strömt zum Vatikan. Alles.

Wir sind drei Gestalten unter Millionen. Die großen Köpfe dieser Welt auf Videowänden, erhaben über den Massen. Sicherheit, unsichtbar. Die vatikanischen und römischen Ordnungsheere: souverän noch im größten Druck.

Die Brücke über den Tiber bei der Engelsburg. Dass wir es so weit geschafft haben. Getragen und geschoben im Strom. Bedeckter Schleierhimmel, hinter dem man die Sonne weiß.

Menschen, denen wie in Trance einsame Andacht in der Masse gelingt. Konzentration auf das Unsichtbare und das Unhörbare. Zwei italienische Nonnen, zentimeternah, nicht ablenkbar von holländischem Handy-Geschrei. Einer telefoniert auf Norddeutsch nach Hause, dass er live dabei ist.

Die Zeremonie hat längst begonnen. Was würde der Papst dazu sagen: Es sind noch mehr Menschen da, als irgendjemand erwartet hat. Ist das Unsterblichkeit? Das letzte Geheimnis. Hier entsteht eine Ahnung davon. Als würde der Papst mit allen hier sprechen, mit jedem Einzelnen: Der Tod ist nicht das Ende. Fürchtet euch nicht. Wie viele Hände hat er geschüttelt im Leben? Wie viele Herzen erreicht im Tod?

Über die Brücke sind wir. Sirenen von Einsatzfahrzeugen, italienisches Hupkonzert, vielsprachiges Palaver, Schluchzen und Singen. Der Wind flattert durch die Bibel auf dem Sarg des Papstes und durch die Haare der Kardinäle. Auf der Video-Wall. Etliche hunderttausend Menschen; wenige Meter, aber keine Barriere trennt uns vom Petersplatz.

Auf einmal brandet dieser Applaus auf. Ein solcher Jubel, eine unbeschreibliche, besonnene Heiterkeit. Er hat es geschafft, der Papst. Die Menschen sind heiter in seinem Tod. *Arrivederci in paradiso, Papa!* Über der ganzen Stadt liegt dieser Satz, wie in den Himmel geschrieben. Und natürlich hupen sie alle dem

Papst, Johannes Paul II. – Seine letzte Botschaft: »Das Kreuz heiter tragen lernen.« Millionen aus allen Nationen dieser Welt hörten ihn.

10. April 2005. Die resolute Nonne, klein, zäh und zackig, dirigiert die Pressestelle des Heiligen Stuhls. Es ist der Morgen nach der Beisetzung des Papstes, nasskalt, zwischendurch ein Wolkenbruch. Jeder sagt, dass der Himmel weint. Vielleicht regnet es nur.

Ich würde dieser Dame nicht widersprechen, flüstert der römische Priester auf Deutsch. Ihre Stimme ist eine strenge Stimme des Vatikans. Die Worte »Gott bless you« und »avanti, hau ab« liegen ihr gleichzeitig auf der Zunge. Immerhin, wir haben jetzt auch, wie Tausende andere, vatikanische Presseschilder um den Hals hängen. Immerhin ein Souvenir.

Es ist wieder die Via della Conciliazione gen Petersplatz. Die Straße, in der wir im Pilgerstrom auf den toten Papst zugingen, ein paar Schritte pro Stunde. Zum Schweigen verhüllte Fassaden waren das, ein Boulevard des Betens. Nun sind die Rollbalken wieder offen, die frömmste Shopping City der Welt brodelt wie ein Kaufhaus vor Weihnachten.

Vor den Bankomaten – die zumindest im Vatikan wieder funktionieren – Menschentrauben und Ungeduld. Das stille Warten hat sich aufgehört, der Kaufrausch ist ausgebrochen.

Die Taschen füllen mit Erinnerungen an das gigantische Ereignis. Schrecklich duftende Rosenkränze, der Papst auf allem, was erdenklich ist, und auch auf Sachen, die verboten gehören: Münzen und Mützen, Teller und Taschen; die Schneekugerln und Tragetaschen sind rechtzeitig auf den Markt gekommen.

Als wäre das Rauchen nicht ohnehin verboten in ganz Italien, sind Petersplatz und andere Symbole der Frömmigkeit in Aschenbechern eingedruckt. Das könnte ich nicht: einen Tschick ausdrücken auf der Kuppel des Petersdoms.

Die Beutelust der Gläubigen und der Souvenirjäger. Zehn Rosenkränze? Macht minus fünf Prozent Rabatt, oder nimm gleich hundert, das kommt noch billiger. Der Papst als Relief, als Mosaik und als Stickerei. In Gold, in Silber, in Blech, von fünfzig Cent bis tausend Euro.

Im vatikanischen Pressebüro, wo Computer und geduldige Menschen herzlich einladen, Texte und Bilder an die Heimatzeitung zu schicken, ist himmlische Ruhe eingetreten. Zwei Chinesen, ein paar Polen, ein Schweizer. Aufhorchen, wenn man sagt, dass man aus der Stadt Kardinal Christoph Schönborns kommt. Die Chinesen, die Polen und wir. Alle anderen sind wie modernste Medienkämpfer im Satelliten-Lager ausgerüstet.

Die müden Babys haben aufgehört zu weinen, als der Papst starb, erzählt die Frau vom Schreibbüro mit einem seligen Lächeln. Sie hat es selber erlebt. Und am anderen Tag stand es auch in den italienischen Zeitungen. »Wunder über Wunder«, sagt der staunende Chinese und lächelt.

Nervliche Höchstleistungen vollbringen die Verkäuferinnen der vatikanischen Shopping City. Der Manager eines Ladens ist meistens ein Mann. Stürmische Bekreuzigungen, während an den Kassen die päpstlichen Erinnerungen bezahlt werden. Vielsprachige Debatten darüber, welchem Angehörigen welcher Rosenkranz geschenkt wird. Von »billig« über »geschmackvoll« bis »Erbschleicherei« ist alles menschenmöglich. Wir haben genauso wenig widerstehen können wie all die anderen. Rosenkränze (aber ohne Duftnote!), eine kleine Statue, ein paar Bilder, und warum soll man keine Schneekugeln kaufen, wenn es jemanden gibt, den Schneekugeln glücklich machen können ...

In den vatikanischen Pizzastuben und Snackbars und Restaurants sitzt man jetzt nur noch zu Tausenden und nicht mehr zu Millionen und schaut auf den Petersdom. Grau. Trüb. Die Polizisten sind wieder ganz die Alten, nicht mehr so supernett. Die Presseausweise hätten wir uns auch an den Hut stecken können, wären sie nicht einfach eine kostbare Erinnerung.

Noch zwei Souvenirs, die mir mehr bedeuten als alles, was es hier zu kaufen gab: ein Schirm, den uns ein wildfremder Mensch im Regen einfach schenkte. Und das Büchlein mit den Noten und Worten von der Papstmesse, von einer Nonne in die Hand gedrückt bekommen. Einfach so.

In der schmal gewordenen Börse findet sich noch ein

Nummernzettel vom Bahnhof Termini. Den soll man bei der Abreise vorzeigen, damit alles schneller geht, haben sie uns gesagt.

Besser und tiefer und demütiger zu glauben, hat man durch diesen Papst lernen können. Nie mehr zu löschen, der Anblick seines ewigen Gesichtes im Tod. Heiter brechen wir auf, zum Bahnhof Termini. Dass uns unser Nummernzettel hier irgendwie helfen wird im Chaos, das glaube ich nicht. Aber vieles andere glaube ich schon. Viel mehr als vorher.

Der Zilk zeigt's uns wieder

(Kronen Zeitung, 28. 5. 2006)

Er war zurück. Noch einmal dem Tod entkommen. Sonnenspaziergang durch Wien. Herzschrittmacher: Dagi. Und all die Menschen, die ihn lieben wie den alten Kaiser.

Ja, gibt es denn so was! Der Zilk! Er tritt vom Frisör (fesch) auf den Graben in Wien, die Leute glauben, sie träumen, die Sonne küsst ihn wie verrückt auf dem ersten Weg. Weil's wahr ist, das Wunder.

Sie hat ihn eingekleidet. Ein wirklich knallrotes Polohemd, das Sakko changiert wie die Haare in Grau und Silber. So kleidsam ist die Mischung aus Geschmack und Liebe: zwanzig Kilo abgemagert, aber keiner sieht's.

Einen getupften Umhang hat man über ihn geworfen. Wie immer, wenn Frau Tanja vom »Salon Bramo« am Wiener Graben Helmut Zilk unters Messer nimmt. Fast ein Séparée, aber gestern Mittag um zwölf, da rammte man sich die Kameras, die Handtaschen und den euphorischen Smalltalk in die Rippen. Sieht er nicht prachtvoll aus. Und erst *Dagi.* Das Strahlen, das Halstuch, das Kreuz mit den Diamanten um den Hals. Geschenk zum 65. Geburtstag. Von Helmut.

Chefinspektor Adolf Kainz und OMR Ernst Graf, die Wächter, die Freunde von Helmut Zilk, halten sich bedeckt und zurück.

Besser so, wenn starke Männer eine Träne zerquetschen müssen. »Es ist ein Wunder«, sagt der eine in einer Litanei des Staunens; der andere weiß nicht, wohin mit den Händen vor Rührung: »Nein, wir hätten nicht gedacht, dass wir noch einmal mit dem Doktor Zilk stehen würden.«

Alles läuft verkehrt. Zuerst ist Helmut Zilk schmal und scheu im Gesicht, zerbrechlich die Züge um den Mund, die Augen nass, ein Zucken. Verkehrt herum läuft das ab und so typisch: Andere Menschen verlieren vielleicht ein wenig das Gesicht und die Haltung, je länger die Kameras auf das Gesicht einschießen. Helmut Zilk wird mit jedem Blitz mehr der Alte. Also der *Junge*.

Was für ein super Haarschnitt, noch ein Bild, bitte. Frau Tanja hat nicht daneben gegriffen, obwohl zwischen Objektiven und Ellenbogen kaum das Werkzeug zu halten war. Weg jetzt mit dem getupften Umhang. Voilà! Helmut Zilk steht auf! Der winzige Seitenblick zu Dagmar, der Halt sucht. Schaff ich das jetzt alleine? *Ja*. Szenenapplaus. Und erst der Blick zu Dagi, nachdem er es geschafft hat.

»Das nächste Mal geh ich wieder ohne Dagi zum Frisör. Die redet ja nur drein. Und überhaupt, weiß jemand von euch, dass sie mir nur Taschengeld gibt, dass ich sogar beim Trafikanten anschreiben lassen muss, wenn ich mir etwas extra kaufe?« – Es sieht so aus, als würden die Scharmützel schon wieder losgehen. Zwischen Dagi und ihm.

Es hat kurz geschüttet, zwischendurch, jetzt hinaus auf den Graben, da begrüßt die Sonne den Altbürgermeister aber schon wirklich mit einem heftigen, herrlichen Kuss. Nicht, dass auch noch ein Regenbogen und ein Heiligenschein den Wiedergeborenen umkränzten, aber so viel sieht man mit freiem Auge: eine Aura der Kraft, des Lebenswillens, der Freude und der Rührung, dass es nun auch gleich zwei Vienna-Bummler aus New York fast umhaut, rückwärts laufend beim Fotografieren, *Peng*, Vorsicht. »Who in heaven is that man? He is so charismatic.«

Ja, wirklich charismatisch. Das ist unser *Lieblingsbürgermeister forever*, und das ist seine Auferstehung nach fast einem halben Jahr zwischen Himmel und Erde.

Wie gerade er sich hält. Wie keiner ihn schont, auf diesen ersten Schritten. Bitte noch ein Foto, und bitte das, und wir sind so glücklich, dass Sie wieder in Ihrer Stadt sind. Himmelherrgott, denkt denn niemand daran, dass man den Mann noch nicht so arg strapazieren sollte, auch nicht aus lauter Freude?

Der Chefinspektor sagt etwas von dünn geschnittener Kalbspariser und Schwarzbrot, eventuell mit Gurkerl. Das ist kein Geheimcode, das ist nur das Menü, das man Helmut Zilk im »Schwarzen Kameel« aufwarten möge. Ein schönes Stück Weg noch dahin, zu Fuß, für einen, von dem man noch vor kurzem dachte, er trüge schon sein letztes Hemd. Dagi hat aber nie so gedacht. »Bitte schreib das, Swoboda, schreib von der Kraft von Dagi«, sagt Zilk, von der Sonne zu Tränen geblendet.

Wie wär's mit einer Cremeschnitte? Ein paar Schritte vor dem »Schwarzen Kameel« lauern die süßen »Aida«-Sirenen, der Zilk müsste jetzt eigentlich schon zum Umfallen erschöpft sein, aber er ist es nicht, weil das ist seine Stadt, seine Leute, sein schönster Maientag, und die Hand, die ihn hält wie beim ersten Rendezvous, das ist die Hand von Dagi.

Ja, grüß Sie, ja so was, ein Wunder, ein Wahnsinn, im Straßengarten vom »Kameel« klatschen alle, und drinnen muss der Zilk einen Barhocker besteigen, geht schon. Prosecco, der erste Hauch von Alkohol nach all den Monaten, die Kalbspariser, und darf ich jetzt bitte einmal kauen, ohne Foto, geht das?

Ein Wort an die roten Brüder und Freunde, Gewerkschaft & Co., Tränen der Rührung sind das nicht, wenn er sagt: »Vorwärts, Freunde, wir müssen zurück! Zu den Wurzeln! Wisst ihr denn alle nicht mehr, was das einmal für eine Bewegung war? Gewerkschaft! Sozialdemokratie!« Bewegend.

Ein Wort an die »Krone«-Leser, in Sachen *Ombudsmann:* »Ja, ich bin wieder da. Ich trete kürzer, aber nicht leiser. Ich bin allen, die Hilfe brauchen, näher als je zuvor. Denn ich habe am eigenen Leib, an der eigenen Seele, erlebt, was es heißt, auf Hilfe angewiesen zu sein. Und was es heißt, nicht im Stich gelassen zu werden.«

Auf Helmut Zilk, auf das Wunder. Erhebt die Gläser. Und was machen Sie am Sonntag? »Nichts. Außer, mich auf den Montag vorzubereiten. Weil am Montag ist Arbeitstag. Sitzung.

Komm Dagi, wir müssen. Wo steht das Auto? Klar schaff ich das alleine. Ich bin ja nicht alleine. Ich habe dich, Dagi. Die Ärzte. Die Menschen.«

Brigitte Schwaiger, Leidensmensch

(Krone Bunt, 24.9.2006)

Zwischen den Qualen ihrer Krankheit blitzte eine solche Schönheit und Klugheit und Wärme durch. Sie wollte nur von einem Kind fotografiert werden – meinem Sohn Simon. Das Foto wurde dann oft gebucht. Für den Nachruf einer Dichterin, die ins Wasser ging.

Liebe Brigitte Schwaiger,
zuerst danke für den ausgeuferten Nachmittag. Kaffee und Zigaretten und Butterbrote und sieben Stunden, die wie *eine* waren.

»Sie können schreiben, was Sie wollen«, sagten Sie – alles, nur nicht das *eine*, und dass Sie jedem, der Sie darauf anspricht, einen Kinnhaken geben könnten, also zum Beispiel auch mir. Es muss aber sein, ganz kurz und möglichst schmerzlos: Sie sind die Frau, die den Roman »Wie kommt das Salz ins Meer« geschrieben hat; das war's auch schon, es soll jetzt jedem selber einleuchten, warum Sie das nicht mehr hören möchten.

Aber Ihr neues Buch: »Fallen lassen«. 114 Seiten über die Psychiatrie und die netzlosen Zeiten dazwischen. Und was Medikamente aus einem Menschen machen, über das hinaus, was sie helfen sollen. Nur nicht literarisch glänzen wollen, sagten Sie, nur *das Nötigste* schreiben. Allergrößte Not. Wer Ihr Buch gelesen hat, kann nie mehr einen Menschen verachten, der seelisch oder geistig krank ist. Ein psychiatrischer Weißkittel hätte das nie geschafft mit Predigten über Toleranz und Verständnis und so. Zu weit oben und zu tief unten mit der Sprache. Aber Sie: *drinnen*. In der Psychose. In der Depression. Im Suizid, den Sie überlebt haben. Im Alkohol.

»Sie können ruhig schreiben: Trinkerin«, sagten Sie. Und wie viele Menschen den Alkohol als Anti-Depressivum anwenden. Dass er zum Beispiel zum Trauer-Fluss verhilft. Traurig sein, weinen: Was für ein angenehmer Zustand im Vergleich zur Depression, die wie Beton ist.

Die alten Fotos, die wir angeschaut haben. Die verhängnisvoll erpresste Hochzeit mit anschließender psychischer Gefangenschaft. »Das war mein spanischer Priklopil«, sagten Sie, um seinen Namen nicht mehr in den Mund nehmen zu müssen. Ihre Sehnsucht nach irdischer Gerechtigkeit. Jemanden, der schon in der Kindheit so verwundet wurde wie Sie, in die Krankheiten treiben. Ungesühnt lebt er dahin, der spanische Priklopil.

Sie waren so klein, als man Sie mit Dunkelheit und Angst und körperlicher Rohheit und bösem Schweigen gefügig machte. Schuldgefühle von anderen, abgeladen auf Ihnen, in der eigenen Familie, zum Irrewerden.

Ein Fall für die Psychiatrie. Hat einmal ein so humanistisch glänzen wollender Moderator im Fernsehen über Sie gesagt. Eine infame Demütigung. Die Frau mit den Wahnvorstellungen, nicht mehr ernst zu nehmen. Aberkennung des Respekts.

Ja, ein Fall für die Psychiatrie. Erst spät; denn Sie hatten die Angst, die jeder hat: Da kommst du nie wieder hinaus. Gelernt, selber hineinzugehen, wenn es Ihnen notwendig erschien. Da bin ich, ich brauche Hilfe. Ich habe ein Problem mit meinem Gehirnstoffwechsel. Wahnvorstellungen, Depressionen sind nichts anderes.

Dann schreiben Sie dieses Buch – »Fallen lassen«. Nur *das Nötigste* über die allerschlimmsten Qualen. Was Ärzte einem seelenkranken Menschen antun können, während sie souverän, oder soll man schon sagen: selbstgefällig, ihr Bestes geben und meinen.

Was für Schmerzen diesem kostbaren Buch vorangegangen sind. Wenigstens jetzt haben alle recht und zugleich unrecht, die das eh schon immer wussten: So ein Diamant, die Frau. Warum schreibt sie nicht einen Bestseller nach dem anderen. Bestseller – ein *Ekelwort*, sagen Sie. Ihre fast verschollenen

Werke soll man nachlesen: »Lange Abwesenheit«, »Der Himmel ist süß«, »Die Galizianerin«, »Ich suchte das Leben und fand nur dich«.

Jö, schau, schön, die Schwaiger hat wieder ein Buch geschrieben ... Das müssen Sie halt aushalten jetzt. Gelernt, das auszuhalten. Abgrenzung gegen alles, was zu viel ist. Schmerz, Liebe, Berühmtsein. Sogar in der Psychiatrie: Sind Sie *die Schwaiger*? Jö. Schau.

Sozialhilfe-Empfängerin. 1976 bis 1994 von der Literatur gelebt, dann von Sozialhilfe. Sie reden gern gut über Menschen: Manche haben Ihnen kleine Zuwendungen gemacht. Ein paar Schilling oder ein Psalm per Fax. Der wunderbare Deutschlehrer Josef Krims, unbedingt nennen, sagten Sie. Der Lebensmentor Friedrich Torberg, die Menschen, die Ihnen Kraft gaben und die Ihnen der Reihe nach weggestorben sind, manche aus eigenem Entschluss. Die Mutter, die lebt und eben *nicht anders kann*, nicht aus ihrer Haut kann und nicht aus dem Totschweigen der Nazi-Zeit herausfindet. Der Sohn, der mehr lernen musste, als die allermeisten Menschen schaffen: einen Menschen mit *solchen Krankheiten* zu respektieren. Die eigene Mutter.

Sozialhilfe-Empfängerin. »Die Ellbogen fehlen mir wegen meiner psychischen Behinderung«, sagen Sie. Am Theater Ihr Regietalent ausleben möchten Sie. Aber wie, ohne Ellbogen?

Die paar hundert Euro im Monat, und einmal zwischendurch eine Aufbesserung, weil die Nationalbibliothek Ihnen Korrespondenz abgekauft hat. Für später dann, wenn Sie lange genug tot sind – so macht man das mit Künstlern. Und wenn jetzt etwas Geld hereinkommt, mit dem neuen Buch? Dann würden Sie Versicherungszeiten nachkaufen. Nicht mehr Sozialhilfe-Empfängerin sein müssen.

Danke für das kostbare Buch und den langen Nachmittag. »Fallen lassen« müsste jeder lesen, der schon einmal in eine seelische Dunkelheit gefallen ist oder einen solchen Menschen kennt. Also *alle*. Es hat mich beschämt, dass Sie sagten: nur kein Mitleid. Was soll man für Sie fühlen, außer Bewunderung, Respekt?

»Man darf nie sagen, es geht mir schlecht«, sagten Sie, »nur *bitter.*« Und dass Sie dem Alter zuwachsen mit dem Gefühl, dass alles besser wird. Wie wenn das Leid in Ihrem Leben sich verkehrt ausgerollt hätte, und dann ist man endlich bei sich.

Danke, dass ich diesen Brief so herzeigen darf. Und vielleicht schreiben Sie einmal zurück.

Der Gigant des Geldes

(LiVE 3, 2007)

Nichts macht mich so verkrampft wie die Chefetage einer großen Bank. Aber dann traf ich Herbert Stepic, den Megaboss von Raiffeisen International. *Auf einmal hatten Zahlen und Märkte und Aktien ein Gesicht. Kann sein, dass Geld den Charakter verbiegt. Diesen aber nicht.*

Wenn das ein Casting für einen James-Bond-Film wäre, mit starkem Handlungsstrang nach Osteuropa und in die dortige Finanzwelt: Die Rolle hätte er. Ein Bild von einem Mann – wie ein Klischee, aber alles echt. Die bärtige Gestalt, die wendigen Bewegungen, die einen ganz schlanken Fuß machen, und Augen, die bestimmt auch in Cinemascope jede und jeden in Schach halten.

Soeben zum europäischen »Banker of the Year« gewählt, »Mann des Jahres« beim Wirtschaftsmagazin »Trend« (2005), Chef über 52.000 Mitarbeiter als Vorstandsvorsitzender von Raiffeisen International. Arbeitstage: 16 Stunden, die meiste Zeit davon auf Achse, in Russland oder Jakarta, in fliegenden Kisten oder heftig arbeitend in der Business-Class. Keine Angst vor gar nix, schon gar nicht vor dem Fliegen, weil »da oben bin ich Gottes Sklave«, und Gott hat ihn schon die eine oder andere Bruchlandung überleben lassen, im Flieger genauso wie im Geschäft.

Wunderbar altmodisch das Büro im 9. Stock bei Raiffeisen am Stadtpark. Hier hat kein Innenarchitekt seine Potenz und

Vorstellung von Business-Design austoben dürfen. Ethnische Kunst, wie selber hingestellt oder aufgehängt, dazwischen ein paar leicht erschöpfte Pflanzen, wie man sie aus biederen Kantinen kennt.

Zum Fotografieren nimmt Dr. Herbert Stepic ungezwungen als Gast auf seinem eigenen Besuchersessel Platz, face to face mit dem kunsthandwerklich kostbaren »Zwitter aus Kamerun« sowie dem Stephansdom.

Geld. Geld. Geld. Dass ein Mensch, ausgerechnet er, das Wort so gelassen, sinnlich und trotzdem ganz ohne Gier aussprechen kann. Als Kind gelernt, den Umgang damit zu lieben, wie ein anderer Partituren oder seine Gitarre oder die bildende Kunst liebt. Genetisch und pädagogisch klug vorbelastet durch tüchtige Eltern, Elektriker und Schneiderin. Freie Marktwirtschaft in der Kindheit, mit ethisch astreiner Prägung: Die Schwammerln und die Sauerkirschen gesammelt und auf eigene Rechnung verkaufen dürfen. Appetitliche Warenpräsentation und originelles Marketing in der Nachbarschaft. Sein Geld hat der Bub nicht verludert, es sollte wachsen wie die Kirschen. Mit acht Jahren buchte er die erste Anleihe, weil ihm der Zinssatz auf dem gewöhnlichen Sparbuch zu niedrig schien.

»Wir hatten es leichter, viel leichter, als die Jungen von heute«, sagt er. »Als Welthandelsuni-Absolvent (1972) konnte man unter 20 Jobs wählen«, und selbstverständlich war man unbeschädigt vom heutigen Diktat der Konsum- und Spaßgesellschaft.

Die Finanzwelt ist elektrisiert von Dr. Stepic, der ein Bankenimperium in 16 Ostländern aufgebaut hat und dem »noch nie so viele Freunde zugelaufen sind wie in den letzten Jahren«, weil seine Börsenspaziergänge reich und glücklich machen. Er hat einmal im Urlaub per Telefonkonferenz eine Milliardenbank gekauft, und er hat Antennen für die östliche Welt, die man an keiner Uni lernen kann. Russisches Gemüt und asiatischer Feinsinn – in der Mathematik der menschlichen Seele ein globaler Könner, mit einem messerscharfen Instinkt für »Lügner und falsche Hund'«, mit denen er keine Geschäfte machen möchte; und die Augen unter den buschigen Augenbrauen sind jetzt so, dass man diesen Mann nie zum Feind haben will.

Als Freund muss er aber ein Bollwerk sein. Und ein Honigbär ist er auch: Träufelt löffelweise Bienenhonig in den Tee, gegen die Verkühlung, die im Anzug ist.

Kunst und Wirtschaft: Bei den beiden erwachsenen Söhnen haben sich die Wege klar gegabelt. Abbild der »wunderbaren Gegensätzlichkeit« seiner jahrzehntelang glücklichen Ehe. »Meine Frau ist Psychotherapeutin und hält die Finanzwirtschaft eher für eine Form der Gaunerei als für einen gesunden Lebenszweck.« Dieser Frau verdanke er nicht nur die permanente Frische häuslicher Debatten, sondern auch das Leben. »Weil, stellen Sie sich vor, mit so einer ehrgeizigen Frau daheim, die den Mann immer noch weiter pushen will im Job, da hätte ich doch schon zwei Herzinfarkte.« Was ihn sonst noch gesund hält: Einmal Tennis in der Woche und Fitness am Samstag, und ein Weltbild, das seinen moralischen Prinzipien treu bleibt. Feste feiern, wie sie fallen, gehört auch dazu.

Zum Sechziger hat er sich nicht »irgendwelche Rothschild-Jahrgangsweine« gewünscht, sondern einen Hilfsverein für arme Menschen im Osten gegründet. Das Ungleichgewicht der Welt will er nicht in vordergründigem Erfolgsdenken abstrahieren, und selbstverständlich kann »Geld schon sehr stinken, etwa in Vermögenswerten, die auf Niedertracht aufgebaut sind; aber das muss jeder selber mit seinem Charakter ausmachen.«

Was er mit seinem Charakter schon als Kind ausgemacht hat, ist seine Haltung zu Tieren. Auf den elterlichen Marillenbäumen gab es eine Eichhörnchen-Invasion, es musste zur Waffe gegriffen werden. Den Blick des Eichhörnchens kurz vor dem Abschuss hat Dr. Stepic nie mehr vergessen. Und seither nie mehr ein Tier getötet. Davon könnte ihn auch die elitärste Jagdgesellschaft am Rande eines Millionendeals nicht mehr abbringen.

Die Menschen, die er am meisten bewundert, sind Gestalten wie Mutter Teresa oder der Pater Sporschill. Starke Gewichte gegen das Ungleichgewicht der Welt. Das Wort *teilen* hat in der Eigenbilanz des Superbankers vermutlich einen gewichtigen Stellenwert.

Und manchmal findet ein Deal ganz ohne Geldfluss statt: Von Menschen, zum Beispiel in Laos, lernen, wie glücklich ihr

Wertesystem außerhalb der Gier macht. Ein Teil davon steckt auch in Dr. Herbert Stepic: So viel Lust, mit Geld kreativ zu sein. Sehr wenig Lust, es auszugeben. Seine Siebensachen auf Weltreisen passen immer ins Handgepäck. Der Rest ist im Kopf.

Zum Kaffee bei Desirée

(LiVE 6, 2007)

Nichts lieber als fremde Wohnungen anschauen. Die von Desirée Treichl-Stürghk gefiel mir am besten. Sie lebt schon, sie wohnt nicht mehr. Aber leichter ist ihr Leben seit dem Opernballstart sicher nicht geworden. Muss einmal nachschauen und nachfragen.

»Geld spielt keine Rolle«, sagt Desirée Treichl-Stürgkh, und das sieht man. Die sonnenwarme Küche, die Glastür offen zur kleinen Dachterrasse, die gelbe Wand rechts hat sie selber gestrichen, mit den Buben. So eine unprotzige Lebensküche ist das wie in französischen Filmen, die gut ausgehen. Keine aufgeschminkten Geräte, keine zwanghafte Ordnung, nichts schreit: *Hallo*, ich bin's: *teuer!* Nicht einmal die Bilder.

Der große Tisch, unter den ein Bauarbeiter grad so gern die Füße streckt wie die Salon-Madame. Und dort, die Tasse – die könnte geschenkt oder gestohlen sein. In einer italienischen Espressobar, bei einem verliebten Frühstück, als Desirée und Andreas Treichl die schönsten Dummheiten ihres Lebens machten.

Das ist gut zehn Jahre her, aber im Kopf ist es nur ein Gedankenblitz und ein Lächeln weit entfernt. Die junge Lifestyle-Redakteurin und der begehrte Banker, von dem das Magazin »Trend« nicht nur als »Mann des Jahres« schwärmte, sondern auch als Mann, der die Frauen liebte. Bis eben die eine kam. Inzwischen sind die beiden um drei wunderbare Buben reicher, und Desirée Treichl-Stürgkh sagt an ihrem Küchentisch, dass ihr Mann das größte Glück ihres Lebens ist, die Kinder natürlich mitgerechnet, und während sie das sagt, läuft eine SMS von *ihm* ein, von irgendwo auf der Welt, und in dem Moment könnten auch drei Stylisten nicht *mehr* machen aus ihrem glücklichen, ungeschminkten Gesicht. Die Dame ist allerdings auch Covergirl für die eigene Wohnzeitschrift »H.O.M.E.« – ein besseres Gesicht für Stil und Geschmack wäre um viel Geld nicht zu buchen gewesen.

Geboren in die fröhliche Herrlichkeit eines steirischen Schlosses, geprägt von den anschaulichen Talenten der Mama, »einer kleinen Baronesse aus Wien«, der Desirée die Nägel reichen durfte beim Auffrischen alter Polstermöbel. Hohe Schule der Farben, der Stoffe, der Lebensart.

Wie ein Film riss dann das Leben. Vater und Mutter nur Monate nacheinander gestorben, die fünf Schloss-Kinder von heute auf morgen ohne Eltern und ohne existentielle Sicherheit. Schule des Lebens und der Disziplin, die Desirée Treichl-Stürgkh inzwischen an die nächste Generation weitergibt. So lang kann eine Ballnacht oder eine Party daheim nicht dauern, dass sie nicht zum Frühstück mit gewaschenem Hals bei den Kindern sitzt. Diese wiederum wissen, wo der Hammer hängt: Fernsehen nur alle drei Tage, Handys gibt es nicht, und wenn sich drei Wildfänge vom Toben im Park heim in die Küche trollen, wird gegrüßt wie ein Einser. Zum Glück sehen die drei nicht die glückseligen Mutterblicke, wenn sie in ihre Zimmer zurücktraben. Sie würden sonst der Mama nur noch auf der Nase herumtanzen.

Mit Desirée Treichl-Stürgkh wurde auch ein neuer Typ der Bankiersgattin entworfen. Entspannte Mode, eigenwillige Gastgeberin. Das profilierte Paar könnte im Palais Hof halten und sich in dünnster Society-Luft auf Konventionen versteifen. Stattdessen: Kochpartys in dieser Familienküche, man hat hier schon Vorstandsvorsitzende Gemüse schnipseln gesehen und Gattinnen von höchster Ebene dem Gastgeber zu Füßen liegen, wenn ihm danach ist, am Klavier einen auf Paolo Conte zu machen.

Die Bibliothek und den Salon der Treichls kennt jeder, der schon einmal an einem Zeitungskiosk vorbeigekommen ist. Sie waren Kulisse für »H.O.M.E.«-Covers mit der Hausherrin; als realer Wohnraum allerdings strahlen sie nicht Glamour aus, sondern nur die Einladung, man möge sich jederzeit auf das Sofa werfen und bleiben. Ein Drink? Zigarette? Das gefällt den Gästen aller Ränge und Namen, die Desirée Treichl-Stürgkh ganz gern aufmischt, gegensätzlich bis knapp an die Grenze des Zumutbaren, und manche Freunde wundern sich, was für Freunde die Treichls haben, und hätte sie nicht ein Fingerspitzengefühl und einen Charme wie zehn französische Chansonnetten, wer weiß, vielleicht würden bei Treichls gelegentlich die Messer fliegen.

Wohnst du noch oder lebst du schon? Den Spruch könnte Ikea hier aufgeklaubt haben. Diese Frau würde noch aus Sperrmüll eine hübsche Bude bauen. Zum Beispiel das Tischchen da, das einmal ein ziemlich hässliches, protziges Schachbrett war: Als Geschenk in Ehren, zum Möbelstück umgebaut, reif für einen Designer-Award. Und wie sich jetzt die Abendsonne vom Modenapark mit indirekten Lampen ins Zwielicht setzt: Das kann kein Zufall sein. Schaut alles nur so zufällig aus.

Dann schaut auch eine gewisse Müdigkeit schön aus. Der Stress, ein multipler aus: Mutter sein & Ehefrau & Geliebte & Bankiersgattin & Herausgeberin & Messechefin, und dann noch der große Landsitz und der nächste Kindergeburtstag. Die glücklich-melancholisch gezählten Abende im Jahreskalender, die Mann und Frau allein gehören. Es sind nicht viele.

Es werden jetzt noch weniger. Der Opern-Holender hat's geschafft, Frau Desirée doch noch in die Kutsche zu locken. Mit einem Fuß jedenfalls ist sie jetzt drin.

Ein sehr entschlossenes *Nein* wurde aufgeweicht zu *ein bisschen Opernball.* »Der Herr Holender ist ja ein Überredungskünstler – ungemein!« *Consulting-Lady* heißt jetzt der Job, den man früher Ballmutter nannte. Eva Dintsis und Alexander Hysek werken wie bisher im Hintergrund, die Muse Desi küsst die Szene wach. Gaaanz sanft. Wie ein Schloss, das man nicht mit dem Caterpillar umbaut, sondern mit Sinn für Denkmalschutz.

Junger Adel und *viele* Künstler, weil, die gehören nicht an den Katzentisch beim Opernball. Auf der Feststiege soll es nicht mehr zugehen wie beim Ausverkauf. Herr Lugner wird sich mit reduziertem Rummel bei Desirée Treichl-Stürgkh bestimmt beliebt machen können. Und der Herr Opernchef Holender soll lieber durchgehend seinen Schafspelz tragen. Ein böser Wolf beißt sich die Zähne aus an dieser Frau, die nicht nur lieb, sondern auch waffenscheinpflichtig lachen kann.

Kommandozentrale Küchentisch. Im Rohr beginnt ein Geburtstagskuchen zu duften. Am Rohr ist ein ganz wichtiger Mensch, und dann der Mann, der das Tiefkühlgemüse bringt. Und wenn's der Müllmann wäre oder der König von Dingsbums: Keinen Millimeter verrutscht der Respekt. Wahrscheinlich hat Stil ganz viel mit Herzenstakt zu tun.

Den kann man nicht kaufen wie eine Opernballloge. Lernen? »Eine Fernsehschule des guten Geschmacks wäre kein Schaden.« Aber da müsste man sehr weit unten anfangen. »Die Österreicher haben den schlechtesten Geschmack von ganz Europa.« Sagt sie, aber das ist nur ein Zitat. Das sagen die Leute auf den Designermessen. Desirée fängt ganz oben an. Beim Opernball. Und viel Vergnügen.

Auf dem Dach mit »Mama Leiner«

(LiVE 13, 2007)

Eine Lieblingsgeschichte von mir: Friederike Koch alias MAMA LEINER, ihr Dachgarten über dem Möbel-Imperium, ihr Röntgen-Blick und ihre radikale Art, mit sich selber umzuspringen ...

Sie tritt aus dem Lift in die Betten-Zone vom Leiner und das Erste, was sie tut: eine Decke zurechtzupfen. Sie rät mir ab von diesem Möbel (»Vorsicht, Staubfalle«) und vom übernächsten auch (»Achtung, die Kanten«). Das dritte würde uns beiden gefallen, es ist eine unverwüstliche Joka-Kreation, stylish überzogen. Schad', dass ich kein Bett brauche.

Aber mit der Grande Dame des Hauses, Dr. Friederike Koch, könnte ich in einen Kaufrausch geraten. Der Leiner ist auch *ihrer*, und meiner irgendwie auch.

Sie trägt ein *leinergrünes* Kurzarmkostüm, Pflaster an drei exponierten Körperstellen, aber nicht, weil sie wo angerannt ist – das war »eine kleine Operation«, grad erst vor einer Stunde und schon wieder fit wie ein »Viech auf Haxen«.

Der Staub ist Frau Friederikes Feind, so versteckt kann eine Unterkante nicht sein, dass sie diesen nicht outet und sagt: »Wollen Sie Ihr Leben mit dem Staubwedel vertun? Eben!« Sie hat schon lange aufgeräumt in ihrem Leben, alles staubgeschützt hinter Glas oder hinter noch schöneren Stauraumtüren, später dann in ihrem Haus auf dem Dach werde ich noch größere Stielaugen machen als in der öffentlich zugänglichen *Leinerei.*

29.099 Quadratmeter auf der Mariahilfer Straße, 17 »Leiner«- und 38 »Kika«-Häuser insgesamt, 1,2 Millionen Quadratmeter Ausstellungsfläche, 1,2 Milliarden Euro Umsatz mit 7.000 Mitarbeitern. Ein paar von ihnen begegnen beim Rundgang der Chefin, und es ist interessant, dass sich alle zuerst *freuen,* bevor sie allenfalls leicht erschrecken, wie man halt so erschrickt, wenn plötzlich *Big Boss* vor einem steht, und die Kissen oder die Gedanken sind nicht ordentlich geschlichtet.

Wann kommt denn jetzt eigentlich meine Matratze, fragt sie im Vorübergehen. In 14 Tagen. Wir rufen Sie an. (»Rufen Sie *bitte, bitte* nicht an!«) Sie rollt mit den Augen. Sie rät vom nächsten Sofa ab: *WEISS,* ein Wahnsinn, und dann bringen die Kinder ihre Freunde mit und schütten Cola drüber oder noch schlimmere Sachen. Und selber kann einem ja auch einmal ein Tropfen Rotwein danebengehen, nicht?

Die alten Geländer im neuen Haus, *da* war der offene Mahagoni-Lift; aufgewachsen ist sie hier mit den Leiner-Eltern und Schwestern. Wo junge Paare jetzt Probe liegen oder den ersten Streit um ein Möbelstück haben, war ihr Zuhause.

Nun fahren wir mit dem Lift in den Keller, dort hat eine gute Fee das Schlagobers hingestellt, mit Kassazettel, für den Eiskaffee, den sie uns jetzt ganz oben mischen wird, der erste ihres Lebens übrigens, und da, nehmen Sie bitte die Kissen, wir gehen hinaus. *Hinaus!*

Die Gartenmöbel sind Mezzien vom Leiner, der Garten ist eine Landschaft aus lauter grünen Lieblingen, grad wieder hat er Zuwachs bekommen, Topfrosen von Vita Liebscher, überlegen Sie einmal, wenn jeder jedem bei Besuchen ständig »was Hübsches« bringt, Kerzenständer und Vasen und so, wie dann eine Wohnung ausschaut nach einem Jahr. Schnittblumen, okay, auch wenn es die hässlichsten sind – die verrotten wenigstens.

Der Ausblick in alle vier Himmelsrichtungen, die Bilder, die drinnen hängen – »*dieses* hier zum Beispiel, auch bei Evelyn Oswald gekauft, wir waren *sehr gute* Freundinnen, die wunderbare Galeristin, denkt man gar nicht, dass wir zusammengepasst haben, was?«

Aber sicher. Die korrekte Frisur und das *leinergrüne* Kostüm sind wie ein Tarnanzug. Mit 66 und nach dem Brustkrebs ein Dekolleté, das brummt. Der Mann, Dr. Koch, ist übrigens grad auf kurzem Herrenurlaub. Die Tochter hängt nur als Helnwein-Bild an der Wand, Mama rollt am Telefon mit den Augen, das wunderbare Kind ist anstrengend, abends muss es zu Justin Timberlake, so ist man, mit 25. Der Sohn ein Businessmann der nächsten Leiner-Generation, trotzdem Augenrollen, und die Schwiegertochter ist auch ein Gewinn. Augenrollen.

Kunst und Querdenkerei, der Mutterwitz und der Aberwitz des Lebens, die Disziplin. Gern benimmt sie sich auch einmal so, dass den anderen der Mund offen bleibt.

Nicht zum Aushalten die Leute, die immer alles *toll* finden. Das Leben gehört laufend entrümpelt, von seelischen und mobiliaren Altlasten, da schaut einer, der zu sehr an seinem Klumpert und seinem Ego hängt, schnell alt aus neben Frau Friederike.

So, bitte jetzt die Kissen einsammeln und in die Küche legen, der Chauffeur wartet, es geht zur Schneiderin am Petersplatz, letzte Arbeiten am selbst erdachten Kleid für den Kurztrip nach Rom – eine Geburtstagsparty, und dann drei Tage Hunger und Durst vergessen im Vatikanischen Museum. Dort wollte sie einmal begraben sein, aber inzwischen ist ihr auch schon wurscht, wo.

Die Mama ist vor kurzem betagt gestorben, der Papa in sehr pflegebedürftigem Zustand in St. Pölten, wo das Imperium entstanden ist; gestern beim Papa gewesen und dann beim »Interspar«, Schlüssel und alles futsch, wieder bekommen, dafür Handy kaputti, die Leiner'schen Hausdiener bringen der Chefin grad ein neues.

Sie rollt noch einmal mit den Augen. Als Grande Dame kann man nicht immer die Sau und die Sprüche herauslassen wie ein Hardrocker, auch wenn man möchte. »Schreiben Sie, was Sie wollen«, ruft sie beim Abdüsen, »aber halt nicht grad so, dass alle Gesellschafter davonlaufen.« Eh nicht. Aber einmal dabei sein, wenn sich das frühere Fräulein Leiner selber von der Leine lässt, tät ich gern, Frau Dr. Koch.

Die Lässigen vom Krapfenwaldlbad

(LiVE 17, 2007)

Mein Kino, mein Element und mein Anti-Depressivum. Warum kann ich nicht den ganzen Sommer Krapfenwaldl-Korrespondentin sein …

Es war vielleicht das heißeste Pilotprojekt, das je in Österreich gestattet wurde: das *Krapfenwaldl* als erste Oben-ohne-Zone. Das war 1979, und Betriebsmeister Sommer erinnert sich ironisch-nostalgisch daran: »Wir hatten plötzlich Gäste, die man sonst nie gesehen hat, durch Löcher in der Zeitung starrten sie in die Gegend, Reporter und Fotografen hielten Ausschau nach Covergirls, Spießer und Spanner erregten sich.«

Es ist sein 34. Sommer in Wiens schärfster und schickster Badeanstalt. Herr Sommer ist auch im Winter durchgehend da; dann wird das Areal um seine Betriebswohnung zum stillen Paradies in bester Wohnlage. Wir sitzen in seiner Kommandozentrale, im Minutentakt klopfen die Gäste an, oder sie klopfen nicht, stehen einfach da mit ihren Sorgen, die man haben möchte: Eine Dame tät gern ihr Kästchen tauschen, einer findet seine Gucci-Brille nicht mehr, der Dritte meldet, dass ihm wer den Porsche verstellt, und der Mensch mit dem Wunschkennzeichen *HASI* hat das Licht brennen lassen.

Herr Sommer nimmt seine Gäste ernst wie ein Fünf-Sterne-Hoteldirektor. »Wir sind schon ein feines, gehobenes Bad«, betont er, auch wenn die ganz edlen Cliquen, die Josefstadt-Schauspieler und die Fernsehgesichter von seinerzeit, heute kaum noch das »Krawa« frequentieren, »weil es hat ja jeder Schlurf eine Handy-Kamera«. Und welche Berühmtheit möchte schon ständig abgeschossen werden, vielleicht gar an wenig erogenen Problemzonen?

Aber sonst: Schon unter sich, das Publikum. Schwere Pülcher und Krawallmacher werden höflich ausgesiebt. Abgeschafft wurde ein Prosecco-Pavillon, weil da hat sich dann »allerhand Gesocks versammelt, bis hinunter ins Rotlichtmilieu, und das brauchen wir hier nicht«.

Ein bisschen Angeberei darf aber schon sein. Zur besten Pfauenzeit, wenn Beckenrandplantscher ihre Bodys und ihre Business-Connections spielen lassen, steigen die Aktien, die einer hat oder nicht hat, ins Unermessliche, und immer finden sich ein paar Girls, die auf so was abfahren, und die müssen nicht unbedingt blond sein.

Aber nicht nur gehobene Gockelei ist angesagt. Mit mehr als 40.000 Quadratmetern ist das Krapfenwaldbad groß genug, dass sich Familien oder Menschen ohne Selbstdarstellerallüren schön verflüchtigen können, unter wunderbares Baumwerk, in idyllische Spielzonen oder ins Zweitbecken. Auf der Panoramaplattform gibt es an Rekordtagen kaum noch Stehplätze, im Wasser in den herrlichen Ausläufern aber Platz für 150.000 Gäste (Rekord) ohne grobe Drängerei.

Seit 1923 ist das »Krawa« als städtisches Bad in Betrieb, die Holzarchitektur steht unter »schärfstem Denkmalschutz«, ganz alte Bilder wehen noch die Musik aus der vorigen Jahrhundertwende herüber, die im »Volksrestaurant« und beim zauberhaften Ringelspiel erklang. An der feinen SB-Kantine, in der die schicksten Biersorten wie Zeitgeist-Symbole präsentiert werden, erkennt man noch die ursprüngliche Handschrift aus der k.u.k.-Zeit. Der Herr Franz Joseph von Krapf hatte sich hier sein Lust-Waldhaus erbauen lassen.

Obwohl die Oben-ohne-Gschicht' schon lange keinen Kick mehr bedeutet, streichen noch immer Fotografen wie Trüffelschweine durchs Revier. Herr Sommer gestattet gerne, den Panoramablick über Wien mit scharfen Schönheiten im

Vordergrund zu würzen. Alles andere wäre zu riskant: »Weil, dann sieht der Chef vielleicht in der Zeitung, dass einer sein Zahnweh als Hahn im Korb im Krapfenwaldl auskuriert. Und eine Ehefrau sieht, dass sie gar nicht die Frau ist, die mit ihrem Mann ein schmales Handtuch teilt.«

Herrn Sommers schönste Bilanz aus so vielen Jahren ist nicht der Schickeria- und Erotikfaktor seiner Badeanstalt, sondern »das Glück, dass nie ein Badeunfall tödlich endete«. Ein Glück, das er nicht nur dem Herrgott, sondern auch der enorm hohen Ärztedichte im Publikum verdankt. »Wenn ich per Durchsage einen Doktor such, stehen sofort mindestens zehn Fachleute da – ich kann mir sogar aussuchen, ob ich einen Herzspezialisten brauch'.«

Viele »Schnösel-Buben« von damals sind inzwischen hohe Herren geworden. »Kennen S' mich nicht mehr, Herr Sommer?«, sagte einer nach spontanem Hilfseinsatz. »Mich haben Sie als Teenager ein paarmal aus dem Bad geworfen.«

Kleiner Rundgang noch; Herr Sommer sinniert, wie sich die Mode geändert hat. Man trägt wieder Hüte und Tücher, auch Schühchen und schicke Accessoires. Oben ohne ist sehr passé. Aber nicht ganz. Weil, es gibt Damen, da hat man Angst, die »schlagen sich die Kniescheiben ein, wenn sie oben ohne gehen«. Das war jetzt nicht sehr fein gesagt. »Aber so ist es«, sagt der Herr Sommer.

Hans Schmid – eine Langzeit-Beobachtung

(LiVE 23, 2007)

Der Großunternehmer als Pfarrwirt und spätes Winzerkind ... Es gibt Menschen, die bringt Geld keinen Millimeter von ihrem Weg ab. Ich glaube, dass Hans Schmid das seiner Mutter verdankt.

Ein römischer Wachturm war das einmal. Wiens ältestes Wirtshaus einerseits, aber andererseits auch nicht, denn der sanfte Hügel in Heiligenstadt wurde erst 1890 von Klosterneuburg der Wienerstadt zugerechnet. Auf jeden Fall gehört der begnadete Flecken neben dem »Mayer am Pfarrplatz« noch immer dem Stift Klosterneuburg. Zwischen die beiden ist die Kirche gebettet, und bis auf die sakralen Räume hat dort jetzt Hans Schmid das Sagen.

Eine neue, sanfte und leidenschaftliche Sprache. Soeben sind die Weinkarten geliefert worden, kleine Leinenbücher, aus denen der Hausherr zitiert wie ein farbenberauschter Seidenfabrikant: Jener Riesling und dieser Jahrgang, der *Gemischte Satz* und die Schätze aus dem Keller für den sehr besonderen Anlass. Brevier des genetisch schwer vorbelasteten Winzers, die eine oder andere Flasche würde er jederzeit auch gern mit dem Pfarrer köpfen.

Hans Schmids Lieblingsspeise von der feinen, aber allürenfreien Karte sind Augsburger mit Dillfisolen, das weiß man hoffentlich in der Küche. Nichts könnte den Chef so beleidigen wie eine einfache, ehrliche Speise, die von Firlefanz oder, schlimmer, von Lieblosigkeit verpfuscht wird.

Sechs Monate lang war Baustelle; Hans Schmid hat das mehrfach verschönte Baujuwel von innen nach außen retten, heilen und erblühen lassen. So was kostet – aber über Geld redet Hans Schmid noch lieber als übers Zahnweh. Er wird gern finanziell eingeschätzt, mit seinem »Steffl«-Kaufhaus auf der Kärntner Straße samt »Sky-Bar«, mit seiner rasanten Ausdehnung in Wiener Weingärten, mit dem Erwerb von »Mayer am Pfarrplatz« ... und bestimmt haben wir jetzt noch einiges vergessen. Und dann ist er auch noch Präsident der »Vienna-Capitals«, das kann nicht nichts kosten, und er ist ein Kunstfreund und ein Gönner. »Lieber«, sagt Hans Schmid, »ist mir, man schätzt mich zu niedrig ein als zu hoch.«

Zum Pfarrwirt. Der Name des neuen alten Hauses lag auf der Hand und in der Geschichte. Schon Hans Schmids Großvater führte zwei Kirchenwirtschaften, die Winzerei liegt crossover in den Genen, ebenso eine gewisse Risikofreude, was Mobilität und Investition betrifft. Die Mama hat 1933 die »Villacher Jausenstation« am Leonhardsee gekauft, für 2.000 geborgte Schilling. Und die Mama hat ihr Sparbuch aus der Schublade geholt, als sie in der Zeitung lesen musste, dass sich der Sohn mit der »Arbeiterzeitung« so viel vorgenommen hatte. Da hast, Hans. So war die Mama. Das kommt nicht in Frage, Mama. So ist Hans.

Sie hat noch das Glück erlebt, eine kurze Zeit die Enkelin, den Augenstern von Hans Schmid, heranwachsen zu sehen. Wenn sie jetzt, gerade in diesem Moment, herunterschaut, kann sie auch etwas Schönes sehen: Wie das Morgenlicht beim Pfarrwirt hereinscheint, wie mehr oder weniger nervenstarke Männer Möbel, Kabel, und was sonst noch Chaos macht, stemmen und legen und bohren, und der Hans, ihr Sohn, wägt mit Feingefühl und ein paar Vertrauten ab, welche Vorhänge die Fensterfront rahmen sollen.

Er federt durch den Garten, der einer der schönsten sein wird. Dort steht ein Baum, der gewachsen ist wie ein Kelch, nein, für ein Foto hineinsetzen möchte er sich doch lieber nicht.

Pfarrer Michael Hofjans hat viel Freude mit dem Pfarrwirt. Beim Erntedank-Gottesdienst in der Sonntagsherrgottsfrüh hat er Hans Schmid als Gönnerfreund begrüßt, beim Heurigen redet man miteinander schnörkellos und ohne Weihrauch. Die Kirche ist wieder Dorfzentrum, mitten in der Großstadt, und das alles miteinander wächst dem Hans Schmid als Heimat zu. Zu Fuß kann er nach Hause, zum Flickschuster, zur Konditorei oder dem Hund einen Knochen kaufen gehen.

Am Vortag ist er stundenlang bei einem verletzten Reh in den Weinbergen gesessen. So viel Zeit musste sein: Zuerst den zuständigen Jagdpächter überzeugen, dass kein Fangschuss gewünscht sei. Und dann die Tierrettung geduldig erwarten; der Hans und das Kitz.

»Ich teile noch immer zu wenig«, sagt Hans Schmid drüben beim »Mayer am Pfarrplatz«, der jetzt seiner ist, bei einem Gemischten Satz und mit freiem Blick auf eine eintrudelnde Society-Gesellschaft. Grüß' Sie, Herr Diplomkaufmann, servus Hans. »Ich teile noch immer zu wenig, weil ich immer noch Existenzangst habe«, sagt er. Und dass er daran arbeitet.

Eine »Stiftung für Gerechtigkeit« schwebt ihm vor, wo dann eine Kassiererin oder ein Arbeitsloser sich wehren kann. Wer mit dem Rücken zur Wand steht, der hat das Recht, ein Messer zu ziehen. »Ich liebe die Menschen«, sagt Hans Schmid mit Blick auf einen phänomenalen Vollmond, und dieser Liebe hat keine Enttäuschung etwas anhaben können. Scharfe Konturen hat sein Gesicht, wie eine milde Landschaft, vom Leben übermalt.

Kurz und liebevoll der Anruf bei der Gefährtin, dass er bald daheim sein werde. Seltsam, dass manche Leute meinen, der Hans Schmid sei so ein harter Hund, findet Hans Schmid. »Das Leben ist schön«, sagt er zu uns und zum Mond.

Vielleicht schaut der Pfarrwirt noch einmal auf der Baustelle vorbei. Oder denkt auf dem Heimweg nach über die Lampen und die Desserts und die Lichteffekte in der Holzmaserung. Über den Kauf noch eines Weingartens oder die Entwicklung eines Börsendeals. Und morgen dann, wenn er mit einem stark konturierten Lächeln über das Holz streicht (zu hell, zu dunkel) oder über eine Aktie (zu billig, zu teuer), wird es sein, als kämen alle Entscheidungen aus dem Bauch. Schon, aber mit glasklarem Kopf. Und mit einer Stimme, die nie schreit oder zetert, aber beängstigend sanft werden kann. Wobei das alles, wie Hans Schmid gerne sagt, in 2000 Jahren ziemlich wurscht sein wird.

Herrn Leitls Leidenschaften

(LiVE 29, 2007)

Ich dachte, dieser Mann schläft sogar mit Anzug und Krawatte. Dann ließ der Wirtschaftskammer-Konfuzius den Rocker heraushängen.

Er kramt einen Zehn-Euro-Schein heraus, strahlt wie ein Schilling und beginnt die Note zu falten. »Na, wie viel von diesem Zehner verdienen wir Österreicher im Ausland?« Sechzig Prozent! Aber hallo und grüß Gott! Die Finger wuzeln die Note; *so klein,* nur vier Euro wären das ohne *Außenwirtschaft!* Der kleine Taschenspielertrick macht Christoph Leitl schelmisches Vergnügen, zum Beispiel vor Schulklassen. So reißt er Teenies aus dem Halbschlaf: für die Wirtschaft will er sie begeistern, für die Zukunft, für Österreich!

Da sitzt der Wirtschaftskammerpräsident bei grünem Tee am hintersten Tisch vom »Café Landtmann«, frisch aus München gelandet, und was er dort erlebte, glüht noch heftig in ihm nach. Es wurde gefeiert, und zwar, dass Österreich Amerika überholt hat – als Wirtschaftspartner der Bayern. 14 Milliarden machen die Exporte aus. In Arbeitsplätze übersetzt, sind das 200.000!!! (Leitls Augen machen bei solchen Ansagen mindestens sieben Rufzeichen.)

Und übrigens, weil's auch so schön ist: »Wir haben das stärkste Außenwirtschaftsnetz der Welt, 106 Austria-Filialen gewissermaßen«, und obwohl der Präsident über keine Klone verfügt, kann man davon ausgehen, dass die internationalen Partner den Präsidenten in einer Reihe mit Riesenrad und Steffl sehen. So präsent ist er.

Wie macht er das nur? Seine Ämter und Funktionen füllen eine halbe Spalte, Gastprofessor der Wirtschaftsuni ist er jetzt auch noch, und niemand kann behaupten, dass er nach getaner Arbeit zu fad ist, um auf Erfolge, Pläne, neue Perspektiven anzustoßen. Die schwedische Wirtschaftsdelegation, die mit dem Königspaar grad in Wien war, wird um einige Leitl-Impulse und Wirtschaftsbindungen reicher heimkehren. Müssen.

Der Sohn des Linzer Ziegelfabrikanten Karl Leitl vereint offenbar die Disziplin von zehn Ackergäulen mit schlauem Charme und profunder, leidenschaftlicher Wirtschafts- und Sozial(!)wissenschaft. Seine »Antwort auf die Globalisierung« verkörpert er mit Haltung und Eigenschaften. Fairness. Spezialisierung. Mut. Augenmaß. Wenn er österreichische Stärken und Hoffnungsgebiete wie »Medizin-Technik, Elektronik, Automobilwirtschaft, Software, Design, Dienstleistung, Tourismus« nur antippt, reißt's ihn vor Euphorie vom samtenen »Landtmann«-Bankerl, und wer gegenübersitzt, den reißt's mit.

Die Kinder, die Jungen, sollen »um Himmels Willen nicht von Mode-Jobs träumen, sondern in sich hinein hören: Was kann ich – was will ich – was bin ich.« Auch wenn das, was die Welt unter österreichischem Charme verstehe, sehr wirtschaftswirksam sei: »Bei den Sprachen mangelt's, Englisch müsste eine zweite Haut sein«.

Trostlose Szenarien von Jugendarbeitslosigkeit und Randgruppen-Tragödien, ja, die gebe es schon. Aber es gebe auch »die Tatsache, dass Jugendarbeitslosigkeit mit stark greifenden Initiativen in den vergangenen beiden Jahren halbiert wurde.« Begleitung, Betreuung, Förderung. Da werde dann der aufgefangene Lehrling »auch einmal aus dem Bett geklingelt, damit er seine dritte Chance nicht verliert.«

Kaum einem Funktionär oder Politiker möchte man das religiöse Fundament noch so glauben wie *dem Leitl*, der die zehn Gebote durchaus auch als Leitfaden für wirtschaftlichen Erfolg begreift. »Wenn ein Chef ein tolles, effizientes Team hat – dann wird auch der eine oder andere, der es schwer hat, mitzuziehen sein. Unterm Strich sind soziale Aspekte und Menschlichkeit kein Verlustgeschäft.« Dazu gehört auch der freie Sonntag, den sich der Familienmensch Leitl nicht nehmen lässt. In klassischer Manier: Kirche, Stammtisch, nach Hause. Und jeden Sonntagabend ein »Flascherl Wein mit der Mama«. (Hört ihr, Kinder, was es für Supersöhne gibt?)

Der selige Inselcharakter von Österreich könne durchaus ein Triumph im globalen Wettbewerb sein. »Da ist noch viel drin im Tourismus, bei allen Dienstleistungen und in der eigenwilligen, selbstbewussten Spezialisierung.« Raunz' nicht, mach' was! Aber so ruppig drückt sich der Präsident nicht aus. (Jedenfalls nicht im »Landtmann«. Es wohnt aber schon auch ein Rumpelstilzchen in ihm).

Was er jedenfalls noch erreichen möchte mit ungestümen 58 Jahren: Möglichst vielen Jungen die Türen (und die Augen) für die Zukunft öffnen. Die österreichische Das-geht-doch-eh-nicht-Bremse aus den Denkapparaten löschen. »Die Idee, die wir mit – noch einmal gesagt! – 106 Außenwirtschaftsstellen nicht pushen können, die gibt es nicht.«

Natürlich muss ein Wirtschaftskammerpräsident den Hintern auf tausenden Hochzeiten haben, aber »daheim sein kann man nur an einem Ort«, und das ist Oberösterreich. In einem Wiener Hotel steht das Bett während der Arbeitswoche, »weil ich werd' mich hier nicht auch noch um einen Haushalt kümmern.« Manchmal, wenn der Tag nur lang und nicht überüberlang war, überrascht er abends noch seine Frau in der oberösterreichischen Heimat: »Du, Erni, mach ein Flascherl auf, ich komme.« Der nächste Arbeitstag beginnt dann im Morgengrauen, im Auto-Büro auf der Rückreise nach Wien.

Wenn etwas in Leitls Leben auf der Strecke geblieben ist, dann vielleicht der wilde Rock 'n' Roller in ihm, aber der wird immerhin gelegentlich geoutet. Dann kann sehr wohl die Post abgehen und alle Pferde durch mit dem Leitl.

Charismatisch allerdings macht ihn die Demut, im Bewusstsein der Endlichkeit. Eine Entführung in jungen Jahren, mit dem Tod vor den Augen, hat ihn diese Demut gelehrt, verlernt hat er sie nie mehr.

Wenn er vom Glück mit der Familie erzählt, den zwei sehr tüchtigen, erwachsenen Kindern Barbara und Stefan, sieht Dr. Christoph Leitl auf rührende Weise sehr altmodisch aus. Wirtschaft und Herzenswärme müssen eben kein Widerspruch sein. Man kann daraus sogar eine Marke machen. Die Marke Österreich, mit – wie gesagt – 106 Außenhandelsstellen all over the world.

Ich liebe Liechtenstein

(Krone Bunt, 9.3.2008)

Kühe, Kunst und Weltkonzerne. Meine Mama hat hier in der Zahnfabrik gearbeitet, und ich als Bohnenpflückerin. Mein Sohn Moritz hat hier Landschaftsgärtner gelernt. Aber die Leute glauben, dass hier nur Geld wächst statt Gras.

Einer wie Oskar Werner wäre nicht wegen eines schnöden Steuervorteils in diesem Land geblieben. Er liebte Liechtenstein für seine Schönheit und seine Skurrilität – den Blick von Triesen in die Schweiz hinüber, die Weinberg-Wege: wie zum Sinnieren und Rezitieren geschaffen, die Leute im Wirtshaus, in deren trotzigen Köpfen die Zeit stehen geblieben war, sodass man hundert Jahre zurückdenken und streiten kann.

So viel wie Oskar Werner, der dann auch hier ein Grab mit Aussicht und keines in Wien haben wollte, so viel von

Liechtenstein wie Oskar Werner sehen die wenigsten. Und jetzt, im Medien-Fokus der Steuerdebatte, ersetzt das Logo der LGT-Bank sogar die Landschaft; von Texten umgeben, die schäumen vor Neid und Häme. Eine einzige Briefkasten-Batterie soll das sein, mit Milliarden an *Mäusen* und kaum Menschen; und die paar, die hier dem Geld beim Wachsen zuschauen, die zahlen keinen Rappen Steuern. Angeblich.

So ein Quatsch. Klar zahlen die Liechtensteiner Steuern, halt nicht so viel, und natürlich gibt es die Liechtensteiner wirklich, jedoch so wenige, dass sie alle miteinander in der Wiener Innenstadt Platz hätten.

Trotzdem ist frühmorgens eine Verkehrsschlange durchs schmale Land unterwegs, bald wie auf der Südost-Tangente. 14.000 Pendler vor allem aus Vorarlberg, die in der hiesigen Industrie die hochbegehrten Arbeitsplätze bevölkern, die Hälfte von 28.000 Stellen, bei einer Einwohnerzahl von etwa 35.000.

Hilti, Swarovski, Ospelt, Hoval, Hilcona, Ivoklar, Unaxis – Industrie von Weltruf, in einer Architektur, die man sich leisten können muss, aber dafür schauen in Liechtenstein sogar die Industriebauten aus wie Kunstwerke. Und neben den gläsernen Betrieben, in denen sich gern das Schloss Vaduz spiegelt oder eine Bergkette, tun Kühe oder Schafe ihr Tagewerk, weil ein Landwirt »nicht ums Verrecken« den Boden abtreten würde, was mit Stolz und Eigensinn zu tun hat. Liechtenstein produziert nicht nur die besten Bohrer (Hilti), sondern auch die beste Milch der Welt.

Vaduz, zu Füßen des Schlosses, ohne Bahnhof und mit einem überschaubaren Nachtleben, ist der Hauptort. (»Stadt« wäre geprahlt, bei 5000 Einwohnern.) An gewöhnlichen Vorfrühlingstagen fotografieren hier die Touristen im Blauen herum, wollen wissen, ob man den Fürsten besuchen könne (nein) und ob die Todesstrafe schon abgeschafft sei (ja) und das Frauenwahlrecht eingeführt (doch, aber noch nicht sehr lange).

In den letzten Wochen sind rudelweise die Profis eingeritten; Fotografen und Kameramänner mit Werkzeug wie Kanonen, und wenn's sein musste, machten sie einander die Räuberleiter, damit sie das Logo der LGT-Bank mit dem Schloss darüber auf ein Bild bekommen, dazu am liebsten düstere Business-Gestalten mit Aktenkoffern, aber die kann man ja auch später hineinkopieren.

Der Lehrling jedenfalls, der von der LGT-Bank sein 500-Franken-Salär verwalten lässt und mit den klobigen Arbeitsschuhen zum Schalter tritt, wird grad so aufmerksam betreut wie der Chef. »Hoi«, sagt man zueinander, und beim jährlichen Fürstenfest am 15. August, mit Feuerwerk, Freinacht und Volksempfang auf dem Schloss, darf man auch zu Hans Adam II. »Hoi, Fürscht« sagen.

Diskret ist nicht nur das Bankenwesen des Landes, sondern auch die Schönheit. Der Tourismus verzeichnet zweistellige Zuwächse, obwohl die Werbung eher wie eine Untertreibung daherkommt. Man hat es nicht nötig, Berge und Riede und Wein und Wald ins Neonlicht zu stellen. Keine Klatschgeschichten gibt es über die Fürstenfamilie, ihnen begegnet man allenfalls auf einem Spaziergang, aber nicht im monegassischen Skandal-Stil. »Gehe nie zum Fürscht, wenn du nicht gerufen würscht«, heißt ein Kinderreim, aber der stimmt nicht, weil: »Wenn ein Liechtensteiner ein Problem hat, ruft er an«, sagt der Fürst.

Das Kunstmuseum, die Hochschule, die Skiwelt Malbun, wo der Hahnenkamm-Sieger Marco Büchel das Handwerk gelernt hat. Die Sagen und Wahrheiten um Hexenverbrennungen und Tobel-Hocker, die Heidi-Landschaft im kleinsten Ort Planken, mit vierhundert Einwohnern über der Nebelgrenze und einem Blick bis zum Bodensee. Alte Walsersiedlung, die anderswo schon eine touristische Micky-Maus-Zone wäre.

Manches, wofür Liechtenstein berühmt ist, kann man nur in Wien besuchen. Das »Liechtenstein Museum« im Palais Liechtenstein in der Liechtensteinstraße zum Beispiel. (Ja, Österreich ist mit Liechtenstein sehr verwandt.) Oder die phänomenale Sammlung Batliner, die der Treuhand-Anwalt DDr. Herbert Batliner und seine Frau Rita in der Albertina am besten versorgt wissen.

Keine halbe Stunde dauert's; dann ist das Land durchfahren, der Länge nach. Queren kann man es locker zu Fuß, mit Abstechern in die Weinberge oder zum Schloss. Die »Banken-Tour«

für Leute, die schauen wollen, wie schön hier das Geld wohnt, ist in fünf Minuten erledigt.

Mancher rasende Reporter hat schön geschaut, als er mitten auf der erhofften Geld- und Briefkasten-Meile auf die Treibhäuser der Gärtnerei »Auhof« oder die romantische fürstliche Hofkellerei stieß. Und wer sich zumindest einen Apero im »Hotel Real« gönnt, darf sich fühlen wie ein Fürst: Felix Real ist einer der berühmtesten Köche der Welt. Prinzessin Diana hat hier Paparazzi-freie Stunden erlebt, und Johannes Paul II. soll etwas länger geblieben sein, als man von einem Papst annehmen möchte.

Paradiesisch schön, der Panoramablick über Liechtenstein. Gewiss nicht nur wegen der schonungsvollen Steuerpolitik. Das letzte Hemd hat sowieso keine Taschen. Oskar Werner wollte hier dem Himmel ein Stück näher sein. Schad, dass viele Leute das Paradies nur als Garten Eden des Geldes begreifen.

Zinedine Zidane – der war das wert

(Kronen Zeitung, 25.6.2008)

Ich machte mich zum Affen. Ich erschlich ein paar Autogramme. Ich schwitzte mein bisschen Französisch heraus. Wer hätte das nicht getan, für Gott Fußball.

»Noch acht Minuten«, sagt Herr Almassy von adidas. Und wenn es noch acht Stunden wären: Hier hat man gerne alle Zeit der Welt. Warten auf Zinedine Zidane. Drüben in der großen Pressehalle des MuseumsQuartiers hat sich ein Heer aus internationalen Medienmenschen schussbereit gemacht. Dort stehen Zidanes Fußballschuhe wie auf einem Altar. Leute riechen daran und streicheln über das rot-schwarze Leder, als wär's das Relikt eines Heiligen. Herüben, nur zwei Glastüren weiter, darf ich mit dem Kollegen vom Sport auf eine Privataudienz warten. Mein Französisch, mühsam sortiert eine halbe Nacht lang, zerfällt in hilflose Brocken. Monsieur Zidane, welche besonderen

Eigenschaften verdanken Sie Ihrer Maman? – wollte ich in astrein auswendig gelerntem Französisch fragen. Und ob er die Lieder von Carla Bruni mag, und wie man Kindern hilft, die ein schlechtes Vorbild haben.

Alarmstufe Zidane: Mon dieu, da ist er!

Monsieur Zidane. Da steht er, fünf Minuten früher als im Countdown angezählt, im Halbdunkel einer improvisierten Interviewzone. Die schmale Gestalt mit den schlaksigen Armen, der kurzrasierte Kopf mit dem markanten Haaransatz in scharfem Dreizack. Entspannt sich kurz hinter einem Werbesujet; die dunklen Männer rund um ihn schauen aus, als wäre mit denen nicht zu spaßen. Alarmstufe Zidane.

Ein paar Stunden davor auf dem Wiener Heldenplatz. Sechzehn Kinder, denen die »Krone« einen Traum erfüllte. Zwerge mit Fußballerhosen, die bis zu den Waden wabern, aber Hauptsache, *Zidane* steht auf den Trikots. Ein paar Größere, die das Glück haben, nicht älter als sechzehn zu sein – so jung will Zidane sein Team, und er will auch, dass Mädchen die Magie des Balles lernen.

Da ist er. Was haben diese Kinder für Nerven. Üben die berühmte Spirale mit dem Meister, als wären sie schon jahrelang Teamkollegen. Ein Mädchen beißt die Zähne zusammen, als ihr Zidane amüsiert aus der unfreiwilligen Pirouette wieder ins Gleichgewicht hilft. Hinfallen ist okay. Liegen bleiben nicht. Wie im richtigen Leben.

Im richtigen Leben hat Zinedine Zidane, geboren in eine Großfamilie in Marseille, die hohe Schule des Überlebens auf der Straße und bei den Eltern gelernt. Mama Zidane schaut heute noch aus, als könnte es jederzeit Headbutts für die Buben regnen, wenn sie nicht am Ball sind; menschlich, moralisch.

Die Kunst auf dem Rasen allein ist es gewiss nicht, die Zidane zum absoluten Liebling von Millionen Kindern macht. Kein Typ wie Beckham mit all dem metrosexuellen Firlefanz. Keiner wie Kahn, der sich so oft mit Liebesaffären ins Schaufenster setzt. Zidane, der fast zu schüchtern war, die große Liebe seines Lebens anzusprechen. Sie hat die Initiative ergriffen, und heute hat er »die tollste Frau der Welt«, dazu vier Buben, die ihm, im Zweifelsfall, mehr bedeuten als der

Coup du Monde: »Ein großer Mann ist nur so groß, wie er bereit und fähig ist, einem Kind zu helfen«, findet Zidane. Und seine Sehnsucht, ein Leben lang: dass seine Kinder »un bon Papa« in ihm sehen.

Danke, sagte Zinedine Zidane vor dem Interview zu seinen starken Männern, er kann dorthin, wo er jetzt hinmüsse, auch allein gehen. An jenen Ort, an den auch ein König zu Fuß geht. Mitten durch die Leut! Und jetzt, mon dieu, ist es so weit.

Im Séparée mit Zidane. Alles, was alle sagten, ist gar nicht wahr. Was man alles nicht fragen dürfe, und, diese geraunte Frechheit, Monsieur könne sehr zickig sein. Kollege Frauneder vom Sport, der jetzt mit ihm fachsimpelt, als hätten sie miteinander in einer Liga gespielt. Der Charme, mit dem er mein einstürzendes Französisch als Fragen gelten lässt. Seine liebsten Plätze in Frankreich? Marseille und Paris, was sonst, und Madrid, aus französischem Herzen betrachtet.

Die absolute Glaubwürdigkeit, mit der Zidane seine Arbeit für Kinder erklärt; kein gekaufter Werbestar für irgendeinen Sportkonzern, sondern der Typ, der seiner eigenen Kindheit versprochen hat, alles, alles weiterzuschenken. Er weiß, dass ein Lächeln von ihm den Lebensweg eines irritierten Kindes ins Positive korrigieren kann.

Er weiß es in einer unglaublich elektrisierenden Bescheidenheit. Und mit Geduld und Ironie. Wer weiß, sagt er, was aus mir noch für ein Fußballer geworden wäre, wenn mir damals ein Star begegnet wäre ...

Die Faszination Zidane hat neben allem Weltruhm ein ganz besonderes Geheimnis: Kinder wünschen sich nicht nur, so zu sein wie ihr Idol. Kinder wünschen sich solche Väter. In einer vaterlosen Gesellschaft, die entsetzlich traurige Prioritäten setzt. »Ich möchte ein *bon Papa* sein«, sagt Zidane. Für seine eigenen und für Millionen Kinder.

»Monsieur, Monsieur Zinedane ...« – jetzt sind mir nach dem Totalabsturz in Französisch auch noch die Buchstaben seines Namens durcheinandergekommen. Die Zunge möchte man sich abbeißen. Er lächelt und straft mich mit einem Kompliment über meine Sprachkenntnisse. Klar, mit so einem Genie kann man sich auch mit Händen und Füßen verständigen.

»Würden Sie, vielleicht, s'il vous plaît, noch diesen Ball signieren, Monsieur Zidane, auf dem schon eine Unterschrift von Pelé steht ...?« Aber gern – mit einem Lächeln, das nicht nur auf Kinder wirkt. »Dann wird der Ball allerdings vielleicht nicht mehr so viel wert sein«, grinst Zidane. »Voil ... ! Und passen Sie auf«, sagt er, »das verwischt sonst.« Das werd ich, Monsieur. Dieser Ball ist jetzt magisch. Merci. Aber der Ball ist leider nicht meiner.

Mit Udo alte Fotos anschauen

(Krone Bunt, 9. 11. 2008)

Er nannte sich Freund *und verscherbelte ein Nacktfoto von Udo Jürgens. Weg damit. Und da: Der kleine Bockelmann als Wörthersee-Kapitän. Udo, die Jukebox meines Lebens. Sogar, wenn er nicht singt, nur redet.*

Die Sache sollte eher schnell gehen, der Mann hat Termine von früh bis spät, aber so viel Zeit muss sein: diesen Augenblick zu genießen. Mit diesem Mann auf der Couch einer Suite im Wiener »Hotel Triest«. Mit zwei freundlich-wachsamen Herren vom Management, die das Gespräch aus diskretem Winkel in ihren Köpfen abspeichern.

Mit Udo Jürgens auf der Couch. Das ist aufregend mit 17, mit 47, und mit 77 würde es noch immer Swing haben. Das greift über Generationen und beweist, dass Frauen bei bestimmten Männern ein Leben lang Mädchen bleiben.

Selber ist er inzwischen 74 Jahre alt, minus zwanzig Jahre, wie er da sitzt in schwarzem Leder und schwarzem Tuch, der Körper fit vom Schwimmen und Singen, wie frisch aus einem Jungbrunnen gefischt. Haut und Haare auf keinen Fall aufgejüngelt von irgendwas. Das würde alt und lächerlich machen.

Er geht wieder auf Tournee. Die Konzertbühnen der deutschsprachigen Großstädte werden sich füllen wie in den sechziger und siebziger Jahren, und in Udo Jürgens' Gemüt wird es keine Leere und keine bedrückenden Fragen nach dem Sinn und der

Endlichkeit des Lebens geben, weil seine Arbeit und seine Musik die Zeit anhalten können; seine und die seiner Fans.

Er schaut aus auf dem Sofa wie kurz vorm Start. Die Vorarbeiten der letzten Monate, die Arrangements und Konzepte, die künstlerische Präzisionsarbeit für Abende, die dann in absoluter Leichtigkeit zu geschehen scheinen. Emotionen eines stillen Liedes, von dem man nasse Augen bekommen kann. Lebensfreude zum Abheben, weil wir alle »noch niemals in New York waren«, ein Lied als Symbol für vitale Sehnsucht.

Bilder aus dem »Krone«-Archiv, alle noch in Schwarzweiß, Zeugnisse einer unglaublichen Karriere. Schauen wir uns ein paar Fotos miteinander an, Herr Jürgens?

Aber gern. Oh. Das da ist ein Bild aus dem Pariser Olympia, und da hat sich damals Leonard Bernstein spontan zu Udo ans Klavier gesetzt, es waren magische Momente der Musik, sagt Udo. Bilder mit France Gall und mit Françoise Hardy, Udo war und ist ein Chansonnier, kein Schlagersänger, vielleicht der einzige Chansonnier, der in Deutsch so funktioniert wie sonst nur ein Franzose.

Noch weiter zurückblättern. Ein scheuer, aufgeregter kleiner Udo, der zum allerersten Mal mit dem Boot über den Wörthersee fahren darf. Ein Kind seiner Zeit, mit dieser rührenden Bescheidenheit, die Kindern von heute nicht mehr gegönnt wird, weil sie viel zu früh alles haben und alles wissen dürfen.

Kärntner Kindheit, und da, diese schöne Frau, das ist die Frau Mutter. Udo Jürgens weiß nach viel mehr als einem halben Jahrhundert noch sofort, was an diesem Tag war und wie viele Obstbäume im Garten standen. Und Udo, der Sohn, erinnert sich mit zärtlich skizzierten Wortbildern, wie er mit der Mama dann noch auf Urlaub war, sie beide ganz allein, Weihnachten und Silvester, in diesem schönen Hotel in Tirol, und Punkt 19 Uhr jeden Abend führte er die Mama in die Bar auf ein Glas Champagner. »Kostbar«, sagt Udo, »dass wir das noch miteinander erleben konnten.«

Es gibt auch Bilder, die gestrichen sind. Udo nackt auf einem uralten schmuddeligen Cover. Das muss doch eine Fotomontage sein, nicht? Nein, das war eine echte Sauerei. Ein Freund, ein falscher Fuffziger, hat Udo im Schnee nach der Sauna geblitzt. Das Bild verscherbelt und Udo für immer als Freund verloren. Weg mit dem Bild und weg mit der Erinnerung an diese Ratte.

Da, noch ein paar Fotos aus der Kindheit. Der Gedanke, eines Tages vielleicht doch wieder in die alte Kärntner Heimat zu ziehen. So nah wie möglich dem Bruder und den Wurzeln.

Udos Image in Österreich und darüber hinaus vereint die Glaubwürdigkeit eines Bundespräsidenten mit dem Charisma eines Superstars. Politisch instrumentalisieren hat er sich nie lassen. Aber Haltung zeigen in Liedern und im Leben, das ist ihm wichtig. Toleranz. Offenheit. Kein Rattenfänger sein. Wenn Leute wie Strache in Discos scharenweise Jugendliche anziehen, dann zeigt das nur, dass junge Menschen eigentlich Vorbilder suchen, findet Udo. Und er findet es schade und traurig, wenn damit gespielt wird.

Udos Tournee rollt zuerst durch Deutschland, im Februar sind dann die Heimatkonzerte dran. Jetzt drängen die Management-Männer mit diskretem Charme zum nächsten Termin. Danke für den kleinen Couchtratsch. Und, voilà, das Bild mit Leonard Bernstein als kleines Geschenk. Und dass einmal ausnahmsweise *nicht* über Blondinen und die Bandagen der Liebe geredet wurde, wird Udo auch recht gewesen sein.

Wien nimmt Abschied von Helmut Zilk

(Kronen Zeitung, 9. 11. 2008)

Ich bin eine von sehr, sehr vielen, denen du Gutes getan hast. Schlaf gut, großer Bürgermeister! Dein Swoberl.

Auf einmal hatten dann auch jene nasse Augen, die der Zeremonie des Abschieds gewachsen schienen. Offizielle Gäste im Stephansdom, hohe Politik, hohe Funktionen. Weggefährten der politischen und der persönlichen Ebene, ergraute Schauspieler und routinierte Medienmenschen. Das Requiem, die tröstliche Liturgie, die Imposanz des Domes. Die

Scheinwerfergerüste und die schleichenden Kamerariesen des ORF, die Kameramänner und Fotografen, deren Job es ist, zwischen religiöser Zeremonie, trauernder Witwe und Angehörigen durchzufahren. Bilder einfangen, ohne die Würde des Abschieds zu stören.

Auf einmal hatten alle, fast alle, nasse Augen. Als zum Ende der Feier der Donauwalzer erklang, erschallte, über alles Irdische hinauswuchs, Klänge, höher als alle Worte. Klänge, die den Tod besiegen. Als ob das Ende erst der Anfang wäre.

Der Donauwalzer für Helmut Zilk im Wiener Stephansdom. Nie mehr wird ein Zeitgenosse ihn höher, schöner, stärker hören können. Und wann immer er wieder zu hören sein wird, der Donauwalzer in tausend Anlässen und Stimmungen: Wer am Samstagnachmittag, am 8. November 2008, diesem göttlichen Augenblick beiwohnen durfte, wird Gänsehaut haben und das Gefühl, Helmut Zilk ist da.

Klar, kurz und intensiv davor der Abschiedsgruß an Zilk von Bundeskanzler Gusenbauer. Eine Rede ohne falschen Weihrauch, auf einen Punkt gebracht, der die Größe des Verstorbenen unvergänglich macht: Dass einer, der so viel für die Menschen getan hat, dass einer die Menschen so liebte, nach dem grausamen Attentat die Menschen noch immer so liebte. Und noch immer da war für jeden, der es wünschte, wollte, brauchte.

Die Größe des Verzeihens also, der Versöhnung. Auf der Ebene mit Israel und auf der Ebene des eigenen Schmerzes. Wenn jemals Friede wird in Jerusalem, dann werden sie dort wissen, dass Helmut Zilk einen Baustein dafür gelebt hat.

Kardinal Schönborn, der in vielen Momenten der Trauerstunde ein Lächeln trägt, weil dies nicht das Ende ist, vor allem nicht das Ende der Liebe zwischen Dagmar und Helmut. Ein strenges Lächeln trägt der Kardinal, als eine winzigkleine akustische Panne die Zeremonie irritiert. Zilk wird später beim Wein darüber fröhlich brummen, und gleich ein paar Geschichten erzählen, wie das damals war, als sie schon *live* die Stadtgespräche hatten und wie souverän man seinerzeit über Kabel und Kuriositäten stolperte.

Doch, das darf man so sagen. Niemand im Stephansdom glaubt, dass Helmut Zilk nicht später dann, bei der Zehrung im Rathauskeller, dazustoßen wird.

Sie tragen den Sarg hinaus. Sie haben ihn hereingetragen, als es noch hell war, früher Morgen, aber diesiger Herbst. Inzwischen ist die Dämmerung über Wien gekommen, und bis Helmut Zilk aus seiner City hinausgefahren wird zum Ehrengrab auf dem Zentralfriedhof, bis dahin ist es fast dunkel.

Nein. Seine Wiener stehen mit Fackeln Spalier. Seine Wiener erhellen ihm den Weg und zwischen Nieselregen fallen Tränen auf die Erde. Es sind Bilder, so stark wie Musik, wie der Donauwalzer im Stephansdom. Da stehen die Großbürger und die Kleinbürger und die Sandler und die Reichen und die Armen und die Alten und die Jungen Spalier.

Der Sohn spricht am Grab seines Vaters. Mit aller Kraft, die er vom Vater hat. Dagmar in ihrer Zerbrechlichkeit am offenen Grab. Ihre Tränen sind nicht mehr still. Es ist das letzte Lied an ihn, als sie schluchzt und beinahe in sich zusammensinkt. Und gleich wieder aufrecht steht. Da muss er da gewesen sein. Dagi, aufrecht bleiben. Stark sein. Ich bin ja da. *Dein* Zilk. Ewig. Der Chef von der Wiener Bestattung, der Dagmar stützte, hat nur physisch getan, was sein Chef Zilk an mentaler Kraft schickte.

Dieser Satz, den Zilks Freund und Lehrling, Dr. Kurt Scholz, im Stephansdom sagte, der weht bis zum Zentralfriedhof herüber: »Schlaf gut, großer Bürgermeister. Adieu.«

Dazu die Wiener Symphoniker, die im Dom den Donauwalzer spielten für Helmut Zilk. Musik auf dem Weg in den Himmel und nie wieder wird der Donauwalzer so klingen. Alle hatten nasse Augen und plötzlich wusste man: Das Ende ist erst der Anfang. Die Kutsche in die Ewigkeit. Adieu, Helmut Zilk. Es gibt Menschen, die lassen so viel Leben zurück. Weil so innig gelebt, geliebt und gelitten wird.

Schau, da geht die Frau vom Faymann

(LiVE 25, 2008)

Es geht also doch: Man wird First Lady und bleibt Martina.

Ein Wort wie eine unerwünschte Wolke kommt auf sie zu. Der *Style-Check*. Damit muss sie jetzt leben lernen. Was trägt die Frau des strahlenden Kandidaten in der Früh, am Abend oder wenn sie schnell Gurken kaufen geht. Von wem sind die Schuhe und ist das Top wirklich *top*, und dazu die Frisur-Analyse. Martina Faymann weiß das und seufzt.

An diesem Abend trägt sie *Lila* und eine kleine Müdigkeit im Gesicht. Der Tag ist in die Knochen gefahren: Sie hat Werners Wahlkampftrupp sieben Stunden in zwei Bundesländer begleitet, ist dann in ihr eigenes Leben abgezweigt zu ihren eigentlichen Funktionen als Gemeinderätin und Chefin der Wiener Frauenhäuser. Sie hat eine häusliche Havarie mit dem Installateur bewältigt, die Tomaten, die ihr die Mutter brachte, nicht im Auto vergessen, und jetzt ist junge Power angesagt, spätabends, weil wir sind bei der Wahlkampfparty der »Jungen Roten«.

Die Terrasse der coolen Location ist ein gutes Versteck, bevor *der Kandidat* und die Laura Rudas und der Bürgermeister und die Renate (»Hallöchen«) Brauner einreiten zum Jungsein und zum öffentlichen Abtanzen. Am dicken, schwarzen Brummer müssen wir nur vorbei; Gesichtskontrolle. Der Mann kennt Martinas Gesicht nicht, das ist ein Vorteil, da wird die Frau des Kandidaten wenigstens nicht angeschleimt wie Carla Bruni.

Apropos. Carla mit dem Pillboxhütchen und Martina könnten einander bald schon bei Staatsbesuchen über den Weg laufen, und dann wird der *Style-Check* unvermeidlich, mit Pfeilen auf groß aufgeblasenen Bildern und mit Lob und Tadel von durchgeknallten Mode-Redakteurinnen. Das wird was.

Fast noch schlimmer ist der Worte-Check, und zwar jetzt schon. Martinas politische Erdung in ihrer roten Familienheimat Favoriten, die jahrzehntelange Basisarbeit und die in der Wolle gefärbte Haltung – wen interessiert das noch. Jetzt kann jeder Satz aufgeblasen werden und hängt dann wie ein

Schwert über Geschichten. Ob sie eh hinter dem Mann steht? Aha, ein Hausfrauen-Mausi. Was, die sitzt im Gemeinderat? Und wer schmiert dann bitte dem Werner das Jausenbrot? Und was ist mit Töchterlein Flora?

Die ruft grad an, der kleine Goldschatz, ist zum ersten Mal verreist, mit der Oma aufs Land, und das ist eine aufwühlende Geschichte, für jede Mama. Das Telefonat ist wie eine Umarmung und die Melancholie in Martinas knallblauen Augen verschleiert den Blick.

Aufruhr, Blitzlichtgewitter, hoppla, da kommt Werner. Einzug der Gladiatoren im jungen roten Rudel. Die Krawatte wurde für diesen Auftritt abmontiert; in diesem Clubbing-Ambiente ist der Anzug Krawatte genug. Aus dem Halbdunkel beobachtet Martina die Szene, und als dann alle jubeln, jubelt sie innerlich mit.

Ihr Lächeln verscheucht jede Müdigkeit, und als sie ein wenig zu shaken beginnt, merkt sie plötzlich, dass nicht mehr alles so ist, wie es vor Kurzem noch war: Wenn's der Teufel will, drückt ein Fotograf genau in dem Augenblick ab, in dem die Frau des Kandidaten ausrockt, und das Bild findet sich dann auf einer Titelseite, als hätte Martina einen entmenschten Veitstanz geliefert.

Der Kandidat kriegt hundert Punkte vom Publikum und geht dann, endlich, zu seiner Frau. Jetzt kapiert sogar der grobe Kerl von der Gesichtskontrolle, wer die zarte Dunkle in Lila ist. Und jetzt, im Augenblick einer innig zärtlichen Umarmung, heißt es wieder: aufpassen. Sonst schreibt wieder jemand, dass sie ein Mausi sei oder ein scheues Reh, das sich in die Arme des Gatten flüchtet.

Später, als sich alles in shakendes Wohlgefallen aufgelöst hat und Martina sich einen Sommergespritzten besorgt, hängen ein paar Szenebeobachter am Geländer und machen den Sympathie-Check an Martina. »Schau, da geht die Frau vom Faymann.« Hab ich gar nicht gewusst, dass das *die* ist. Die war vorher ganz hinten und hat sich überhaupt nicht wichtig gemacht.

Das hat sie übrigens auch in Zukunft nicht vor. Sich wichtig zu machen. Nur ihre Worte wird sie sich noch besser überlegen.

Weil ab sofort ist nichts mehr normal. Nicht einmal mehr die Frage, wo sie ihre Gurken kauft und wer dem Kind wann eine Gute-Nacht-Geschichte erzählt. Als plötzlich öffentliche Frau hat Martina Faymann nur eine Chance: Martina zu bleiben. Auf dem Gemüse-Markt, im Gemeinderat oder neben der Pillboxhütchen-Carla.

So wohnt der Dompfarrer

(LiVE 51, 2008)

Das schaut jetzt sehr durchsichtig aus. Freundliches Vorwort vom Dompfarrer und dann eine Homestory über ihn. Ja, unbedingt. Weil, ich habe einmal eine ganz grausliche Geschichte über Toni Faber geschrieben. Und was macht der? Er lächelt. So stell ich mir das Christsein vor. Wäre ich nicht schon katholisch: Der Dompfarrer würde mich katholisch machen. Wie all die Menschen, die er in die Herde zurückholt. Manchmal vom Opernball, manchmal vom Kehricht-Wagen.

Da stand plötzlich dieser Herr von der Müllabfuhr in voller Montur, freudig aufgewühlt: »Kann i schnell mit'n Toni Faber reden? Der red't doch mit an jeden!« Aber gewiss doch. Der Mann hatte ein Herzensanliegen, jedoch wenig Zeit. Er wollte wieder ein Schäfchen Gottes werden. In seine Kirche, die er einmal verlassen hatte, eintreten. Alle Unterlagen hatte er parat. Und ums Eck wartete der Kollege mit dem Müllwagen. Der Dompfarrer hat sich nicht zweimal bitten lassen. Jede Menschenseele zählt.

In Toni Fabers Gesicht sprühen Lichter, wenn er von Wiedereintritten, von späten Taufen und von der Heimkehr in den Glauben erzählt. Wir sitzen an seinem Esstisch, der auch ein Arbeitstisch und ein Konferenztisch sein kann, rundum beschützt von einer Heerschar von Engeln. Aus Wachs, aus Porzellan, aus Holz, aus Glas und Papier. Sie fliegen oder ruhen oder haben einfach nur ein Auge auf den Dompfarrer. Vielleicht der schönste von allen ist dieser Engel aus einem Stück Schwemmholz aus dem alemannischen Rhein, dem ein Künstler Flügel anschnallte. Der Engel bewacht das gläserne Entree.

Schöner wohnen, sagt der Dompfarrer, muss keine Sünde sein. 15 Jahre lang hat er diesen ungenutzten Dachboden in Gedanken mit Licht und Träumen durchflutet. Jetzt sind hier fünf Priesterwohnungen in frommer Hausgemeinschaft mit einem finanzstarken Großmieter im Schutz des Stephansdoms untergebracht, mit den City-Einkaufsmeilen rundherum, von denen kein Geräusch in die meditative Stille dringt. Nur das Rumoren der Lüftungsschächte über den Dächern von Wien muss man sich wegdenken.

Ein einziger Raum nur, die Wohnung des Dompfarrers, aber eine grandiose Raumlösung. Vom Ess-/Arbeitstisch an der Heerschar der Engel vorbei, wo sich der Blick öffnet zu einem Kunstwerk, das den Himmel berühren will. »Selig, die nicht sehen und doch glauben« heißt das Bild. Johannes-Evangelium und religiöses Motto des Dompfarrers. Hannes Mlenek hat das Kraft-Werk geschaffen. Es öffnet sich zum Haas-Haus hin mit einer Rolloluke. Es vollendet sich als göttliches Dreieck über dem Areal zum Beten und Schlafen.

Die Enge und Armut der eigenen Kindheit wohnt dem Dompfarrer immer noch inne. Sechs Menschen auf gut fünfzig Quadratmetern Gemeindebau. Die Scham und schließlich die Dankbarkeit darüber, dass Lebensmittelpakete von Spendern kamen und die allerersten Jeans von der Heimatpfarre. Die Sensibilität gegenüber der heutigen Armut: Kindern und auch ihren Müttern die Demütigung ersparen, dass sie vor anderen Kindern als *arm* dastehen.

Das Thema *Herbergssuche* ist ganzjährig dramatisch; nicht nur zu frommen Krippenzeiten. »Immo Humana« heißt das Projekt, für das der Dompfarrer besonders gern sein Gesicht und viel Engagement hergibt. Schon mehr als hundert Müttern mit ihren Kindern wurden Startwohnungen gegeben. Eine Inflationsanpassung bei der Familienförderung gibt es zum Beispiel immer noch nicht, will Toni Faber deponiert haben. Oder die Anrechnung der Erziehungsjahre für die Pension.

Von Protz und sündigem Luxus ist des Dompfarrers Domizil weit entfernt. Aber schlau ist die Wohnung. Hinter dem spartanischen Holzverbau versteckt sich eine winzige aufklappbare Küche: groß genug für einen kleinen Imbiss. Viel mehr bringt er auch nicht zusammen. Gottes unkonventioneller City-Priester hat auch im handwerklichen Bereich eher zwei linke Hände.

»Und das da, schauen Sie«, sagt er, »das ist ein Geschenk von zwei ganz wunderbaren Menschen. Die habe ich getraut im Dom; es war die Hochzeit des Jahres.« Nein, nicht Verona Feldbusch. Das erste Paar mit Down-Syndrom am Altar. Wie ein guter, sanfter König steht das Geschenk am Treppenaufgang. Dort oben ist, in meditativer Schlichtheit, die Gebetsbank. Und die Schlafstätte. Und der Ausgang zu jenem Plätzchen, das unter dem Dom zu knien scheint. Was für ein Ort zum Beten und Nachdenken. Aber auch ein Glas Wein mit Freunden muss hier himmlisch schmecken.

Engel, wohin man blickt. Und zwischen Engeln die Bilder von Kindern, die ihm besonders nahe stehen. Keinen Augenblick das Gefühl von Einsamkeit beim Alleinsein. Auch der Fernseher muss dem Dompfarrer selten Gesellschaft leisten (Lieblingsprogramm: Teletext).

Das Hauptprogramm heißt immer *Jesus Christus*. Im Szenenbild einer Boutique-Eröffnung genauso wie beim Kindernachmittag im Dom. Und bei der Heiligabendfeier mit den Einsamen und Obdachlosen. 150 Gäste, bekocht von der »Pizzeria Da Capo«. Später dann die Christmette mit 7.000 Gläubigen im Dom. Christus ist immer mit ihm. Auch wenn er einmal auf ein Bier und ein gutes Wort ins Haas-Haus hinübergepfiffen wird.

88 Jahre alt ist der Mann, dem der Dompfarrer kürzlich das Ritual des Kircheneintritts heim in die kleine Wohnung brachte. Wieder funkelt Toni Fabers Gesicht. Was ist so schön an dieser Geschichte? »Es ist beglückend für mich, einen Menschen in die Glaubensgemeinschaft begleiten zu dürfen. Man ist ja selber weder heilig noch vollkommen. Aber man darf helfen auf dem Weg in die unendliche Vollkommenheit.«

Die irdischen Genüsse hat Gott keineswegs verboten. Auch

nicht den Priestern. Kunst. Schönheit. Wein. Kerzen, sehr viele Kerzen, erhellen den meditativen Lebensraum. Die violette Stola liegt neben der Bibel, die er in Rom trug, als er gemeinsam mit 300 Priestern im Circus Maximus Jugendlichen aus aller Welt die Beichte abnahm. Zu Füßen der Bibelkommode steht das hochheilige Paar in sehr eigenwilliger kunsthandwerklicher Ausführung. Wie eine Installation, an der sich das Urteil »Kitsch oder nicht Kitsch?« erübrigt. Es ist ein Geschenk, und Toni Fabers Blick sagt, dass das Geschenk eine besondere, vielleicht auch schmerzhafte Geschichte hat. Mehr sagt er nicht. Aber es scheint, dass Menschen sich in seinem Gebet sehr gut aufgehoben fühlen können. Und in seiner Wohnung, fern vom Radau der Welt, auch.

Im jüdischen Elternheim

(Krone Bunt, 29. 6. 2009)

Das Maimonides-Heim in Wien. Ein Haus der Versöhnung mit den letzten Überlebenden des Holocaust. Die Übersiedlung aus dem desolaten Bau in das neue Zentrum stand bevor. Ein sehr dringendes Problem war noch zu lösen: die Sicherheit der Bewohner in ihrer letzten Heimat. – So lange habe ich noch nie für eine Reportage gebraucht. Ich wollte immer wieder ins jüdische Elternheim, weil sich dort alles so jung und klug und bitterlustig anfühlte.

Herr Eisenmayer legt keinen großen Wert auf religiöse Einbindung. Er ist Künstler und Rebell, und Gott und die Welt fließen in seinen Werken ineinander. Geboren 1920, gelitten unter den Nazis, niemals besiegt.

Ernst Eisenmayer, im Kopf frisch wie 25, lebt im jüdischen Elternheim in Wien. Man muss keine Kinder haben, um dort willkommen zu sein, aber *Elternheim* ist ein viel schöneres Wort als all die Senioren- und Altersstationen, die die Wahrheiten der Lebensreise mit süßlichen Namen verschleiern wie eine misslungene Schönheitsoperation.

»Treten Sie ein«, sagt Herr Eisenmayer an der sperrangelweit offenen Tür seiner kleinen Garçonniére, die sich ebenerdig zu einem Stück Wiese öffnet, mit einem Raum dazwischen aus genialer Ordnung, die ein Gemälde ergibt aus Bildern, Objekten und Skulpturen. Alles viel zu klein, aber die meisten Werke hängen eh in Galerien und Sammlerhäusern, und der Rest muss in Katalogen und im Laptop Platz haben, den Herr Eisenmayer übrigens als neuen Werkraum entdeckt hat. »Wenn ich doch kein Atelier habe! Wie soll ich hier mit Marmor arbeiten?«

Und wie soll das alles überhaupt werden, im neuen Elternheim im 2. Bezirk, Nähe Prater? In den Gängen des abgewohnten Hauses, dessen Patina für Aug und Seele großen Reiz hat, hängen zwischen Gemälden aus schrecklichsten und auch aus schönen Zeiten schon die Modellfotos des Neubaus: Sehr viel Glas. Sehr kluge Raumnutzung. Menschen, denen das Alter Alzheimer aufbürdet, können dort nicht mehr verloren gehen. Menschen, die dort ihr letztes Wohnzimmer beziehen, werden nicht mehr ausquartiert. Weil jeder Raum auch dem höchsten Pflegebedarf angepasst werden kann.

Wie wird das Leben dort sein? Die einen sagen so, die anderen so. Man hat sich im Speisesaal versammelt, um die neuesten Informationen zu bewerten. Über optische und akustische Leitsysteme, über Farben und Formen, und »Maimonides«-Ombudsfrau Patricia Kahane sagt, dass es selbstverständlich eine kleine Küche in jedem Raum geben wird, oder würden die Herren Architekten dem Besuch das Kaffeewasser vielleicht auf dem WC brühen wollen? Also.

Es geht zu wie in einer Maturaklasse, nur dass die Witze eleganter und treffsicherer sind. Man ist achtzig oder neunzig, und man will wissen, wie viel Freiheit man noch erwarten darf. Rauchen? Eh, aber wenn geht, nicht am Sabbat. Und wären gewisse Zimmer dank Verbindungstür auch als WG zu installieren? »Gott behüt mich vor einem Mannsbild«, sagt eine schöne alte Frau. Vor allem, wenn er nicht beschnitten wäre.

Die jüngste aller Bewohner, Frau Renee Bear, sieht aus wie eine Chansonette und hat eine ebensolche Stimme. Später, in ihrem

Zimmer, erzählt sie von ihren Eltern, die von den Nazis in Wien »eingeladen wurden, das Land zu verlassen«. Frau Bear wurde in der fremden Heimat Montevideo geboren, ein Sieben-Monats-Mädchen, das stark sein wollte und musste wie sieben Buben.

Frau Bear war Radiojournalistin, eine Kämpferin für Arme und Entrechtete, und später kämpfte sie um ihr Augenlicht. Diesen Kampf hat sie verloren, und sie leidet mit einer frischen, traurigen Wut darüber jeden Tag. Über ihrem Bett hängt ein unfassbar schönes Brautbild von ihr: »Da hatte ich noch Augen.« Am Computer übt sie die Blindenbedienung. Und jeden Tag übt sie das Glück, das im August kommen wird. Die temperamentvollen Umarmungen, wenn der Sohn mit der Enkelin in dieser Tür steht.

Frau Bear hatte eigentlich gar nicht beabsichtigt, hier Zwischenstation zu machen. Der verwinkelte, abgewohnte Charme des »Maimonides«-Heimes kommt ihrer Blindheit nicht entgegen. Aber jetzt verbringt sie die Wartezeit bis zur Eröffnung Ende des Jahres doch lieber hier. Weil ein Mitbewohner im Blindenheim mit seiner Vorliebe für Nazi-Sprüche und der Uniform im Schrank ihr Leben noch dunkler machte.

Hitzeschwüler, träger Nachmittag, aber ein sehr frischer Wind fegt durch alle Gänge, bis in den verwunschenen schönen Garten hinaus, wo grad *Bel Ami* und andere Schlager geschmettert werden, als wär man zwanzig. Der Wind heißt Esther – die Frau, die hier überall zugleich ist, mit Augen auch im Rücken, wenn ein Bewohner grad eine kleine Havarie mit dem Gehwagen oder einem Mitbewohner hat.

»Aber wie freu ich mich auf den Umzug! Was nützt uns der Charme des alten Hauses, wenn die Heizung dauernd kaputt ist und die Pflegebedingungen antiquarisch sind.« Zur Überbrückung und für alle Kalamitäten der Übersiedlung ist Esthers Mutterwitz auf Turbogang geschaltet. Ein ewiges Match, das hier ständig ein anderer gewinnt. Wie sonst hätten die Bewohner dieses Hauses die Nazis und alle Tragödien ihres Lebens überstehen wollen, wenn ihnen nicht wenigstens der Humor beigestanden wäre?

Frau Hanka Stiassny hat aus den schönen Erinnerungen ihres Lebens das Zimmer gestaltet. Alles andere ist im Kopf, in ihren Augen, deren Glanz nichts und niemand zerstören konnte.

»Ich habe achtzig Familienangehörige verloren, von meiner Vater- und meiner Mutterseite«, erzählte Frau Stiassny in einem Interview ihrer Enkelin, einer Medizinerin, die in ihrem Studium den Einfluss von Emotionen auf das Gedächtnis untersuchte. Frau Stiassny ist nicht müde geworden, vom Grauen zu erzählen. »Es ist nicht Wut«, sagt sie. »Es ist Trauer.«

Es gibt Menschen in diesem Haus; sie tragen die Auschwitz-Nummer in ihrer Haut. Es sind die letzten Menschen, denen man noch zuhören darf als Opfer einer Zeit, von der sich nicht mehr alle sicher sind, ob sie nicht doch wiederkommt.

Ausgerechnet um die Sicherheit dieser Menschen muss man sich jetzt gewisse Sorgen machen – was für ein Zynismus der Zeit. Das neue Elternheim, herangeplant an die Jüdische Schule und den Kindergarten, ist zwar im Endspurt der Installierung, doch die Sicherheitsmaßnahmen sind es noch nicht. »Dort werden 1200 Menschen sein«, sagt Ariel Muzicant, und welche Zielscheibe dieses Zentrum für Attentäter ergeben könnte, braucht er gar nicht auszusprechen. Deshalb darf er sich nicht zufrieden geben mit der krisentypischen Antwort, dass für die zugesagten Sicherheitsmaßnahmen derzeit leider die Mittel unflüssig seien.

Sehr guten Willens seien alle, von der Innenministerin bis zum Kanzler, und immerhin komme die Installierung eines wirksamen Security-Systems billiger, als ein Dutzend Polizisten zusätzlich zu positionieren. Die im Übrigen wegen akuten Einbrecher-Booms in Wien vermutlich eh nur noch als Pappkameraden verfügbar wären. Der Gedanke jedenfalls, dass die letzten Überlebenden in ihrer letzten Heimat noch um ihr Leben fürchten müssen, ist beschämend. Kein Politiker könnte sich jemals auf die Budget-Not herausreden, wenn die verschlampte Sicherheit zu einem Drama führen würde. Und, nein, es geht hier nicht um Millionen.

Zur Sabbatfeier am Freitagabend ist eine Tafel mit Kerzen und Blumen gedeckt. Herr Jakov, der religiöse Leiter des Hauses, den man tagsüber im weißen Arbeitsmantel antrifft, die koschere Küche und die menschliche Wärme aufrechterhaltend, singt und segnet nun in der dunkelschönen Würde seiner traditionellen Kleidung und Überzeugung. Ein Fest des Lebens und der Weisheit, mit den Kindern, deren Stimmen und Hände sich vereinen mit alten Händen und mit Blicken von Menschen, die Auschwitz gesehen haben und die, vielleicht als Einzige ihrer Familie, dieses oder ein anderes KZ überlebten.

Frau Elisabeth Pulitzer ist auch da, fein gemacht in ihrem Rollstuhl; ihr Name geht auf den weltberühmten Preisstifter zurück. Und diese Dame da, die vierzehn jüdische Leben rettete: Sie hat, wie viele andere nichtjüdische Bewohner auch, hier ihr spätes Refugium gefunden.

Und wie versteht man sich untereinander – Juden, Christen, Atheisten? Leben und leben lassen. Nichts verdrängen. Und sehr viel Witz und Ironie. Was für wunderbare Waffen. Was für wunderbare Menschen. Schalom.

Das kann nur Robert Dornhelm

(Krone Bunt, 7.3.2010)

War Udo Proksch ein Mörder? Ein Narr? Ein Genie? Robert Dornhelm machte einen Film, der alle auf ihren Urteilen, Vorurteilen, oder auf der blinden Liebe sitzen ließ.

Sagt Ihnen der Name Proksch, Udo Proksch, noch etwas? Sagt Ihnen gar nix? Dann müssen Sie sehr jung sein. Dann müssen Sie die Zeit, als Wien sich aufmachte, aufzuwachen, im Universum Ihrer Zeit vorausgeschlafen haben.

Dann müssen Sie, wenigstens jetzt, Udo kennenlernen. Ein wenig. Wenigstens. So viel ist klar: Sie werden niemals schlau werden aus ihm. Aber damit sind Sie in bester Gesellschaft. Kreisky, andere Könige, Edelmänner und die allerfeinsten und allerschönsten Damen: Sie haben sich von ihm blenden und lieben lassen. Und, sie haben es gern getan.

Ein Puzzle, das in Tonnen von Material vergraben lag. Geheime und sehr geheime Filmaufnahmen. Sehr lebendige

Kunstwerke und Designerstücke, die plötzlich aus der Kiste hüpfen wollen. Die Geschichten hinter jedem Foto, zu dem jeder noch eine Geschichte dahinter weiß. Vielleicht hofft, dass sie dort verborgen bleibt. Sehr viele Leute sind noch jung genug, dass ihnen der indiskrete Charme der gemeinsamen Vergangenheit mit Udo sehr schaden könnte. Zitate, Kommentare, Erinnerungen, gut abgelagerte Gerüchte, die wie giftiger Dampf oder frische Liebeserklärungen aufsteigen. Er hatte die Frauen seines Lebens untenherum am liebsten glatt. Er ballerte durch die Gegend, wegen nix, in die Wände oder in die Luft. Er war von Beruf Schweinehirt und Brillendesigner, ein Marketinggenie, lang bevor das Wort gebräuchlich war. Er wurde als Mörder verurteilt. Er hat sich das Gesicht operieren lassen auf der Flucht. Er hatte Pornos und ein Hitlerbild in der Tasche, als es ihn heimtrieb. Er tanzte, Skandal, mit Imelda Marcos auf dem Opernball, und er trug seine Tarnanzüge wie ein Pop-Art-Künstler.

So viele schnelle Leben lebte er, dass jeder Word-Rap hinterhereiert. Dabei sah er so knollig-gemütlich aus, manchmal. Helmut Qualtinger hat ihm im »Gutruf« den Rücken gekrault, wenn ihm der Rücken wehtat. Mit ihm aus einem Tellerchen gegessen wie viele andere Große und Möchtegerns auch.

Liebe und Hass und Schuld und Sühne. Ein Leben, in Kisten abgelagert und zur Auswertung freigegeben. Wer weiß, ob Regisseur Robert Dornhelm sich das noch einmal antäte, wenn er gewusst hätte, was er sich damit antut. Udo Proksch hat sich und die anderen so besessen gesammelt, dass es für hundert Leben reichen würde. Mehr als eines hat er bestimmt gelebt. Ob er das selber wusste?

Nein, der Film handelt nicht zentral von der »Lucona-Affäre«, vom versenkten Schiff und den toten Matrosen. Schon gar nicht ist der Film ein Urteil über Gut und Böse. Das war der Job von Richter und Staatsanwalt. Der Job des Filmemachers: uns Herrn Udo sehr nahzubringen. Das Gefühl, wie es wäre, sein Kumpel, seine Geliebte gewesen zu sein. Das Gefühl, ihn fallen gelassen zu haben oder eben nicht.

Wie man sich um ihn gerissen hat, damals. Herrliche Frauen, angerichtet wie »Demel«-Torten, die sich den Mann mit dem Military-Spleen als Trophäe wünschten. Viele Volltreffer. Große

Lieben aus glorreichem Milieu: Bitte, erinnert sich noch jemand, was das für eine Geschichte vom Feinsten war, als Udo und Erika Pluhar ein Paar wurden? Heute hat man sich mit Katzi-Quatsch zu begnügen. Und heute, so viele Jahre und Tragödien später, kann man an Frau Pluhar noch sehen, was Liebe und Stil bedeuten: wie sie alle Spießrutenläufe nach seinem Absturz überstand. Wie sie sagt, dass mit Udos Verurteilung als Mörder allenfalls die Spitze eines Eisberges – mehr sagt sie nicht.

Daphne Wagner, die andere Ehefrau, sagt da schon mehr, aber mit der eleganten Sprache aus einem Balzac-Roman und nicht im heute üblichen Gossensound. Zu privat, dass Erika Pluhar dem Udo und ihr das Bett der Liebe zersägt habe? Doch, auch so was passiert in der feinsten Weltliteratur und ebensolchen Familien.

Man wird Frau Daphne Wagner, die als unaufgeregte, späte Schönheit in München lebt, bald die Bluthunde des Boulevards auf den Hals hetzen, denn Frau Wagner, die in Dornhelms Film ebenso zu Wort kommt wie Erika Pluhar oder eine Reihe von Haberern und Ex-Haberern, weiß von einer sehr ominösen Kiste. Überbracht von Udo als eine Art Lebensversicherung. Mit Fotos aus Elitekreisen, Abteilung Wirtschaft und Politik. Deutsche Größen ebenso wie heimische Protagonisten. Extraordinär.

Fotos von deren heimlich gefilmten Umtrieben im legendären »Club 45«. (Ach ja, falls Sie noch sehr, sehr jung sind: Das war ein elegantes Etablissement im »Demel«, mit exzellenter Küche und allen Vorteilen einer diskreten gehobenen Club-Landschaft. Und, junger Mensch, glauben Sie nicht, was man so hört: Dort sind hundertpro nicht nur die *Roten* aus- und eingegangen.)

Der Kiste mit dieser »Lebensversicherung« aus erpressertauglichen Fotos hat Udo noch einen Revolver beigetan. Aber allen Boulevard-Ratten darf höflich abgewinkt werden: Frau Daphne Wagner hat die exorbitant brisanten Fotos alle verbrannt. Und Robert Dornhelm, als Filmemacher auch Menschenfreund über die üblichen Toleranzgrenzen hinaus, hatte mit dieser Szene doch ein Problem: Wenn man etwas nicht tut, dann ist es, Freunde mit Sexfotos erpressen wollen.

Ein Mensch braucht mehr als eine Persönlichkeit, um so viele Facetten zu spiegeln. Geboren 1934, hat ihn jedenfalls noch das Dritte Reich in Form der Kinder-Kaderschmiede Napola erwischt. Wie gut er sich dort gefühlt haben mag, erzählen seine späteren Military-Exzesse eher spiegelverkehrt: Er muss sich schrecklich gefühlt haben. Spätestens mit elf in den Trümmern. Könnte schon sein, dass Angst damals ein Stück Kinderseele aufgegessen hat. Wär nicht der erste Mann, der aus seinen Ängsten schreckliche Tugenden macht.

Seit Dornhelms Film im Gespräch ist, wurden in Wien wieder die Udo-Geschichten wie frisch gestreut. Die Frage, wie gut und wie böse er war, zieht die Sperrstunde hinaus. Im Kino ist großer Aufmarsch zu erwarten, weil »man war ja dabei damals, in dieser irren Zeit«. Wenn es spät genug ist und der Wein süffig, scheint man *ihn* wieder zu hören wie seinerzeit. Man hat ihn immer schon gehört, *bevor* man ihn gesehen hat. Von hinten durch die kalte Küche kam er. Oder um die Ecke wie der *Dritte Mann*. Habe de Ehre, Herr Proksch. Servas, Burli, servas, Präsident.

Und wie war das damals eigentlich genau mit der Reichsbrücke? Geschichten hört man! Von Dynamit, das um die Einsturzzeit kiloweise verschwunden sei. Frage nicht, wo. Von Menschen hört man, die heute noch zittern, dass da oder dort *irgendwas* herauskommen könnte. Zittern. Sofern sie nicht gestorben sind.

Andere wieder sehen das sehr entspannt, der Teddy Podgorski etwa, der schon seinerzeit die Udo-Lemminge mit Ironie besprühte. Sich selber inklusive. Die Idee beispielsweise, dass die Österreicher senkrecht begraben werden könnten, weil's Platz spart und weil man nach einem durchgebuckelten Leben wenigstens im Tod aufrecht sein sollte. Wie ernst war das eigentlich?

Fließende Grenzen zwischen Schmäh, Charme, Genie und Kriminal. Österreichisches Phänomen, schon in Deutschland hätte das nicht mehr funktionieren können. Dafür wär vielleicht *ganz anderswo* aus Udo Proksch ein Andy Warhol geworden und nicht einer, dessen kriminelle Energie wie im Staffellauf seiner Rollenspiele vorwärtstrieb. Udos Marionettenspiele und das unglaubliche Kommunikationstalent, schnell wie ein Fingerschnippen. Lang vor der Zeit der Handys und dem Internet. Ach was, es gab ja nicht einmal ein Fax.

Was hat seinen »Stich« bei Frauen ausgemacht? So schön war er ja auch wieder nicht, sagen die Männer. Die Frauen sagen: Es war die Zärtlichkeit, die rare Verbindung zwischen Sex und Humor, die permanente Verblüffung. An seinem Grab standen immerhin sechs von ihnen. Eine hat sich sogar, Performance als letzte Ehre, kurz hineingelegt.

Die Brüder Proksch hat Robert Dornhelm in seinen Film geholt, Rüdiger und Roderich. Udos Fall vom Darling der Mächtigen zum verurteilten Mörder hat ihr Leben und ihre Karrieren nicht leichter gemacht. Aber was bedeutet denen das schon, im Vergleich zum Bruder-Adieu. Nasse Augen noch immer, wenn sie von ihm reden.

Und der lange Schatten der Mutter wirkt in den Film hinein. Dass sie so stolz war, dass Udo »unter einer deutschen Eiche gezeugt wurde«. Ein später Udo-Brief an die Mutter, aus dem Gefängnis, in dem er ihr in kindlicher Ehrfurcht die Begeisterung für die schreckliche Ära austreiben möchte.

Mit dem Tod zu spielen, war ein Lebensthema für Udo Proksch. Die fixe Idee, sterben zu lernen, und zwar lächelnd. Davor alles auskosten und ausprobieren, was die Fantasie und die Marionetten hergeben. Die Tragödie seines Lebens war dann aber doch nicht der gefoppte Tod und auch nicht das Mörder-Urteil. Es war der Tod seiner Tochter Anna, dem wunderbaren Kind der Liebe mit Erika Pluhar. Hat ihm das Herz gebrochen.

Hat ein als Mörder verurteilter Mensch ein Recht auf ein neues Herz? Das Herz eines Schweins hätte ihm bei einer Transplantation das Leben retten sollen. Er hat das nicht überlebt. Als Totem konnte ihm dann aber keiner mehr das Leben neiden.

Schuld und Sühne, ewige Frage in zeitgeschichtlich ziemlich jungem Szenario. Natürlich gibt Regisseur Dornhelm keine Antwort und kein Urteil ab. Jedem seine Sache.

Elektrisiert hat man vernommen, dass Jack Nicholson immerhin beinahe Udo Proksch gespielt hätte. Die Idee hat schon Udo selbst hoch begeistert. Er steckte bei ersten Verhandlungen die Waffe wieder ein und gab dem »Dornhelm

Buam« die Storyrechte. Außerdem gab er dem Regisseur noch einen frischen Kumpel mit nach Hollywood. Harald Kloser, heute Filmkomponist von Weltruf (»2012«). Es sind im »Club 45« offenbar auch sehr schöne Geschichten passiert. Eh klar, dass die Musik zum Film von Kloser kommt.

Meine persönlichen Erinnerungen an Udo Proksch sind sehr flüchtig, nicht viel mehr als ein Staunen über ein paar Begegnungen, in denen ich ihm beim Umschwirrtsein zuschauen konnte. Männer genauso wie Frauen: wie Motten um ihn.

Einmal habe ich einen Brief von ihm bekommen. Aus dem Gefängnis. Der Brief war sehr dick und hatte einen eigentümlichen Geruch. Es war die Zeit, als man bei seltsamen Briefen an Franz Fuchs und Briefbomben dachte. Es war aber nur eine Collage aus Bildern und Texten drin. Mit ein paar echten Edelweiß. Wie treibt man so was auf, im Gefängnis? Nun, man sagt, dass auch dort Udos Charisma und das Organisationstalent weit über das Übliche hinausgegangen seien.

Erika Pluhar und Udo Proksch

(Kronen Zeitung, 8.3.2011)

Sie erzählt, welcher Zauber dieser Liebe innewohnte. Sie ist die einzige Überlebende dieser Liebe, deren kostbares Geschenk Tochter Anna war. Manchmal ist Liebe schwerer zu tragen als ein Kreuz.

Es war beinahe noch die Pettycoatzeit, mit dem schmierigen Charme der Kavaliere, die den Fräuleins verlorene Taschentücherln aufklaubten und ihnen Autotüren oder Mäntel sperrangelweit aufhielten. Aus einem Haus in der Wiener Wollzeile rauschte ein Mann mit kurzen Beinen und kompakter Figur, seine Papierrollen sprangen ihm voraus. Es bückte sich die zufällig des Weges kommende junge Schauspielerin danach. Die erste Begegnung zwischen Erika Pluhar und Udo Proksch. Es wurde, mit dem nächsten Zufall, eine Liebesgeschichte daraus und dann auch eine Ehe, und Anna kam, die wunderbar eigene Tochter.

Wien wollte schon modern sein, und Erika Pluhar wollte ihre Träume und ihren Willen leben, gespielt hat es das Gegenteil. »Am Ende des Gartens« – Pluhars vergriffenes Buch – begleitet die Geschichte dieser Liebe mit staunender Distanz. Was hat man sich eigentlich alles gefallen lassen! Dieser Mann, der Udo Proksch, mit seinem schillernden Eigenleben anderswo. Diese Frau, die Erika Pluhar, die mit dem dicken Bauch in der Wohnung sitzt und weiß, dass er sie betrügt, serienweise.

Die Hochzeit im Schwangerschaftskostüm, mit einem freudlosen »Demel«-Besuch, danach ging er stracks gleich wieder seiner Wege, und sie schnaufte sich mit dem Bauch die Stiegen zur Wohnung hinauf. Eine Hochzeit, die keiner vom anderen verlangt hatte und die sich trotzdem zu gehören schien.

Und wie die Frauen und Mädchen damals hübsch und stumm um die Tische herumsaßen, wenn sie einmal mitdurften in die fantastische Männerwelt. Die Erika auch. Aller Freiheitsdrang der Welt war schon in ihr. Aber er gehörte sich noch nicht. Nachts in den Lokalen, wo die Männer ihre wilden Welten schufen, mit Udo als phänomenalem Fantasten, waren Frauen und Kinder weggeschnippt von den spätpubertierenden Buben. Ein Weh, wer sich dazu bekannte. Ganz normal, dass Erika Pluhar im Entbindungshaus »Hera« abgegeben wurde, Herr Udo Fersengeld gab, ein rituelles Besäufnis gehörte für werdende Väter dazu.

Aber wenn sie es schön hatten, zu zweit, dann muss es schöner und heftiger und witziger gewesen sein als mit den meisten Männern dieser Zeit. So ein tiefes Erfassen und Erfahren.

Und die schönen Widersprüche in Herrn Udos Wesen und Körper: zwischen Zärtlichkeit und Ruppigkeit. Die Samtaugen in diesem groben Gesicht. Die Schaufelhände mit den filigranen Bewegungen. All das haben die Leute nicht bedacht, wenn sie fragten: Was macht *so eine* Frau mit *so einem* Kerl? Frauen, die sich das fragten, sind manchmal mitten im Überlegen von Herrn Udos Charme ins Verliebtsein geworfen worden. – »Ich war eine alleinerziehende Mutter, immer«, sagt Erika Pluhar. Und dass sie sich während und nach der Zeit mit Udo gefragt hat, wie es dazu kommen konnte, sich in ihm zu verlieren. Seine »depperten« Sprüche über Macht und Military und sonstige Männlichkeitssyndrome einfach stehen zu lassen. Widerspruch? Unweiblich.

Erst in der Karlau hat sie gespürt, dass es nichts daran zu bereuen gibt, sich in den jungen Udo verliebt zu haben. Würde und Weisheit habe er entfaltet im Gefängnis, und die späten Gespräche hätten sie mit aller Vergangenheit versöhnt.

Ein reifes Geschenk von ihr an ihn: ihr Auftritt in Karlau für Udo und die Mitgefangenen. Für ihn, der den Weg ins Burgtheater auch für seine Frau nicht gefunden hat. War ja alles Pipifax, was die da machten am Theater. Also kam am Ende das Theater zu ihm. Und Anna kam – sein später Schlüssel zur Welt, sagt Erika Pluhar. Anna, die diese Welt noch vor den Eltern verlassen musste. Annas Tod, der Udo das Herz gebrochen hat. Annas Tod, der Erika Pluhar zum Stärkersein und zum Leben verpflichtet. Für Annas Sohn auch. Mit Enkel Ignaz dreht Erika Pluhar im April eine Dokumentation. Mit Enkel Ignaz lebt sie in kostbarer Nähe.

Ihre Eltern waren Annas Schicksal, sagt Pluhar. Eine starke junge Frau mit dem großen Schmerz der Zerrissenheit. »Der Vater im Gefängnis und die Mutter als Präsidentschaftskandidatin im Gespräch«, hat Anna einmal bitter gesagt. Anna Proksch und Erika Pluhar haben sich nie mit öffentlichem Trara gegen das Urteil »Mörder« gestemmt. Öffentlichkeit war eine Tortur für Anna.

Für Erika Pluhar gibt es einen einzigen Grund, der Öffentlichkeit ein wenig Zutritt zu ihrer Vergangenheit zu gestatten: Es ist Robert Dornhelms Film »Out of Control«, der sich der so umstrittenen Gestalt von Annas Vater mit einem fairen Mosaik nähert. Kein »Lucona-Knaller«, sondern die Spurensuche in einem sehr verwegenen und sehr gescheiterten Leben. Ein Film, der Anna zuzumuten gewesen wäre. Ein Film, den Erika Pluhar mit Enkel Ignaz anschauen wird. Auch wenn sie sich über manche »depperten Sprüche« vom Udo da capo ärgern wird. Wenn eine andere Udo-Witwe, Daphne Wagner, im Film davon erzählt, dass Erika Pluhar ihr das Liebesnest zersägt habe, wird die Pluhar milde lächeln: »Die klassische Übernahme eines Traumbildes in die Realität«, ist ihr Kommentar dazu.

Und dann, nach der Filmpremiere, wird das Buch *Udo* wieder geschlossen. Ihr eigenes neues Buch »Spätes Tagebuch« trägt sie zur Leipziger Buchmesse, der Tourneeplan für die Leseabende steht. Auf ihrer Lebensreise ist sie an einem guten Punkt angekommen: Schön, wenn alte Klatsch- und Nacktgeschichten verblassen und sich das Publikum lieber ihren Ehrenpreis des Buchhandels oder die Sprachmusik ihres Tagebuchromans merkt.

Großer Willie!

(Kronen Zeitung, 28.4.2011)

Es war die Hochzeit des Jahres 2011. Das Brautpaar zierte sogar Klodeckel und Eierwärmer. Und ich reiste endlich nach London, zur Märchenstunde ...

Diese Hochzeit möchte ich mir hineinziehen wie ein Märchen. Königliches Happy End, und ein paar Böse gibt es auch. *Großer Willie!* Aber das darf eigentlich nur Kate sagen.

Noch nie im Leben war ich in London, immer schon wollte ich hin. Das erste Mal zum legendären Konzert »Stones in the Park«, nach dem Tod von Brian Jones, als Mick Jagger die weißen Tauben fliegen ließ. Sonst noch was, sagten die Eltern.

Die Carnaby Street und Swinging London, wir Landeier kannten das alles nur mit dem Finger auf der Landkarte. Aus der »Bunten« habe ich noch die Hochzeit von Prinzessin Anne im Kopf, vom Fräulein Loacker die harschen Tests über London, *tell me, how old is the Tower Bridge, Margarethe.* Margarethe wusste es nicht.

Und jetzt steht man davor. Und jetzt möchte man sich anhalten am nächsten Pudelmützen-Mann oder an einem netten Bobby. Weil: London ist ja im Ausnahmezustand. Der Countdown zu dieser Hochzeit; größte/schönste des Jahrhunderts. Nun, wir sind erst im Elfer-Jahr.

Das englische Königshaus fasziniert mich, seit ich die ersten Illustrierten im Lesezirkel aufblättern durfte. Mei, die Königin. Wir waren damals beide viel jünger, ich liebte diese

Schwarzweißbilder, und das Wort *Märchen* hatte sich nahtlos von den Brüdern Grimm seinen Zauber in die bunten Blätter übertragen.

London. 23 Bezirke. Finanzmetropole. Wie überall, wo sehr viel Geld wohnt, auch sehr viel Arbeit. Hundsmagere Sozialleistungen. Prinz Charles und Camilla wurden unlängst in ihrer Limousine attackiert, weil die Studiengebühren jetzt schon 10.000 Pfund oder so was ausmachen, im Jahr. Selbstverständlich reagierten die zwei höchst gelassen. Die Royals sind ja ganz andere Sachen gewöhnt, in tausend Jahren Monarchie. Abgeschlagene Köpfe. Thronfolger, die als Kinder in düsteren Kerkern verschwanden. Gar nicht so lange her, dass wieder so grausige Funde gemacht wurden.

Den Hundertjährigen Krieg mit Frankreich hat man überstanden, man war einmal der größte Kolonialherrscher der Welt, und ein bisschen tut man noch immer so. Adel. Diese herrlichen Sippschaften, die nicht von der Hand in den Mund rechnen, sondern in Jahrhunderten.

Und, spürst du was, siehst du was? Wenn das so weitergeht mit telefonischen Zwischenfragen, gehe ich noch zu Facebook oder so. Eben hat Jeannée angerufen, er wollte mir einen tollen Pub-Tipp geben, fällt ihm grad in der Sekunde aber nicht ein. Die Freundin will wissen, ob ich schon in der Carnaby Street war. Kindchen, wir sind nicht mehr siebzehn.

Was ich spüre, was ich sehe? Leichte Brise und Souvenirläden, wie man sich denken kann. Falls das zum Stichwort »englischer Humor« gehört: Es gibt Kate und William auch als Klodeckel. Großer Willie! (Das darf eigentlich nur Kate sagen. Es ist ihr Spitzname für den Bräutigam, und ich nähe mir jetzt die Lippen zu, damit mir keine schlüpfrigen Assoziationen auskommen.)

Die Upper-Class, sagt mir eine Auskennerin, hat die Stadt schon verlassen. Verfolgt die Zeremonien der Jahrhundert-Hochzeit lieber vor großen Flachbildschirmen in angemessenen Landhäusern. Selbstverständlich nicht lümmelnd, sondern mit Haltung. Entweder man ist in der Westminster Abbey eingeladen oder eben nicht. Winkewinke am Straßenrand – das ist für Leute wie you and me.

Und was geht ab? Nun, es ist genau so, wie es mir ORF-Korrespondent Roland Adrowitzer avisierte: Man drängelt nicht im Coffee-Shop oder im Souvenirladen. Man freut sich sehr, auch über die Touristen-Karawanen. Man hat nur eine Sorge: das Wetter.

Es verdichten sich die Prognosen, dass sich die Wolken bis Freitag so verdichten könnten, dass es zu gussartigen Entladungen kommt. Möge Gott abhüten, denn die Hüte der Damen können größer sein als Wagenräder – dicht sind sie nicht. Die Hüte.

Meine Sorge nicht, der Hut. Ein Fähnchen wird reichen müssen, um mitzuschwimmen, im Strom. Was leider nicht klappte: die Spezial-Tour. *Auf den Spuren von Kate und William.* Dessous-Geschäfte, Pubs und Clubs, in denen die zwei die Fingerabdrücke ihrer Liebe hinterließen. Der Ort, wo der Bräutigam seinen Liebeskummer ertränkte, zwischendurch, als Schluss & Tränen waren. Die Lingerie, die William zurücklockte. Auch in England sagt man gewisse Sachen lieber auf Französisch.

Tour ausgebucht, dafür zwei süße Damen aus Liverpool kennengelernt. Ja, ich bin auch wegen der Hochzeit hier, und ich komme aus Vienna in Austria, you know. Lovely. Fast wollte ich schon sagen: »Aber beruflich.« Als wär ich was Besseres. Wie die Zeitungsleute, die von ganz weit oben herabnäseln, dass diese Hochzeit nichts als doofer Kitsch sei.

Zu primitiv für den gehobenen Menschen von Welt. Aber auch der »Spiegel« verkauft sich eben besser mit Royalem. Nein, ich bin nicht beruflich hier. Ich schau mir nur ein Märchen an. Wie Aschenputtel oder so was. Mit der uralten Sehnsucht nach Prinz und Prinzessin und ein paar Bösen, die im Märchen vernichtet werden. Ein paar Böse wird es hier sicher auch geben. Mir fällt da was von den Spencers ein. Der Bruder von Diana soll gar kein Guter sein. Hat mir Katja Burkhard von RTL erzählt. Und dass sie eventuell eine Kutschen-Probefahrt auf der Hochzeitsroute absolvieren kann. Sie wird erste Reihe fußfrei berichten, von einem fast royalen Balkon. Sie hat's nicht leicht. Sie braucht einen Hut, sturmfest, und ein Outfit, das was hermacht. Ich hab's gut. Ich bin einfaches Fußvolk.

Am besten, ich marschiere gleich los. Wohin auch immer das Märchen mich trägt. Märchen sind schön, schön, schön.

William ist übrigens ein Linkshänder, fliegt mir grad als Zwischenruf zu. Ob die das bei den Dessous für die Hochzeitsnacht auch bedacht haben? Und das Badewasser der Queen darf nie tiefer als 18 Zentimeter sein. Aus Sicherheitsgründen. Das wird dann wohl auch für Kate gelten, irgendwann.

Bis morgen dann, zur nächsten Märchenstunde ...

1. Auflage August 2011
2. Auflage November 2011

Besuchen Sie uns im Internet unter:
www.amalthea.at

Schutzumschlaggestaltung: Barbara Mungenast
Umschlagfoto: © Simon Mark
Herstellung: studio e, Josef Embacher
Gesetzt aus der 11/13 pt Rotis Serif
Gedruckt in der EU

ISBN 978-3-85002-751-9